내 발의 등

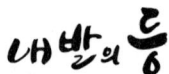
성경을 통해서 하나님의 음성을 듣는 법

초판발행	2013년 10월 15일
지은이	여주봉
펴낸곳	도서출판 새물결
주소	경기도 용인시 기흥구 신정로151번길 11
전화번호	031-284-4336
팩스번호	031-284-5600
홈페이지	www.newwave.or.kr
책값	14,000원
ISBN	978-89-6951-000-6 03230

ⓒ 도서출판 새물결 2013

이 책의 판권은 도서출판 새물결에 있습니다.
이 출판물은 저작권법에 의해 보호를 받는 저작물이므로 무단 전재와 무단 복제를 할 수 없습니다.

이 도서의 국립중앙도서관 출판시도서목록(CIP)은 서지정보유통지원시스템 홈페이지(http://seoji.nl.go.kr)와 국가자료공동목록시스템(http://www.nl.go.kr/kolisnet)에서 이용하실 수 있습니다.(CIP제어번호: CIP2013019633)

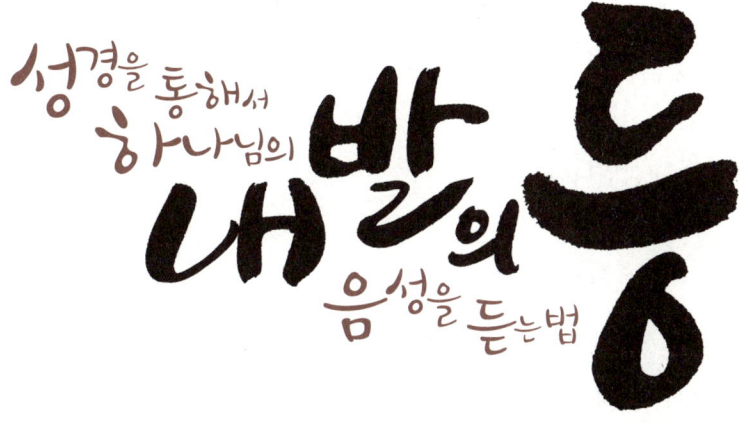

성경을 통해서 하나님의
내 발의 등
음성을 듣는 법

여주봉 지음

도서출판 **새물결**

들어가는 글

우리 신앙생활에서 가장 중요한 요소 중 하나는 성경입니다. 성경은 하나님의 말씀으로써, 우리 신앙과 삶과 사역을 위한 하나님의 기준이기 때문입니다. 그래서 우리의 신앙생활은 철저하게 말씀에 의한 삶입니다.

또한 우리 신앙생활에서 한 가지 핵심은 말씀과 성령의 조화입니다. 우리의 신앙생활은 철저하게 모든 면에서 하나님의 말씀인 성경에 토대한 삶을 살되, 그 토대 위에서 우리를 인도하시는 성령의 인도를 따르는 것입니다.

그래서 우리 신앙에서 중요한 한 부분은 하나님의 음성, 곧 성령의 음성을 듣는 것입니다. 성령의 음성을 듣는 것은 우리 신앙의 본질인 하나님과의 친밀한 교제를 위해서도 필수이고, 앞서 가시는 주님을 따라가기 위해서도 필수입니다. 그리고 그것은 우리의 예배, 우리의 믿음, 영적 전쟁에서의 승리 등 우리 신앙의 모든 면에서 필수입니다.

그런데 하나님께서 혹은 성령께서 우리에게 말씀하시는 가장 주된 통로는 하나님의 말씀인 성경입니다. 따라서 우리는 성경을 통해서 성령의 음성을 듣는 것을 반드시 배워야 합니다. 우리는 일반적으로 그것을 QT라고 부릅니다. QT는 Quiet Time(조용한 시간)의 약자로써 하나님의 말씀을 묵상하는 조용한 시간을 의미합니다. 그래서 QT는 그 시간에 이루어지는 하나님의 말씀에 대한 연구와 묵상 그리고 그것을 통해서 하나님의 뜻과 의중을 발견하는 등 하나님의 음성을 듣는 것을 말합니다.

이 책에서 저는 우리가 성경을 통해서 어떻게 하나님의 음성을 듣고, 그 음성에 반응하여 순종하는 삶을 살 것인가를 살펴보고자 합니다. 이것은 우리 신앙의 모든 면에서 가장 중요한 요소 중 하나입니다. 그리고 이것을 통해 우리는 우리 삶 속에서 살아계신 하나님을 경험할 수 있습니다.

이 책은 크게 두 단원으로 되어 있습니다. 첫 번째 단원은 성경을 통해서 하나님의 음성을 듣는 것과 관련된 제반 중요한 요소들을 다루고 있고, 두 번째 단원은 성경을 통해서 하나님을 음성을 듣는 구체적인 방법을 다루고 있습니다.

그동안 이 분야에 대한 많은 좋은 책들이 시중에 나왔습니다. 그리고 이 책은 책이라고 하기에는 한없이 부족한 책입니다. 그럼에도 불구하고, 저는 포도나무교회와 새물결선교회 지체들의 이 분야에서의 훈련을 위해 이 책을 집필하게 되었습니다. 독자들이 시편 119편의 기자처럼 하나님의 말씀인 성경을 사랑하고, 성경을 통해서 하나님과 하나님의 목적과 하나님의 길을 깨닫고 하나님께 순종하는 삶을 사는 데 있어서 이 책이 조금이라도 도움이 된다면, 저에게는 한없는 기쁨이 될 것입니다.

제가 이 책을 쓰는 동안 많은 인내로 지켜보며 섬겨준 포도나무교회 지체들과 저의 가족들에게 감사를 드리고, 또 이 책이 나오기까지 교정과 편집과 디자인 등 여러 가지 면에서 수고해 준 새물결선교회 간사들에게 감사를 드립니다. 항상 그렇듯이 그들의 희생과 섬김과 동역이 없었다면 이 책은 가능하지 않았을 것입니다. 그리고 무엇보다 오늘도 성경을 통해서 우리에게 말씀하시고, 우리를 인도하시고, 우리 안에서 그리고 우리를 통해서 역사하시는 하나님께 모든 영광을 돌립니다.

2013년 8월
용인에서 여 주 봉

목 차

제1단원 성경을 통해서 하나님의 음성을 듣는 것이란

1장_성경의 중요성 ... 10

2장_성경을 통해서 하나님의 음성을 들어야 합니다 ... 32

3장_성경을 통한 하나님의 음성과 영적 분별력 ... 47

4장_하나님의 음성을 듣는 자세 : 하나님의 얼굴을 구하는 삶 ... 75

5장_시편 119편 기자의 자세 ... 97

6장_시편 119편 기자가 경험한 말씀의 유익 ... 126

7장_하나님은 성경을 통해 하나님 자신과 하나님의 목적과 하나님의 길을 계시하십니다 ... 145

제2단원 성경을 통해서 하나님의 음성을 듣는 방법

8장_하나님과의 만남의 시간이 필수입니다 ... 173

9장_성경을 자세히 읽어야 합니다 ... 189

10장_묵상이 필수입니다 ... 215

11장_하나님의 음성을 들어야 합니다 ... 230

12장_묵상 노트에 기록하십시오 ... 240

13장_조정과 순종 ... 254

14장_중보기도와 하나님의 행하심을 보는 것 ... 270

부록_성경을 통한 하나님의 음성과 설교 ... 289

성경을 통해서 하나님의
내 발의 등
음성을 듣는 법

1단원

성경을 통해서
하나님의 음성을
듣는 것이란

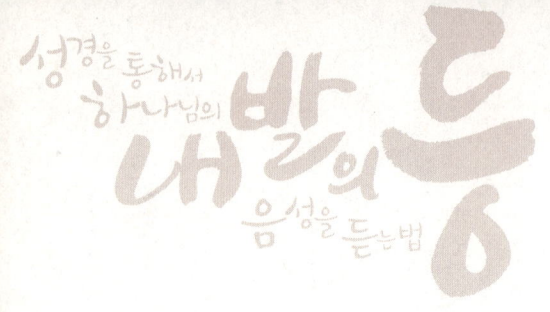

1장
성경의 중요성

이 장에서는 하나님의 말씀인 성경의 중요성에 대해서 살펴보고자 합니다.

1. 성경은 우리의 기준입니다

성경 66권을 우리는 정경이라고 부릅니다. 정경이라는 말은 영어로 Canon인데, 그 뜻은 '자'라는 말입니다. 성경이 우리의 규범, 기준, 표준이라는 뜻입니다. 성경은 우리의 신앙과 삶과 사역을 위한 하나님의 기준입니다. 영어로는 일반적으로 성경을 'faith and practice(신앙과 실천)를 위한 기준'이라고 말합니다.

하나님의 의도는 우리의 신앙이 철저하게 하나님의 기준에 합하여 세워지는 것입니다. 우리는 아모스서에서 이 부분을 잘 볼 수 있습니다. "⁷또 내게 보이신 것이 이러하니라 다림줄을 가지고 쌓은 담 곁에 주께서 손에 다림줄을 잡고 서셨더니 ⁸여호와께서 내게 이르시되 아모스야 네가 무엇을 보느냐 내가 대답하되 다림줄이니이다 주께서 이르시되 내가 다림줄을 내 백성 이스라엘 가운데 두고 다시는 용서하지 아니하리니"(암 7:7-8).

여기에 나오는 다림줄은 하나님의 기준을 의미합니다. 그리고 이 구절에 나오는, 하나님의 다림줄에 맞추어 똑바로 세워진 담은 하나님의 백성 이스라엘을 의미합니다. 하나님은 하나님의 백성 이스라엘이 하나님의 기준에 맞추어 똑바로 세워지기를 원하셨습니다. 그런데 그들이 그렇게 세워지지 않자 그들을 심판하실 것이라고 말씀하시면서, 심판하실 때에도 하나님의 다림줄을 가지고 판단하여 그들을 심판하실 것이라고 말씀하십니다.

신약의 교회는 새 이스라엘입니다. 구약의 이스라엘 백성들이 실패하자, 하나님께서 유대인과 이방인을 합하여 하나의 새로운 백성을 만드셨습니다. 그것이 바로 신약의 교회입니다. 그래서 이 구절은 오늘날 교회를 향한 하나님의 의도를 보여주는 구절이기도 합니다.

하나님의 교회가 하나님의 기준에 맞추어 똑바로 세워질 때, 거기에 하나님의 임재와 생명이 넘칠 것입니다. 그 교회는, 다림줄에 맞추어 똑바로 세워진 건물처럼, 어떠한 세파와 영적 공격에도 흔들리지 않는 건강한 교회가 될 것입니다. 그리고 음부의 권세가 그 교회를 이기지 못할 것입니다.

하나님의 교회가 그리고 우리의 신앙이나 사역이 하나님의 기준에 합하지 않으면, 그것이 아무리 외부적으로 화려한 모습을 가졌다 할지라도 하나님 앞에서는 아무런 의미가 없습니다. 우리는 요한계시록 3장에 나오는 사데 교회의 모습에서 그 부분을 잘 볼 수 있습니다. "¹사데 교회의 사자에게 편지하라 하나님의 일곱 영과 일곱 별을 가지신 이가 이르시되 내가 네 행위를 아노니 네가 살았다 하는 이름은 가졌으나 죽은 자로다 ²너는 일깨어 그 남은 바 죽게 된 것을 굳건하게 하라 내 하나님 앞에 네 행위의 온전한 것을 찾지 못하였노니 ³그러므로 네가 어떻게 받았으며 어떻게 들었는지 생각하고 지켜 회개하라 만일 일깨지 아니하면 내가 도둑 같이 이르리니 어느 때에 네게 이를는지 네가 알지 못하리라"(계 3:1-3).

그 당시 사데 교회는 살아 있다는 이름을 가진 교회였습니다. 다시 말해서 살아 있는 교회로 명성을 가진 교회였습니다. 어떤 교회가 살아 있는 교회로 소문이 납니까? 그만큼 사데 교회는 열정이 뛰어나고, 많은 프로그램과 사역들이 진행되고 있었던 것 같습니다. 그러나 하나님은 그 교회가 실제로는 죽어 있는 교회라고 말씀하셨습니다. 그리고 그 이유로 그들이 전해 받은 하나님의 말씀대로, 다시 말해서 하나님의 기준대로 행하지 않았다고 말씀하셨습니다. 이 얼마나 엄위한 하나님의 말씀입니까. 우리의 모든 신앙과 사역과 교회도 하나님은 하나님의 기준을 가지고 판단하실 것입니다. 그리고 세상에서는 아무리 훌륭한 교회로 소문난 교회라 할지라도 하나님의 기준에 맞게 세워지지 않으면, 그 모든 것이 하나님 앞에서 아무런 의미가 없을 것입니다.

저는 개인적으로 고린도전서 3:10-15의 말씀도 같은 맥락에서 이해할 수 있다고 생각합니다. 물론 그 구절 본문에서는 그것이 구체적으로 언급되어 있지 않습니다. 그러나 성경을 전체적으로 볼 때, 저는 이 구절도 같은 맥락에서 이해할 수 있다고 생각합니다. "¹⁰내게 주신 하나님의 은혜를 따라 내가 지혜로운 건축자와 같이 터를 닦아 두매 다른 이가 그 위에 세우나 그러나 각각 어떻게 그 위에 세울까를 조심할지니라 ¹¹이 닦아 둔 것 외에 능히 다른 터를 닦아 둘 자가 없으니 이 터는 곧 예수 그리스도라 ¹²만일 누구든지 금이나 은이나 보석이나 나무나 풀이나 짚으로 이 터 위에 세우면 ¹³각 사람의 공적이 나타날 터인데 그날이 공적을 밝히리니 이는 불로 나타내고 그 불이 각 사람의 공적이 어떠한 것을 시험할 것임이라 ¹⁴만일 누구든지 그 위에 세운 공적이 그대로 있으면 상을 받고 ¹⁵누구든지 공적이 불타면 해를 받으리니 그러나 자신은 구원을 받되 불 가운데서 받은 것 같으리라"(고전 3:10-15).

이 구절을 그렇게 이해할 때, 이 구절은 우리의 공적이 세상에서는 아무리 화려하게 보일지라도 그것이 하나님의 기준에 합하지 않으면 그 날에 모두 불에 타 없어질 것을 말하고 있습니다. 그리고 우리는 하나님 앞에서 벌거벗은 채로 드러나게 될 것을 보여주고 있습니다. 이 얼마나 심각한 말씀입니까? 만약 우리가 이 사실 하나만이라도 늘 분명하게 인식하고 산다면 우리의 삶은 매우 달라질 것입니다.

2. 하나님의 유업과 하나님의 말씀

성경은 반복적으로 하나님의 유업이 우리에게 주어지려면 우리가 반드시 하나님의 말씀 위에 서야 할 것을 강조하고 있습니다. 이에 대한 대표적인 구절이 여호수아 1장입니다. "¹여호와의 종 모세가 죽은 후에 여호와께서 모세의 수종자 눈의 아들 여호수아에게 말씀하여 이르시되 ²내 종 모세가 죽었으니 이제 너는 이 모든 백성과 더불어 일어나 이 요단을 건너 내가 그들 곧 이스라엘 자손에게 주는 그 땅으로 가라 ³내가 모세에게 말한 바와 같이 너희 발바닥으로 밟는 곳은 모두 내가 너희에게 주었노니 ⁴곧 광야와 이 레바논에서부터 큰 강 곧 유브라데 강까지 헷 족속의 온 땅과 또 해 지는 쪽 대해까지 너희의 영토가 되리라 ⁵네 평생에 너를 능히 대적할 자가 없으리니 내가 모세와 함께 있었던 것 같이 너와 함께 있을 것임이니라 내가 너를 떠나지 아니하며 버리지 아니하리니 ⁶강하고 담대하라 너는 내가 그들의 조상에게 맹세하여 그들에게 주리라 한 땅을 이 백성에게 차지하게 하리라 ⁷오직 강하고 극히 담대하여 나의 종 모세가 네게 명령한 그 율법을 다 지켜 행하고 우로나 좌로나 치우치지 말라 그리하면 어디로 가든지 형통하리니 ⁸이 율법책을 네 입에서 떠나지 말게 하며 주야로 그것을 묵상하여 그 안에 기록된 대로 다 지켜 행하라 그리하면 네 길이 평탄하게 될 것이며 네가 형통하리라 ⁹내가 네게 명령한 것이 아니냐 강하고 담대하라 두려워하지 말며 놀라지 말라 네가 어디로 가든지 네 하나님 여호와가 너와 함께 하느니라 하시니라"(수 1:1-9). 하나님은 여호수아에게 하나님께서 이스라엘에게 약속하신 모든 유업을 그들로 하여금 차지하게 하시겠다고 말씀하십니다. 그러면서 하나님은 여호수아에게 철저하게 말씀대로 살 것을 강조하십니다.

우리는 이 점을 신명기서에서만 하더라도 여러 곳에서 볼 수 있습니다. "[1]이스라엘아 이제 내가 너희에게 가르치는 규례와 법도를 듣고 준행하라 그리하면 너희가 살 것이요 너희 조상의 하나님 여호와께서 너희에게 주시는 땅에 들어가서 그것을 얻게 되리라 [2]내가 너희에게 명령하는 말을 너희는 가감하지 말고 내가 너희에게 내리는 너희 하나님 여호와의 명령을 지키라"(신 4:1-2).

"[32]그런즉 너희 하나님 여호와께서 너희에게 명령하신 대로 너희는 삼가 행하여 좌로나 우로나 치우치지 말고 [33]너희 하나님 여호와께서 너희에게 명령하신 모든 도를 행하라 그리하면 너희가 살 것이요 복이 너희에게 있을 것이며 너희가 차지한 땅에서 너희의 날이 길리라"(신 5:32-33).

"[1]이는 곧 너희의 하나님 여호와께서 너희에게 가르치라고 명하신 명령과 규례와 법도라 너희가 건너가서 차지할 땅에서 행할 것이니 [2]곧 너와 네 아들과 네 손자들이 평생에 네 하나님 여호와를 경외하며 내가 너희에게 명한 그 모든 규례와 명령을 지키게 하기 위한 것이며 또 네 날을 장구하게 하기 위한 것이라 [3]이스라엘아 듣고 삼가 그것을 행하라 그리하면 네가 복을 받고 네 조상들의 하나님 여호와께서 네게 허락하심 같이 젖과 꿀이 흐르는 땅에서 네가 크게 번성하리라"(신 6:1-3).

"내가 오늘 명하는 모든 명령을 너희는 지켜 행하라 그리하면 너희가 살고 번성하고 여호와께서 너희의 조상들에게 맹세하신 땅에 들어가서 그것을 차지하리라"(신 8:1).

"15보라 내가 오늘 생명과 복과 사망과 화를 네 앞에 두었나니 16곧 내가 오늘 네게 명령하여 네 하나님 여호와를 사랑하고 그 모든 길로 행하며 그의 명령과 규례와 법도를 지키라 하는 것이라 그리하면 네가 생존하며 번성할 것이요 또 네 하나님 여호와께서 네가 가서 차지할 땅에서 네게 복을 주실 것임이니라....... 19내가 오늘 하늘과 땅을 불러 너희에게 증거를 삼노라 내가 생명과 사망과 복과 저주를 네 앞에 두었은즉 너와 네 자손이 살기 위하여 생명을 택하고 20네 하나님 여호와를 사랑하고 그의 말씀을 청종하며 또 그를 의지하라 그는 네 생명이시요 네 장수이시니 여호와께서 네 조상 아브라함과 이삭과 야곱에게 주리라고 맹세하신 땅에 네가 거주하리라"(신 30:15-16, 19-20).

저는 개인적으로 하나님께서 우리 대한민국에 두 번째 유업을 주시기 원하신다고 믿습니다. 하나님께서 우리나라의 교회들을 다시 회복시키기 원하시고, 군 선교, 직장 선교, 캠퍼스 선교 등 모든 분야에서 우리에게 주셨던 그 유업들을 다시 회복시키기 원하시고, 더 나아가 우리를 통해 열방에 복음이 전파되는 그 놀라운 유업을 주시기 원하신다고 믿습니다. 그런데 그렇게 하려면 우리가 철저하게 하나님의 말씀 위에 서야 합니다.

저는 또한 하나님께서 우리나라에 주시기 원하시는 유업은 경제적인 부도 포함된다고 믿습니다. 그것을 위해서도 우리는 철저하게 하나님의 말씀 위에 서야 합니다. 저는 하나님께서 오늘날 철저하게 하나님의 길을 따라 사업을 하고, 또 철저하게 하나님의 목적을 위해 사업을 하는 사람들을 일으켜 세우고 계신다고 믿습니다. 그리고 하나님께서 그런 사람들을 뒷받침하실 것입니다.

3. 하나님은 성경을 통해서 가장 많이 말씀하십니다

일반적으로 학자들은 계시의 3단계가 있다고 말합니다. 첫 번째 단계는 역사적인 사실입니다. 예를 들어, 출애굽 사건과 예수님 십자가 사건 등 역사적 사건들이 하나님의 계시였습니다. 두 번째 단계는 성경입니다. 하나님께서 그 역사적인 사건들에 담긴 의미와 하나님의 뜻을 성령의 감동으로 기록하게 하신 책, 곧 성경이 하나님의 계시입니다. 세 번째 단계는 조명입니다. 그 성경에 기록된 하나님의 뜻과 의중이 각 사람에게 보여지려면 성령의 조명이 있어야 합니다. 제가 아는 한 친구는 법을 공부하면서 성경을 세 번이나 읽었습니다. 그러나 그는 전혀 하나님을 알지도 못하고, 하나님의 뜻을 알지도 못합니다. 그에게는 성경이 단순한 하나의 책에 불과합니다. 성령의 조명이 그에게 없었기 때문입니다. 성령의 조명이 하나님의 계시입니다.

하나님은 오늘날 무엇보다 성경을 통해 하나님 자신과 하나님의 목적과 하나님의 길을 우리에게 계시하십니다. 여기에 계시하신다는 말은 계시의 세 번째 단계인 성령의 조명을 말합니다. 사실 이 부분이 우리의 신앙생활에서 가장 중요한 부분 중 하나입니다.

하나님을 아는 것은 우리 신앙에서 가장 중요한 요소입니다. 우리는 하나님을 아는 만큼 하나님을 사랑할 수 있습니다. 하나님을 알고 사랑하는 만큼 하나님께 순종할 수 있고, 하나님을 아는 만큼 하나님을 믿을 수 있고, 하나님을 아는 만큼 하나님을 예배할 수 있고, 하나님을 아는 만큼 세상과 마귀를 이길 수 있고, 하나님을 아는 만큼 우리 속에 하나님의 생명과 기쁨이 넘칩니다. 하나님을 아는 것은 우리 신앙의 모든 것이라고 해도 과언이 아닙니다. 그래서 예수님은 하나님을 아는 것이 곧 영생이라고 하셨습니다(요 17:3).

우리가 하나님의 목적을 알아야 그 목적에 동참할 수 있습니다. 하나님의 목적을 아는 것은 우리의 사역을 위해서 필수입니다. 우리의 사역은 우리가 하나님의 행하심을 보고 그 일에 동참할 때 하나님께서 우리를 통해서 그 하나님의 목적을 성취하시는 것이기 때문입니다. 하나님의 목적을 아는 것은 우리의 비전이나 소명을 위해서도 필수입니다. 성경적인 의미에서 우리의 비전은 그저 우리가 하나님을 위해서 세운 비전이 아니라, 하나님께서 우리에게 보이신 하나님의 비전과 목적이기 때문입니다. 그래서 성경은 그 비전에 대해 하나님의 계시라고 표현하고 있습니다. "묵시가 없으면 백성이 방자히 행하거니와 율법을 지키는 자는 복이 있느니라"(잠 29:18). 여기의 묵시는 계시를 의미합니다. 그리고 그것은 우리의 소명과도 밀접한 관계를 가지고 있습니다.

우리가 하나님의 길을 아는 것 또한 필수적인 요소입니다. 우리가 하나님의 길을 알아야 하나님의 길로 행할 수 있습니다. 우리가 하나님의 길로 행할 때 하나님의 뒷받침을 경험할 수 있습니다. 하나님의 길로 행해야 하나님과의 친밀한 교제가 가능합니다. 하나님의 길로 행할 때 우리에게 하나님의 생명과 평강이 넘칩니다. 그리고 하나님의 목적은 하나님의 길로만 성취됩니다.

하나님은 오늘날 무엇보다 성경을 통해서 하나님 자신과 하나님의 목적과 하나님의 길을 계시하십니다. 그래서 우리는 반드시 성경을 통해서 하나님의 음성을 들어야 합니다. 다시 말해서, 우리는 성령의 음성을 들어야 합니다. 그래야 우리는 인격체이신 하나님과 친밀한 교제를 누리며, 실질적으로 우리를 인도하시는 하나님의 인도를 따라갈 수 있습니다. 그래서 우리 신앙생활 중 중요한 한 가지는 하나님과 하나님의 목적과 하나님의 길을 알기 위해 하나님의 말씀 앞에 서는 것입니다.

4. 성령 충만을 위한 필수적인 요소

우리 신앙생활에서 가장 중요한 요소 중 하나는 성령 충만입니다. 성경은 우리에게 지속적으로 성령 충만함을 받으라고 강력하게 명령하고 있습니다. "[18]술 취하지 말라 이는 방탕한 것이니 오직 성령으로 충만을 받으라 [19]시와 찬송과 신령한 노래들로 서로 화답하며 너희의 마음으로 주께 노래하며 찬송하며 [20]범사에 우리 주 예수 그리스도의 이름으로 항상 아버지 하나님께 감사하며 [21]그리스도를 경외함으로 피차 복종하라"(엡 5:18-21). 이 구절에서 성령 충만함을 받으라는 말은 현재형 명령문입니다. 신약성경의 언어인 헬라어에서 현재형은 지속적인 행동을 가리킵니다.

이 구절은 성령 충만을 술 취함과 대조하고 있습니다. 우리가 술에 취하면 술의 영향력 아래 놓입니다. 그래서 우리말에 처음에는 사람이 술을 먹고, 그 다음에는 술이 술을 먹고, 나중에는 술이 사람을 먹는다는 말이 있습니다. 마찬가지로 여기서 말하는 성령 충만은 성령께서 우리를 충만하게 통치하고 다스리시는 그러한 성령 충만을 말합니다.

우리 신앙생활에서 가장 중요한 요소 중 하나가 성령 충만입니다. 신약시대는 성령의 시대입니다. 그러므로 성경은 우리에게 성령과 함께 걸으라고 명령하고 있습니다(갈 5:25). 우리가 성령 충만할 때, 세상을 이길 수 있고, 죄를 이길 수 있고, 승리하는 삶을 살 수 있습니다. 또한 이 구절에서 사도 바울은 세상이 악하니 세월을 아끼라고 말하면서 성령에 충만함을 받으라고 말했습니다(엡 5:16-17). 이 말은 우리가 세월을 아끼기 위해서는 주님의 뜻이 무엇인가를 이해하는 것이 중요한데, 그러기 위해서는 성령의 충만함을 받아야 한다는 말입니다.

그런데 이 구절과 골로새서 3:16-19을 대조해 보면 성령충만을 위해 성경이 얼마나 중요한 요소인가를 볼 수 있습니다. 이 구절(엡5:18~21)에 보면, 성령에 충만함을 받으라는 말과 함께 몇 가지 명령문이 죽 나열되어 있는 것처럼 보입니다. 그러나 헬라어 원어에 보면 성령에 충만함을 받으라는 단어가 명령형 동사이고, 그 뒤에 나오는 명령형 동사처럼 번역된 네 단어는 성령의 충만함을 받으라는 동사에 연결된 분사(participles)입니다. 그렇게 볼 때, 그 네 가지는 우리가 성령 충만을 받을 때 더불어 나타나는 행동이라고 볼 수 있습니다. 다시 말해서 우리가 성령 충만을 받을 때 나타나는 열매들이라고 할 수 있습니다.

그래서 에베소서 5장이 말하는 것과 같은 성령 충만을 받으면,
1) 우리는 시와 찬송과 신령한 노래들로 서로 화답하게 됩니다.
2) 우리는 마음으로부터 주님께 감사하며 찬양하게 됩니다.
3) 우리는 모든 일에 항상 하나님께 감사하게 됩니다.
4) 우리는 그리스도를 경외함으로 피차 복종하게 됩니다.

이 열매들은 우리가 성령에 충만할 때 비로소 나타나는 열매들입니다. 즉, 우리가 아무리 이러한 삶을 살아야 할 것을 이론적으로 알아도 우리가 성령에 충만하지 않으면 이 삶을 살지 못합니다.

그런데 이 구절과 매우 흡사한 구절이 신약성경에 또 한 번 나옵니다. 그것은 골로새서 3:16-19입니다. "[16]그리스도의 말씀이 너희 속에 풍성히 거하여 모든 지혜로 피차 가르치며 권면하고 시와 찬송과 신령한 노래를 부르며 감사하는 마음으로 하나님을 찬양하고 [17]또 무엇을 하든지 말에나 일에나 다 주 예수의 이름으로 하고 그를 힘입어 하나님 아버지께 감사하라 [18]아내들아 남편에게 복종하라 이는 주 안에서 마땅하니라 [19]남편들아 아내를 사랑하며 괴롭게 하지 말라."

골로새서 3:16-19과 에베소서 5:18-21을 대조하여 보십시오. 둘 다 사도 바울이 로마 옥중에서 쓴 옥중서신입니다. 그런데 "모든 지혜로 피차 가르치며 권면하고"라는 말이 골로새서 추가된 것을 제외하고는 이 두 구절에 나오는 열매들이 정확하게 같습니다. 그런데 에베소서는 그것들이 우리가 성령에 충만할 때 나타나는 열매들이라는 것을 보여주는 반면, 골로새서는 그것들이 우리 속에 그리스도의 말씀이 풍성히 거할 때 나타나는 열매들이라는 것을 보여주고 있습니다. 이렇게 볼 때, 우리 속에 하나님의 말씀이 풍성히 거하는 것이 우리가 성령 충만을 받기 위해 매우 중요한 한 가지 요소인 것을 알 수 있습니다.

말씀 충만과 성령 충만은 서로 나누어지지 않습니다. 우리가 말씀에 충만할 때, 우리는 성령에 충만합니다. 물론 우리가 주님의 말씀으로 충만하지 않고도 예를 들어 기도하는 삶을 통해 때로는 성령 충만한 삶을 부분적으로 살 수 있다고 생각합니다. 그러나 말씀의 충만 없는 성령 충만은 지속되지 않을 것이고, 충분하지 않을 것입니다. 말씀에 의한 삶과 성령에 의한 삶은 나누어지지 않습니다. 성령 충만을 받기 원하십니까? 성령 충만의 열매들이 삶 속에 나타나기를 원하십니까? 그렇다면 하나님의 말씀이 당신 속에 충만히 거하기를 힘쓰십시오. 하나님과 하나님의 목적과 하나님의 길을 알기를 구하여 하나님의 말씀 앞에 서십시오.

5. 우리의 신앙이 자라게 하는 영양분

성경에 보면, 하나님의 말씀은 우리의 신앙이 자라게 하는 영양분입니다. "¹⁶모든 성경은 하나님의 감동으로 된 것으로 교훈과 책망과 바르게 함과 의로 교육하기에 유익하니 ¹⁷이는 하나님의 사람으로 온전하게 하며 모든 선한 일을 행할 능력을 갖추게 하려 함이라"(딤후 3:16-17).

"²갓난 아기들 같이 순전하고 신령한 젖을 사모하라 이는 그로 말미암아 너희로 구원에 이르도록 자라게 하려 함이라 ³너희가 주의 인자하심을 맛보았으면 그리하라"(벧전 2:2-3).

"지금 내가 여러분을 주와 및 그 은혜의 말씀에 부탁하노니 그 말씀이 여러분을 능히 든든히 세우사 거룩하게 하심을 입은 모든 자 가운데 기업이 있게 하시리라"(행 20:32).

베드로전서 2:2에 보면, 하나님의 말씀은 우리로 하여금 구원에 이르도록 자라게 합니다. 여기서 말하는 구원은 우리가 주님이 다시 오실 때 영화롭게 변화될 구원의 완성을 말합니다. 성경은 구원에 대해서 세 가지 시제를 사용하여 설명하고 있습니다. 한편으로 우리는 이미 구원을 받았습니다(엡 2:5, 8). 우리가 예수님을 믿는 순간 우리는 구원을 받아 하나님의 자녀가 되었습니다. 또한 우리는 구원을 받아가고 있습니다(고전 1:18, 빌 2:12). 이것은 우리가 예수님의 형상으로 변화되어 가는 성화의 과정을 말합니다. 그리고 우리는 구원을 받을 것입니다. 그런데 하나님의 말씀은 우리로 하여금 그 온전한 구원에 이르도록 우리를 자라게 할 것입니다.

성경은 하나님의 감동으로 된 것으로 우리를 교훈하고 책망하고 바르게 하고 의로 교육하기에 적합합니다. 그래서 성경은 하나님의 사람들인 우리들을 온전하게 합니다(딤후 3:17). 여기서 온전하게 한다는 말은 성숙하게 한다는 말입니다. 그래서 하나님의 말씀은 우리로 하여금 모든 선한 일을 행할 수 있도록 무장시켜줍니다. 하나님의 교회를 향한 하나님의 의도를 잘 보여주는 구절 중 하나가 에베소서 4:11-16입니다. "¹¹그가 어떤 사람은 사도로, 어떤 사람은 선지자로, 어떤 사람은 복음 전하는 자로, 어떤 사람은 목사와 교사로 삼으셨으니 ¹²이는 성도를 온전하게 하여 봉사의 일을 하게 하며 그리스도의 몸을 세우려 하심이라 ¹³우리가 다 하나님의 아들을 믿는 것과 아는 일에 하나가 되어 온전한 사람을 이루어 그리스도의 장성한 분량이 충만한 데까지 이르리니 ¹⁴이는 우리가 이제부터 어린 아이가 되지 아니하여 사람의 속임수와 간사한 유혹에 빠져 온갖 교훈의 풍조에 밀려 요동하지 않게 하려 함이라 ¹⁵오직 사랑 안에서 참된 것을 하여 범사에 그에게까지 자랄지라 그는 머리니 곧 그리스도라 ¹⁶그에게서 온 몸이 각 마디를 통하여 도움을 받음으로 연결되고 결합되어 각 지체의 분량대로 역사하여 그 몸을 자라게 하며 사랑 안에서 스스로 세우느니라."

그런데 이 구절을 디모데후서 3:17과 대조해 볼 때, 우리는 교회가 그렇게 성숙하고, 하나님의 백성들이 선한 일을 위하여 그렇게 무장되고, 거짓 가르침의 풍조에 흔들리지 않도록 성숙하는데 있어 핵심적인 한 가지 요소가 바로 하나님의 말씀인 것을 볼 수 있습니다.

또한 사도행전 20:32에 보면, 하나님의 말씀은 우리를 든든히 세워줍니다. 여기서 든든히 세워준다는 말은 마치 건물이 세워지는 것처럼 우리를 그리스도 안에서 든든히 세워주고 무장시켜준다는 말입니다. 특히 사도행전 20:32의 말씀은 그 당시 앞으로 있을 거짓 선지자들을 통한 온갖 미혹과 공격을 염두에 두고 사도 바울이 한 말이기도 합니다 (29-30절 참조). 그렇게 볼 때 하나님의 말씀이 우리로 하여금 거짓 선지자나 이단들을 통한 공격과 미혹에 대해서도 이길 수 있도록 우리를 무장시켜줍니다.

이와 같이 하나님의 말씀은 우리의 신앙이 자라게 하는 영양분입니다. 그래서 성경은 마치 어린아이가 엄마의 젖을 갈증을 가지고 사모하듯이 그렇게 하나님의 말씀을 사모하라고 말하고 있습니다. 저는 개인적으로 다른 많은 사람들과 함께 베드로전서 2:2의 신령한 젖이 하나님의 말씀을 의미한다고 믿습니다. 갓난 아이에게 엄마의 젖은 생명줄입니다. 마찬가지로 우리 성도들에게 하나님의 말씀은 생명줄입니다. 우리들이 더욱 하나님의 말씀을 사모하게 되기를 바랍니다.

6. 영적 전쟁의 무기

에베소서 6장은 영적 전쟁을 위해 우리가 입어야 할 하나님의 전신 갑주에 대해서 말하고 있습니다. 그 중 방어용 무기일 뿐 아니라 유일한 공격용 무기가 바로 성령의 검 곧 하나님의 말씀입니다. "^{10}끝으로 너희가 주 안에서와 그 힘의 능력으로 강건하여지고 ^{11}마귀의 간계를 능히 대적하기 위하여 하나님의 전신 갑주를 입으라……^{17}구원의 투구와 성령의 검 곧 하나님의 말씀을 가지라"(엡 6:10-11, 17).

성령의 검, 하나님의 말씀은 매우 강력한 영적 전쟁의 무기입니다. 우리는 예수님의 삶에서도 이 부분을 잘 볼 수 있습니다. 사탄이 예수님을 시험하고 대적할 때, 예수님은 그때마다 하나님의 말씀을 가지고 사탄의 시험과 공격을 대적하셨습니다. "³시험하는 자가 예수께 나아와서 이르되 네가 만일 하나님의 아들이어든 명하여 이 돌들로 떡덩이가 되게 하라 ⁴예수께서 대답하여 이르시되 기록되었으되 사람이 떡으로만 살 것이 아니요 하나님의 입으로부터 나오는 모든 말씀으로 살 것이라 하였느니라 하시니 ⁵이에 마귀가 예수를 거룩한 성으로 데려다가 성전 꼭대기에 세우고 ⁶이르되 네가 만일 하나님의 아들이어든 뛰어내리라 기록하였으되 그가 너를 위하여 그 사자들을 명하시리니 그들이 손으로 너를 받들어 발이 돌에 부딪치지 않게 하리로다 하였느니라 ⁷예수께서 이르시되 또 기록되었으되 주 너의 하나님을 시험하지 말라 하였느니라 하시니 ⁸마귀가 또 그를 데리고 지극히 높은 산으로 가서 천하 만국과 그 영광을 보여 ⁹이르되 만일 내게 엎드려 경배하면 이 모든 것을 네게 주리라 ¹⁰이에 예수께서 말씀하시되 사탄아 물러가라 기록되었으되 주 너의 하나님께 경배하고 다만 그를 섬기라 하였느니라 ¹¹이에 마귀는 예수를 떠나고 천사들이 나아와서 수종드니라"(마 4:3-11).

우리는 요한1서에서도 이 부분을 잘 볼 수 있습니다. "아이들아 내가 너희에게 쓴 것은 너희가 아버지를 알았음이요 아비들아 내가 너희에게 쓴 것은 너희가 태초부터 계신 이를 알았음이요 청년들아 내가 너희에게 쓴 것은 너희가 강하고 하나님의 말씀이 너희 안에 거하시며 너희가 흉악한 자를 이기었음이라"(요일 2:14).

이 구절에서 청년들에 대한 내용을 주의하여 보십시오. 사도 요한은 그 당시 청년들에 대해서 그들이 강하다고 말하면서, 그 이유로 그들 안에 하나님의 말씀이 거하시기 때문이라고 말합니다. 그리고 그 결과 그들이 흉악한 자를 이기었다고 말합니다. 이 구절에서도 볼 수 있듯이 우리의 신앙은 하나님을 아는 것입니다. 그리고 우리의 신앙은 악한 자(사탄)를 이깁니다. 그런데 이 구절은 하나님의 말씀이 우리 안에 거하실 때(현재형), 우리가 강해져서 사탄을 이기게 된다는 것을 말합니다.

특히 영적 전쟁에서 가장 큰 영적 전쟁은 가치관의 전쟁입니다(고후 10:4-5). 그러므로 여러 가지 궤휼과 속임수를 가지고 대적하는 사탄의 공격을 이길 수 있는 가장 강력한 무기는 하나님의 말씀입니다. 결국 예수님을 시험하는 마귀의 궤계도 그랬고, 요한1서 2장의 배후에 있는 영적 전쟁도 마찬가지였습니다.

요한1서 2:14의 배경에는 그 당시 이단적인 가르침으로 교회를 어지럽게 하던 사탄의 역사가 놓여 있습니다. 우리는 요한1서 2:18 이하를 보아도 그 사실을 알 수 있고, 요한1서 3:6 이하를 보아도 그 사실을 알 수 있습니다. 요한1서 3:7의 "자녀들아 아무도 너희를 미혹하지 못하게 하라."라는 구절에 대해서 페트라 주석의 학자는 이렇게 말했습니다. "본문은 수신자 내에 있던 영지주의를 전파하는 거짓 교사들을 염두에 둔 진술이다. 요한 당시의 영지주의자들은 하나님의 비밀스런 지식, 즉 영지(靈智)를 깨닫는 것이 하나님의 자녀가 되는 유일한 길이라고 주장하였으며 영지를 깨달은 자는 육신에서 자유로워져 도덕적인 방종이 아무런 문제도 되지 않는다고 주장했다. 이러한 영지주의자들의 신학과 윤리의 가르침은 요한 당시의 많은 그리스도인들을 미혹시켰다. 그래서 요한은 사도들이 전하여 준 복음 이외의 것을 가지고 미혹하는 자들을 멀리하며, 거절할 것을 권면하고 있다."[1] 이러한 상황에서 그 당시 청년들은 그 속에 하나님의 말씀이 거하고 있었기에 이단적인 가르침으로 미혹하는 사탄의 역사를 이길 수 있었습니다.

오늘날 정확하게 같은 성격을 가진 이단들이 우리나라에 널리 퍼져 있습니다. 그들은 그들만의 해석을 따르는 영적인 지식을 가져야 구원을 얻는다고 주장합니다. 그리고 그들은 그들의 목적을 위해서라면 어떠한 불의도 전혀 개의치 않습니다. 사도 요한은 그 당시 그러한 성격의 거짓된 가르침을 가지고 교회를 어지럽히던 자들을 '적그리스도'라고 부르고 있는데(요일 2:18-19), 오늘날도 동일한 성격의 적그리스도들이 교회를 심히 어지럽히고 있습니다. 우리가 구원을 얻는 것은 오직 우리의 구세주이자 주님이신 예수 그리스도를 믿는 믿음으로만 가능하며, 다른 복음은 없습니다(고전 1:23-24). 사도 바울은 예수 그리스도 외에 다른 복음을 전하는 자들은 저주를 받을지라고 두 번씩이나 강력하게 말합니다(갈 1:6-9). 그리고 요한1서가 반복적으로 명백하게 말하듯이, 구원 얻은 성도의 한 가지 열매는 거룩한 삶입니다(요일 3:6).

7. 하나님의 말씀은 우리의 영혼의 거울입니다

율법의 목적 중 하나는 우리의 죄를 드러내기 위한 것입니다. "그런즉 우리가 무슨 말을 하리요 율법이 죄냐 그럴 수 없느니라 율법으로 말미암지 않고는 내가 죄를 알지 못하였으니 곧 율법이 탐내지 말라 하지 아니하였더라면 내가 탐심을 알지 못하였으리라"(롬 7:7).

이것은 단순히 율법의 목적일 뿐 아니라, 전체적으로 하나님의 말씀의 목적입니다. "[12]하나님의 말씀은 살아 있고 활력이 있어 좌우에 날선 어떤 검보다도 예리하여 혼과 영과 및 관절과 골수를 찔러 쪼개기까지 하며 또 마음의 생각과 뜻을 판단하나니 [13]지으신 것이 하나도 그 앞에 나타나지 않음이 없고 우리의 결산을 받으실 이의 눈 앞에 만물이 벌거벗은 것 같이 드러나느니라"(히 4:12-13).

그래서 율법, 더 나아가 하나님의 말씀은 마치 우리 영혼의 거울과 같습니다. 우리는 얼굴에 아무리 더러운 오물이 묻어 있어도 거울을 보기 전에는 모릅니다. 마찬가지로 우리는 하나님의 말씀을 통해서 우리의 죄를 발견합니다. 예를 들면, 하나님의 말씀을 통해서 우상숭배가 무엇이며, 그것이 하나님 앞에서 얼마나 큰 죄인가를 발견하게 됩니다. 예수님을 알지 못하는 사람들 중에는 자기는 아무런 죄도 짓지 않았다고 주장하는 사람들이 있습니다. 자기는 살인도, 도적질도, 간음도 한 적이 없는, 법 없이도 살 수 있는 사람이라고 말합니다. 그러나 만약 그들이 하나님의 말씀 앞에 자신을 비추어 본다면, 그들은 자기가 하나님 앞에서 얼마나 큰 죄인인가와 자기 삶의 모든 부분이 얼마나 죄로 가득 차 있는가를 발견하게 될 것입니다. 그것은 마치 여름날의 방 안과 같을 것입니다. 햇빛이 들어오기 전까지는 모든 것이 깨끗한 것처럼 보입니다.

그러나 햇빛이 방 안에 비치면 이루 셀 수 없는 먼지들이 방 안에 가득히 떠다니는 것을 발견하게 됩니다. 이처럼 하나님의 말씀의 빛이 사람들 속에 비치면, 그들은 수많은 죄들이 그 속에 가득한 것을 발견하게 됩니다.

하나님의 말씀은 능력이 있습니다(히 4:12-13). 그리고 성령은 죄를 깨닫게 하시는 분입니다(요 16:7-8). 그래서 성령께서 하시는 한 가지 일은 하나님의 말씀을 통해서 우리의 죄를 깨닫게 하시는 것입니다.

하나님의 말씀을 통해 우리의 죄가 비쳐졌을 때, 혹은 하나님을 멀리 떠나 있는 우리의 영적인 상태가 깨달아졌을 때, 우리는 그냥 넘어가서는 안 됩니다. 만약 우리가 그냥 넘어가면, 그것은 마치 거울을 보고 얼굴에 문둥병이 걸려 살이 썩어가는 것을 보고 경악을 했다가 돌아서서는 이내 잊어버리는 사람과 똑같습니다. "[23]누구든지 말씀을 듣고 행하지 아니하면 그는 거울로 자기의 생긴 얼굴을 보는 사람과 같아서 [24]제 자신을 보고 가서 그 모습이 어떠했는지를 곧 잊어버리거니와 [25]자유롭게 하는 온전한 율법을 들여다보고 있는 자는 듣고 잊어버리는 자가 아니요 실천하는 자니 이 사람은 그 행하는 일에 복을 받으리라"(약 1:23-25).

만약 어떤 사람이 그렇게 했다면 그것은 얼마나 어리석은 일이겠습니까. 그러나 우리는 영적으로 그렇게 하는 경우가 너무나 많습니다. 하나님은 최근 들어 저에게 우리가 절대로 그렇게 해서는 안 될 것을 여러 경로를 통해서 깨닫게 하십니다.

---

1) 페트라 주석, 요한1서 강해.

2장
성경을 통해서
하나님의 음성을 들어야 합니다

      우리는 앞에서 성경의 중요성에 대해서 살펴보았습니다. 그런데 여기서 중요한 것은 성경을 통해서 하나님의 음성을 들어야 한다는 것입니다. 단순히 성경적인 지식이나 신학적인 지식만 쌓은 것을 가지고는 부족합니다. 우리의 신앙은 인격체이신 하나님과의 친밀한 교제입니다. 그리고 우리의 신앙은 앞서 가시는 하나님을 따라가며 하나님께 순종하는, 하나님과 동행하는 삶입니다.

      하나님 중심적인 성경공부를 통해서 하나님과 하나님의 뜻에 관한 전반적인 지식으로 무장하는 것은 우리의 신앙생활에서 없어서는 안 될 가장 소중한 요소 중 하나입니다. 특별히 영적 지도자들일수록 더욱 그렇습니다. 하나님은 성경 안에 우리의 신앙생활에 필요한 하나님과 하나님의 뜻에 관한 모든 필요한 것들을 이미 계시해 놓으셨습니다. 이것을 계시의 충분성이라고 부릅니다. 클라크 피노크는 그것을 이렇게 말했습니다. "성경의 명료성과 충분성을 받아들이는 것은 성경에서 죄인들을 구원하고 교회를 인도하기에 충분한 진리의 빛을 발견할 수 있음을 인정하는 것이다."

그럼에도 불구하고 단순한 성경공부만 가지고는 부족합니다. 우리는 성경을 통해서 하나님과 하나님의 목적과 하나님의 길을 알아야 합니다. 성경을 통해서 하나님 자신과 하나님의 목적과 하나님의 길을 발견하는 것은 단순한 신학적인 정립을 가지고는 불충분합니다. 하나님께서 성령을 통해 우리에게 그것들을 계시(조명)해 주셔야 합니다. 다시 말해서, 우리는 성경을 통해서 하나님의 음성을 들어야 합니다.

1. 초대교회는 성경을 통해서 하나님의 음성을 들었습니다

초대교회는 성경을 통해서 하나님의 음성을 들었습니다. 사도행전을 보아도 우리는 이 부분을 잘 볼 수 있습니다.

예루살렘 교회는 다윗의 시편을 통해 가룟 유다를 대신할 사도를 세우기 원하시는 하나님의 음성을 들었습니다. "[16]형제들아 성령이 다윗의 입을 통하여 예수 잡는 자들의 길잡이가 된 유다를 가리켜 미리 말씀하신 성경이 응하였으니 마땅하도다.......[20]시편에 기록하였으되 그의 거처를 황폐하게 하시며 거기 거하는 자가 없게 하소서 하였고 또 일렀으되 그의 직분을 타인이 취하게 하소서 하였도다"(행 1:16, 20).

초대교회는 요엘 2장을 통해 오순절 사건을 이해하게 되었습니다. "16이는 곧 선지자 요엘을 통하여 말씀하신 것이니 일렀으되 17하나님이 말씀하시기를 말세에 내가 내 영을 모든 육체에 부어 주리니 너희의 자녀들은 예언할 것이요 너희의 젊은이들은 환상을 보고 너희의 늙은이들은 꿈을 꾸리라 18그 때에 내가 내 영을 내 남종과 여종들에게 부어 주리니 그들이 예언할 것이요 19또 내가 위로 하늘에서는 기사를 아래로 땅에서는 징조를 베풀리니 곧 피와 불과 연기로다 20주의 크고 영화로운 날이 이르기 전에 해가 변하여 어두워지고 달이 변하여 피가 되리라 21누구든지 주의 이름을 부르는 자는 구원을 받으리라 하였느니라"(행 2:16-21).

그들은 다윗의 시편을 통해 예수님의 부활과 예수님이 하나님 되심을 알게 되었습니다. "25다윗이 그를 가리켜 이르되 내가 항상 내 앞에 계신 주를 뵈었음이여 나로 요동하지 않게 하시 위하여 그가 내 우편에 계시도다 26그러므로 내 마음이 기뻐하였고 내 혀도 즐거워하였으며 육체도 희망에 거하리니 27이는 내 영혼을 음부에 버리지 아니하시며 주의 거룩한 자로 썩음을 당하지 않게 하실 것임이로다 28주께서 생명의 길을 내게 보이셨으니 주 앞에서 내게 기쁨이 충만하게 하시리로다 하였으므로"(행 2:25-28).

그들은 역시 다윗의 시편을 통해서 앞으로 모든 무릎을 예수님 앞에 꿇게 하실 하나님의 계획을 발견했습니다. "³⁴다윗은 하늘에 올라가지 못하였으나 친히 말하여 이르되 주께서 내 주에게 말씀하시기를 ³⁵내가 네 원수로 네 발등상이 되게 하기까지 너는 내 우편에 앉아 있으라 하셨도다 하였으니"(행 2:34-35).

그들은 시편 118편을 통해서 하나님께서 예수님을 통해 하나님의 집인 교회를 세우실 하나님의 계획을 깨닫게 되었습니다. "이 예수는 너희 건축자들의 버린 돌로서 집 모퉁이의 머릿돌이 되었느니라"(행 4:11).

그들은 성경을 통해 그들에게 닥친 핍박을 하나님의 관점에서 이해하게 되었습니다. "²⁵또 주의 종 우리 조상 다윗의 입을 통하여 성령으로 말씀하시기를 어찌하여 열방이 분노하며 족속들이 허사를 경영하였는고 ²⁶세상의 군왕들이 나서며 관리들이 함께 모여 주와 그의 그리스도를 대적하도다 하신 이로소이다"(행 4:25-26).

그들은 이사야서를 통해 하나님의 성전과 예배에 대한 올바른 이해를 갖게 되었습니다. "⁴⁹주께서 이르시되 하늘은 나의 보좌요 땅은 나의 발등상이니 너희가 나를 위하여 무슨 집을 짓겠으며 나의 안식할 처소가 어디냐 ⁵⁰이 모든 것이 다 내 손으로 지은 것이 아니냐 함과 같으니라"(행 7:49-50).

그들은 이사야 53장을 통해 예수님의 고난에 관한 진정한 의미를 깨닫게 되었습니다. "³⁰빌립이 달려가서 선지자 이사야의 글 읽는 것을 듣고 말하되 읽는 것을 깨닫느냐 ³¹대답하되 지도해 주는 사람이 없으니 어찌 깨달을 수 있느냐 하고 빌립을 청하여 수레에 올라 같이 앉으라 하니라 ³²읽는 성경 구절은 이것이니 일렀으되 그가 도살자에게로 가는 양과 같이 끌려갔고 털 깎는 자 앞에 있는 어린 양이 조용함과 같이 그의 입을 열지 아니하였도다 ³³그가 굴욕을 당했을 때 공정한 재판도 받지 못하였으니 누가 그의 세대를 말하리요 그의 생명이 땅에서 빼앗김이로다 하였거늘 ³⁴그 내시가 빌립에게 대답하여 말하되 청컨대 내가 묻노니 선지자가 이 말한 것이 누구를 가리킴이냐 자기를 가리킴이냐 타인을 가리킴이냐 ³⁵빌립이 입을 열어 이 글에서 시작하여 예수를 가르쳐 복음을 전하니"(행 8:30-35).

사도 바울은 성경을 통해 자신의 소명에 대한 하나님의 음성을 들었습니다. "주께서 이같이 우리에게 명하시되 내가 너를 이방의 빛으로 삼아 너로 땅 끝까지 구원하게 하리라 하셨느니라 하니"(행 13:47).

초대교회는 성경을 통해 이방인도 하나님의 백성으로 부르심을 받았다는 하나님 계획과 신약의 예배와 복음의 성격에 관한 하나님의 인도를 받았습니다. "¹⁵선지자들의 말씀이 이와 일치하도다 기록된 바 ¹⁶이후에 내가 돌아와서 다윗의 무너진 장막을 다시 지으며 또 그 허물어진 것을 다시 지어 일으키니 ¹⁷이는 그 남은 사람들과 내 이름으로 일컬음을 받는 모든 이방인들로 주를 찾게 하려 함이라 하셨으니"(행 15:15-17).

사도 바울은 성경을 통해 유대인의 굳어짐과 이방인을 향한 하나님의 계획을 깨달았습니다. "²⁵서로 맞지 아니하여 흩어질 때에 바울이 한 말로 이르되 성령이 선지자 이사야를 통하여 너희 조상들에게 말씀하신 것이 옳도다 ²⁶일렀으되 이 백성에게 가서 말하기를 너희가 듣기는 들어도 도무지 깨닫지 못하며 보기는 보아도 도무지 알지 못하는도다 ²⁷이 백성들의 마음이 우둔하여져서 그 귀로는 둔하게 듣고 그 눈은 감았으니 이는 눈으로 보고 귀로 듣고 마음으로 깨달아 돌아오면 내가 고쳐 줄까 함이라 하였으니 ²⁸그런즉 하나님의 이 구원이 이방인에게로 보내어진 줄 알라 그들은 그것을 들으리라 하더라."(행 28:25-28).

이처럼 초대교회는 중요한 사건과 고비마다 하나님의 말씀인 성경을 통해 하나님의 음성을 들었습니다. 다시 말해서, 하나님의 뜻과 의도를 깨달았습니다.

2. 역사적으로 하나님의 사람들은 성경을 통해서 하나님의 음성을 들었습니다

우리는 성 어거스틴이 어떻게 거듭나게 되었는지를 잘 압니다. 그의 어머니 모니카는 아들의 구원을 위해 오랫동안 기도해 왔습니다. 그러나 그럴수록 아들 어거스틴은 더욱더 곁길로 나갔습니다. 그러던 어느 날 어거스틴은 여전히 불신자로서 어느 정원에 앉아 있었습니다. 그때 그는 어린 아이의 동요 소리로 *"들고 읽으라, 들고 읽으라..."* 라고 말하는 소리를 들었습니다. 처음에 그는 그 소리가 근처에서 놀고 있는 어린 아이들의 소리라고 생각했습니다. 그러나 그곳에는 아이들이 없었고, 또 전에 한 번도 그 동요를 들어본 적이 없었습니다. 그는 그 음성은 성경을 펴서 읽으라고 하시는 하늘로부터 온 명령임을 깨달았습니다. 그는 성경을 폈습니다. 그의 시선이 로마서 13장 13절과 14절에 머물렀습니다. 그것이 그의 삶을 완전히 변화시켰습니다. 그는 기독교 역사에서 가장 위대한 신학자요 신앙의 수호자 중 한 사람이었습니다. 그 성경 구절은 다음과 같았습니다. "낮에와 같이 단정히 행하고 방탕하거나 술 취하지 말며 음란하거나 호색하지 말며 다투거나 시기하지 말고 오직 주 예수 그리스도로 옷 입고 정욕을 위하여 육신의 일을 도모하지 말라."

마르틴 루터도 성경을 통해서 하나님의 음성을 들었습니다. 허드슨 테일러, 죠지 뮬러, 요한 웨슬리 등 셀 수 없는 하나님의 사람들이 성경을 통해 하나님의 음성을 들었습니다.

3. 성경을 통해서 하나님의 음성을 듣지 못하는 심각성

우리는 성경을 통해서 하나님의 음성을 들어야 합니다. 그래야 하나님과 올바로 동행하는 삶을 살 수 있습니다. 반대로 만약 우리가 아무리 성경적인 지식이 많아도 성경을 통해서 하나님의 음성을 듣지 못하면 그 모든 성경적인 지식이 아무런 의미가 없을 뿐 아니라, 하나님과 동행하는 삶을 살지 못합니다. 심지어 자신은 하나님을 대적하는 자리에 있으면서도 자기는 누구보다 하나님을 잘 섬긴다고 착각할 수 있습니다.

이에 대한 가장 좋은 예가 바로 바리새인들입니다. 우리는 그들의 예에서 이 점의 심각성을 볼 수 있습니다. 우리는 그들처럼 되지 말아야 합니다.

바리새인들은 성경을 누구보다 잘 아는 사람들이었습니다.

바리새인들은 누구보다 성경을 많이 연구하고 잘 아는 자들이었습니다. 성경을 연구하는 것이 그들의 직업이었습니다.

바리새인들이 얼마나 열심히 성경을 연구하고 성경을 신뢰했는지는 예수님도 인정하실 정도였습니다. 예수님은 그 당시 종교지도자들에 대해서 다음과 같이 말씀하셨습니다. "너희가 성경에서 영생을 얻는 줄 생각하고 성경을 연구하거니와…"(요 5:39). "내가 너희를 아버지께 고발할까 생각하지 말라 너희를 고발하는 이가 있으니 곧 너희가 바라는 자 모세니라"(요 5:45). 여기의 모세는 율법을 가리키며, 바라는 자 모세라는 말을 영어 NIV 성경은 '너희가 너희 소망을 그 위에 두고 있는 모세' 라고 번역하고 있습니다. 그래서 그들은 자신들이 누구보다 하나님의 뜻을 잘 안다고 자부했을 것입니다. 우리는 이 사실을 예수님 사역 당시로부터 불과 25년 후쯤 그 당시 유대인들이 자신들을 어떻게 생각하고 있는가를 기록한 로마서 2장에서도 잘 엿볼 수 있습니다. "[17]유대인이라 불리는 네가 율법을 의지하며 하나님을 자랑하며 [18]율법의 교훈을 받아 하나님의 뜻을 알고 지극히 선한 것을 분간하며 [19]맹인의 길을 인도하는 자요 어둠에 있는 자의 빛이요 [20]율법에 있는 지식과 진리의 모본을 가진 자로서 어리석은 자의 교사요 어린 아이의 선생이라고 스스로 믿으니"(롬 2:17-20). 그들은 자신들이 율법을 의지하며 산다고 자부했고, 누구보다 하나님의 뜻을 잘 안다고 자부했고, 누구보다 하나님을 자랑한다고, 다시 말해서 하나님을 잘 믿는다고 자부했습니다. 그들은 자신들을 빛이요 인도자요 선생이라고 자부했습니다.

또한 그들은 교리적으로 큰 문제가 없었습니다. 우리는 마태복음 23장에서 이 부분을 엿볼 수 있습니다. "²서기관들과 바리새인들이 모세의 자리에 앉았으니 ³그러므로 무엇이든지 그들이 말하는 바는 행하고 지키되 그들이 하는 행위는 본받지 말라 그들은 말만 하고 행하지 아니하며"(마 23:2-3). 만약에 그들의 가르침이 교리적으로 문제가 있었다면 예수님께서 무리들과 자기 제자들에게 그들의 모든 가르침을 반드시 지키라고 말씀하셨겠습니까.

그들의 문제는 그들이 성경을 누구보다 잘 알았음에도 불구하고 성경을 통해서 하나님의 음성을 전혀 듣지 못했다는 데에 있습니다. 그 결과 그들의 영적인 상태는 참으로 심각했습니다.

바리새인들은 하나님을 전혀 알지 못했습니다.

바리새인들은 하나님에 관해서 교리적으로 신학적으로 누구보다 잘 알았을지 모르지만, 그래서 자신들이야말로 누구보다 하나님의 뜻을 잘 안다고 자부했을지 모르지만, 인격체이신 하나님을 전혀 알지 못했습니다. 다시 말해서, 살아계신 하나님과의 어떠한 인격적인 관계도 가지고 있지 않았습니다. 예수님은 그것을 이렇게 말씀하셨습니다. "또한 나를 보내신 아버지께서 친히 나를 위하여 증언하셨느니라 <u>너희는 아무 때에도 그 음성을 듣지 못하였고 그 형상을 보지 못하였으며</u>"(요 5:37).

그들은 자신들이 누구보다 하나님을 더 사랑한다고 자부했을지 모르지만, 예수님은 그들이 하나님을 전혀 사랑하지 않는다고 말씀하셨습니다. "다만 하나님을 사랑하는 것이 너희 속에 없음을 알았노라"(요 5:42).

그리고 그들은 자신들이 누구보다 하나님의 말씀을 잘 믿는다고 자부했을지 모르지만, 예수님은 그들이 실제로는(삶으로는) 하나님의 말씀을 전혀 믿지 않는다고 말씀하셨습니다. "⁴⁶모세를 믿었더라면 또 나를 믿었으리니 이는 그가 내게 대하여 기록하였음이라 ⁴⁷그러나 그의 글도 믿지 아니하거든 어찌 내 말을 믿겠느냐 하시니라"(요 5:46-47).

우리의 신앙은 한마디로 인격체이신 하나님과의 친밀한 교제입니다. 요한1서만 하더라도 이 부분을 잘 보여주고 있습니다. 우리가 전하는 복음은 인격체이신 예수 그리스도입니다. "¹태초부터 있는 생명의 말씀에 관하여는 우리가 들은 바요 눈으로 본 바요 자세히 보고 우리의 손으로 만진 바라 ²이 생명이 나타내신 바 된지라 이 영원한 생명을 우리가 보았고 증언하여 너희에게 전하노니 이는 아버지와 함께 계시다가 우리에게 나타내신 바 된 이시니라"(요일 1:1-2). 그리고 우리의 신앙은 **예수님과의 혹은 하나님과의 사귐입니다**. "우리가 보고 들은 바를 너희에게도 전함은 너희로 우리와 사귐이 있게 하려 함이니 우리의 사귐은 아버지와 그의 아들 예수 그리스도와 더불어 누림이라"(요일 1:3). **요한1서는** 계속해서 우리의 신앙이 바로 인격체이신 하나님과의 사귐(교제)이요, 그것은 그분을 인격적으로 아는 것임을 말하고 있습니다. "만일 우리가 <u>하나님과 사귐</u>이 있다 하고 어둠에 행하면 거짓말을 하고 진리를 행하지 아니함이거니와"(요일 1:6).

"우리가 그의 계명을 지키면 이로써 우리가 <u>그를 아는 줄로 알 것이요</u>"(요일 2:3).

"그 안에 거하는 자마다 범죄하지 아니하나니 범죄하는 자마다 <u>그를 보지도 못하였고 그를 알지도 못하였느니라</u>"(요일 3:6).

그래서 저는 우리 신앙의 본질을 다음과 같이 두 가지로 요약합니다.

우리 신앙의 본질

1. 하나님과의 친밀한 교제
 1) 하나님을 아는 것
 2) 하나님을 사랑하는 것
2. 하나님의 행하심을 보고 온 삶으로 동참하는 것
 1) 전적인 순종
 2) 온전한 신뢰

그런데 바리새인들은 그렇게 성경을 잘 알았으면서도 인격체이신 하나님을 전혀 알지 못했습니다. 인격체이신 하나님과의 어떠한 실질적이고 개인적인 교제도 가지고 있지 않았습니다. 그들은 성경을 통해서도 그분의 음성을 전혀 듣지 못했습니다. 당연히 그들은 그분의 영광을

전혀 보지 못했습니다. 이 얼마나 심각한 상태입니까.

사실, 그들이 예수님께 나오지 않은 가장 주된 이유는 그들이 하나님을 알지 못했기 때문이었습니다. "37또한 나를 보내신 아버지께서 친히 나를 위하여 증언하셨느니라 너희는 아무 때에도 그 음성을 듣지 못하였고 그 형상을 보지 못하였으며 38그 말씀이 너희 속에 거하지 아니하니 이는 그가 보내신 이를 믿지 아니함이라 39너희가 성경에서 영생을 얻는 줄 생각하고 성경을 연구하거니와 이 성경이 곧 내게 대하여 증언하는 것이니라 40그러나 너희가 영생을 얻기 위하여 내게 오기를 원하지 아니하는도다"(요 5:37-40).

바리새인들은 하나님의 목적을 전혀 알지 못했습니다.

바리새인들은 신학적으로 누구보다 훌륭한 지식을 가지고 있어서 자신들은 누구보다 더 하나님의 뜻을 잘 안다고 자부했을지 모르지만, 성경을 통해서도 하나님의 음성을 전혀 듣지 못했기 때문에 그들은 그 시대를 향한 하나님의 목적과 계획과 의도를 전혀 깨닫지 못했습니다. 예수님은 그들의 그러한 상태를 이렇게 표현하셨습니다. "2예수께서 대답하여 이르시되 너희가 저녁에 하늘이 붉으면 날이 좋겠다 하고 3아침에 하늘이 붉고 흐리면 오늘은 날이 궂겠다 하나니 너희가 날씨는 분별할 줄 알면서 시대의 표적은 분별할 수 없느냐"(마 16:2-3). 그래서 그 당시 하나님의 아들이 이 땅에 오셔서 하나님의 구속을 이루고 계셨는데, 누구보다 예수님을 환영하고 영접해야 할 그들이 오히려 앞장서서 예수님을 대적하고 핍박했습니다(요 1:11, 마 23:29-34, 요 16:1-3).

그들은 성경이 하나님의 말씀인 것을 믿었고, 그 성경을 많이 연구했기 때문에 과거의 하나님의 목적에 대해서는 잘 알았습니다. 그러나 그들은 하나님과의 친밀한 교제가 없었기 때문에, 그들 당시의 현재적인 하나님의 목적은 전혀 몰랐습니다. 그들의 이러한 상태를 예수님은 이렇게 표현하셨습니다. "29화 있을진저 외식하는 서기관들과 바리새인들이여 너희는 선지자들의 무덤을 만들고 의인들의 비석을 꾸미며 이르되 30만일 우리가 조상 때에 있었더라면 우리는 그들이 선지자의 피를 흘리는 데 참여하지 아니하였으리라 하니 31그러면 너희가 선지자를 죽인 자의 자손임을 스스로 증명함이로다 32너희가 너희 조상의 분량을 채우라 33뱀들아 독사의 새끼들아 너희가 어떻게 지옥의 판결을 피하겠느냐"(마 23:29-33).

바리새인들은 하나님의 길을 전혀 알지 못했습니다.

바리새인들은 전통적으로 내려오는 표면적인 규례와 규칙들을 잘 지켰습니다. 그러나 그들은 성경을 통해서 하나님의 음성을 전혀 듣지 못했기 때문에 하나님의 길을 전혀 알지 못했습니다. 그래서 그들의 삶은 전혀 하나님 중심적인 삶이 아니었습니다.

다음의 구절들을 주의 깊게 읽어 보십시오. 그리고 그들의 삶을 생각해 보십시오. 그러면 그들이 얼마나 하나님의 길에 대해서 어두웠는지를 쉽게 알 수 있을 것입니다. "3그러므로 무엇이든지 그들이 말하는 바는 행하고 지키되 그들이 하는 행위는 본받지 말라 그들은 말만 하고 행하지 아니하며 4또 무거운 짐을 묶어 사람의 어깨에 지우되 자기는 이것을 한 손가락으로도 움직이려 하지 아니하며 5그들의 모든 행위를 사람에게 보이고자 하나니 곧 그 경문 띠를 넓게 하며 옷술을 길게 하고 6잔치의 윗자리와 회당의 높은 자리와 7시장에서 문안 받는 것과 사람에게 랍비라 칭함을 받는 것을 좋아하느니라 8그러나 너희는 랍비라 칭함을 받지 말라 너희 선생은 하나요 너희는 다 형제니라 9땅에 있는 자를 아버지라 하지 말라 너희의 아버지는 한 분이시니 곧 하늘에 계신 이시니라 10또한 지도자라 칭함을 받지 말라 너희의 지도자는 한 분이시니 곧 그리스도시니라 11너희 중에 큰 자는 너희를 섬기는 자가 되어야 하리라 12누구든지 자기를 높이는 자는 낮아지고 누구든지 자기를 낮추는 자는 높아지리라 13화 있을진저 외식하는 서기관들과 바리새인들이여 너희는 천국 문을 사람들 앞에서 닫고 너희도 들어가지 않고 들어가려 하는 자도 들어가지 못하게 하는도다……. 16화 있을진저 눈 먼 인도자여 너희가 말하되 누구든지 성전으로 맹세하면 아무 일 없거니와 성전의 금으로 맹세하면 지킬지라 하는도다 17어리석은 맹인들이여 어느 것이 크냐 그 금이냐 그 금을 거룩하게 하는 성전이냐 18너희가 또 이르되 누구든지 제단으로 맹세하면 아무 일 없거니와 그 위에 있는 예물로 맹세하면 지킬지라 하는도다 19맹인들이여 어느 것이 크냐 그 예물이냐 그 예물을 거룩하게 하는 제단이냐 20그러므로 제단으로 맹세하는 자는 제단과 그 위에 있는 모든 것으로 맹세함이요 21또 성전으로 맹세하는 자는 성전과 그 안에 계신 이로 맹세함이요 22또 하늘로 맹세하는 자는 하나님의 보좌와 그 위에 앉으신 이로 맹세함이니라 23화 있을진저 외식하는 서기관들과 바리새인들이여 너희가 박하와 회향과 근채의 십일조는 드리되 율법의 더 중한 바 정의와 긍휼과 믿음은 버렸도다 그러나 이것도 행하고 저것도 버리지 말아야 할지니라 ²⁴맹인 된 인도자여 하루살이는 걸러 내고 낙타는 삼키는도다 ²⁵화 있을진저 외식하는 서기관들과 바리새인들이여 잔과 대접의 겉은 깨끗이 하되 그 안에는 탐욕과 방탕으로 가득하게 하는도다 ²⁶눈 먼 바리새인이여 너는 먼저 안을 깨끗이 하라 그리하면 겉도 깨끗하리라 ²⁷화 있을진저 외식하는 서기관들과 바리새인들이여 회칠한 무덤 같으니 겉으로는 아름답게 보이나 그 안에는 죽은 사람의 뼈와 모든 더러운 것이 가득하도다 ²⁸이와같이 너희도 겉으로는 사람에게 옳게 보이되 안으로는 외식과 불법이 가득하도다"(마 23:3-13, 16-28).

이처럼 바리새인들은 그 많은 성경적인 지식에도 불구하고 그 성경을 통해서도 하나님의 음성을 전혀 듣지 못했기 때문에 하나님과 상관없는 삶을 살았고, 결국 하나님의 심판을 받아 멸망했습니다.

성경은 하나님의 말씀으로서 우리 신앙과 삶과 사역의 모든 부분에서 매우 중요합니다. 그런데 성경과 관련해서 중요한 부분은 성경을 통해서 하나님의 음성을 듣는 것입니다.

3장
성경을 통한 하나님의 음성과 영적 분별력

성경을 통해서 하나님의 음성을 들어야 한다는 사실이 얼마나 중요한 것인지는 바리새인들의 삶을 통해서도 분명하게 볼 수 있습니다. 사실 이 부분은 아무리 강조해도 지나침이 없을 만큼 우리 신앙생활에서 매우 중요한 부분입니다.

하나님의 음성 듣는 것 전반에 있어서도 마찬가지이지만, 성경을 통해서 하나님의 음성을 듣는 것에 있어서도 영적 분별력이 가장 중요한 요소 중 하나입니다. 하나님과의 친밀한 관계 안에서 하나님께서 성령을 통해 우리의 영적 눈을 밝혀주셔야 우리가 성경을 통해서 하나님과 하나님의 목적과 하나님의 길을 알 수 있기 때문입니다.

반면에 우리의 신앙이 타락하면, 영적 분별력이 어두워집니다. 그러면 우리는 성경을 통해서 하나님의 음성을 듣지 못하게 됩니다. 아무리 성경을 잘 알아도 바리새인들처럼 그 성경을 통해 하나님의 음성을 전혀 듣지 못하게 됩니다. 그래서 이 장에서는 성경을 통해서 하나님의 음성을 듣는 것과 영적 분별력의 관계를 좀 더 살펴보고자 합니다. 영적 분별력에 대해서 좀 더 자세하게 알기 원하시는 분은 저의 책 『영적 분별력』(도서출판 새물결)을 참조하시기 바랍니다.

1. 성경을 통해 하나님의 음성을 듣는 것과 영적 분별력

성경을 통해서 하나님의 음성을 듣는 것의 중요성 그리고 그것과 영적 분별력의 관계와 관련하여 매우 중요한 예를 예레미야 시대에서 볼 수 있습니다.

예레미야 시대 하나님은 목이 터져라 외치고 계셨습니다.

하나님은 그 당시 이스라엘 백성들을 향해 목이 터져라 외치고 계셨습니다. 정말 간곡하게 그들을 향해 부르짖고 계셨습니다. 우리는 몇 구절만 보아도 이 부분을 분명하게 알 수 있습니다. "여호와의 말씀이니라 이제 너희가 그 모든 일을 행하였으며 내가 너희에게 말하되 새벽부터 부지런히 말하여도 듣지 아니하였고 너희를 불러도 대답하지 아니하였느니라"(렘 7:13).

"²²사실은 내가 너희 조상들을 애굽 땅에서 인도하여 낸 날에 번제나 희생에 대하여 말하지 아니하며 명령하지 아니하고 ²³오직 내가 이것을 그들에게 명령하여 이르기를 너희는 내 목소리를 들으라 그리하면 나는 너희 하나님이 되겠고 너희는 내 백성이 되리라 너희는 내가 명령한 모든 길로 걸어가라 그리하면 복을 받으리라 하였으나 24그들이 순종하지 아니하며 귀를 기울이지도 아니하고 자신들의 악한 마음의 꾀와 완악한 대로 행하여 그 등을 내게로 돌리고 그 얼굴을 향하지 아니하였으며 25너희 조상들이 애굽 땅에서 나온 날부터 오늘까지 내가 내 종 선지자들을 너희에게 보내되 끊임없이 보내었으나 26너희가 나에게 순종하지 아니하며 귀를 기울이지 아니하고 목을 굳게 하여 너희 조상들보다 악을 더 행하였느니라"(렘 7:22-26).

하나님께서 그 당시 그들에게 말씀하신 주된 통로 중 하나는 성경이었습니다.

하나님은 그 당시 크게 두 가지 통로를 통해서 그들에게 말씀하고 계셨습니다. 그것은 선지자와 성경이었습니다. 우리는 예레미야 6:16 이하에서 이 부분을 잘 볼 수 있습니다. "16여호와께서 이와 같이 말씀하시되 너희는 길에 서서 보며 옛적 길 곧 선한 길이 어디인지 알아보고 그리로 가라 너희 심령이 평강을 얻으리라 하나 그들의 대답이 우리는 그리로 가지 않겠노라 하였으며 17내가 또 너희 위에 파수꾼을 세웠으니 나팔 소리를 들으라 하나 그들의 대답이 우리는 듣지 않겠노라 하였도다 18그러므로 너희 나라들아 들으라 무리들아 그들이 당할 일을 알라 19땅이여 들으라 내가 이 백성에게 재앙을 내리리니 이것이 그들의 생각의 결과라 그들이 내 말을 듣지 아니하며 내 율법을 거절하였음이니라"(렘 6:16-19).

하나님께서 구약시대에 하나님의 백성들에게 말씀하신 주된 통로는 선지자들이었습니다. "옛적에 선지자들을 통하여 여러 부분과 여러 모양으로 우리 조상들에게 말씀하신 하나님이"(히 1:1). 하나님은 그 당시에도 선지자들을 통해서 말씀하고 계셨습니다. 예레미야 6:17의 파수꾼은 선지자를 가리킵니다. 하나님은 그 당시 예레미야 선지자와 같은 선지자들을 통해서 목이 터져라 외치고 계셨습니다.

그런데 하나님은 심지어 예레미야 시대에도 성경을 통해서 말씀하고 계셨습니다. 위 16절의 '옛적 길'이 그것을 의미합니다. 이 '옛적 길'에 대해서 페트라 주석 시리즈에서 한 학자는 이렇게 말했습니다. "*이스라엘의 믿음의 선조들이 순수하게 하나님을 믿고 순종하며 살았던 것을 가리킨다(창 4:4; 5:24; 6:8,9; 12:4등 참조).*"[1] The NIV Study Bible도 이 구절에 대한 간단한 주석에서 이 부분을 "*유다의 경건한 조상들이 살았던 검증되고 참된 길들*"이라고 말하고 있습니다. 그래서 여기서 말하는 '옛적 길'은 그 당시까지 기록된 하나님의 말씀이라고 볼 수 있습니다. 거기에 히브리서 11장에 나오는 믿음의 선진들의 삶과 같은, 이스라엘 백성들의 믿음의 선조들이 하나님과 동행하며 살았던 참다운 신앙의 길이 기록되어 있었기 때문입니다.

그들은 그 두 가지 통로를 통한 하나님의 음성을 모두 듣지 못했습니다.

하나님은 그 시대에 두 가지 통로를 통해서 정말 간곡하게 그리고 절박하게 하나님의 백성들에게 외치고 계셨습니다. 그러나 그들은 그 두 가지 통로를 통한 하나님의 음성을 모두 듣지 못했습니다. 더 나아가 성경은 그들이 하나님의 음성을 단순히 듣지 못했다고 말하고 있지 않고, 하나님의 음성에 귀도 기울이지 않았을 뿐 아니라, 하나님의 음성을 듣지 않겠다고 '단칼에' 거절했다고 말하고 있습니다. 하나님께서 그에 대해 사용하신 표현들을 보십시오. "¹⁶여호와께서 이와 같이 말씀하시되 너희는 길에 서서 보며 옛적 길 곧 선한 길이 어디인지 알아보고 그리로 가라 너희 심령이 평강을 얻으리라 하나 <u>그들의 대답이 우리는 그리로 가지 않겠노라</u> 하였으며 ¹⁷내가 또 너희 위에 파수꾼을 세웠으니 나팔 소리를 들으라 하나 <u>그들의 대답이 우리는 듣지 않겠노라 하였도다</u> ¹⁸그러므로 너희 나라들아 들으라 무리들아 그들이 당할 일을 알라 ¹⁹땅이여 들으라 내가 이 백성에게 재앙을 내리리니 이것이 그들의 생각의 결과라 <u>그들이 내 말을 듣지 아니하며 내 율법을 거절하였음이니라</u>"(렘 6:16-19).

"그들이 순종하지 아니하며 <u>귀를 기울이지도 아니하고</u> 자신들의 악한 마음의 꾀와 완악한 대로 행하여 그 등을 내게로 돌리고 그 얼굴을 향하지 아니하였으며"(렘 7:24).

두 가지 통로를 통해서 하나님의 음성을 듣지 못하는 것은 서로 연결되어 있습니다.

예레미야 시대 이스라엘 백성들은 선지자를 통해서 말씀하시는 하나님의 음성도, 성경을 통해서 말씀하시는 하나님의 음성도 듣지 못했습니다. 그러나 결국 하나님의 음성을 듣는 것은 하나님과의 친밀한 관계에 달려 있기 때문에 항상 그렇게 되게 되어 있습니다. 그들은 하나님과의 올바른 관계에서 멀어지니까 영적 분별력이 가려져서 두 가지 통로를 통한 하나님의 음성을 모두 듣지 못했습니다. 예수님 당시의 종교지도자들도 마찬가지였습니다. 그들은 침례 요한을 통한 하나님의 음성을 듣지 못했기에 예수님을 통한 하나님의 음성도 듣지 못했습니다(마 21:23-27). 또한 위에서 살펴본 것처럼, 그들은 성경을 통해서 하나님의 음성을 듣지 못했기 때문에 예수님을 통해서도 하나님의 음성을 듣지 못했습니다(요 5:37-40).

그들이 하나님의 음성을 일언지하에 거절했다는 말의 의미

하나님은 그 당시 이스라엘 백성들이 하나님의 음성을 '단칼에' 거절했다고 말씀하셨습니다. 그러나 우리는 여기서 하나님께서 하신 말씀의 의미를 올바로 알아야 합니다. 그래야 우리는 우리의 영적인 상태를 하나님의 말씀에 비추어 올바로 볼 수 있습니다. 다시 말해서, 우리는 성경을 통해 하나님의 음성을 들을 수 있습니다.

만약 우리가 이 말씀의 의미를 올바로 알지 못하고 그저 표면적으로만 이해하면, 우리는 그 당시 이스라엘 백성들이 타락해도 너무나 타락했다고 생각할 것입니다. "하나님께서 말씀하시는데 어떻게 하나님께 그렇게 대답할 수 있지?"라고 생각할 것입니다. 그리고 그렇기 때문에 그들이 하나님의 심판을 받은 것은 당연한 일이었다고 생각할 것입니다. 그러면서 우리는 그렇게 하지 않기 때문에 그들과는 다르다고 생각할 것입니다.

당신은 그 당시 이스라엘 백성들이 실제로 그렇게 말했을 것이라고 생각합니까? 저는 전혀 그렇게 생각하지 않습니다. 하나님께서 그들이 그렇게 하나님의 음성을 일언지하에 거절했다고 말씀하신 바로 그 다음 절을 보십시오. "시바에서 유향과 먼 곳에서 향품을 내게로 가져옴은 어찌함이냐 나는 그들의 번제를 받지 아니하며 그들의 희생제물을 달게 여기지 않노라"(렘 6:20). 그들은 오늘날의 에티오피아나 인도에까지 가서 특상품의 향품을 사다가 하나님께 번제로 드렸습니다. 하나님께서는 이 구절에서 그들의 번제를 받지 않으셨다고 말씀하고 있지만, 그들은 당연히 그들의 제사를 하나님께서 기뻐 받으실 것이라고 생각했을 것입니다. 하나님께서 받지 않으실 것을 뻔히 알면서 그렇게 큰 희생을 하나님께 드리는 사람이 어디 있겠습니까? 그렇다면 하나님을 위해 그렇게 많은 희생과 헌신을 한 그들이 하나님께서 말씀하시는데 그렇게 일언지하에 그것을 거절했겠습니까? 그들은 절대로 그렇게 말하지 않았을 것입니다. 더 나아가 그들은 그 당시 친구나 친척이나 선지자를 만나면 어떤 하나님의 음성을 들었느냐고 물었습니다(저는 예레미야 23:35, 37에 대한 NIV 성경의 번역이 더 옳다고 생각합니다). 그만큼 그들은 하나님의 음성 듣기를 사모했습니다. 그래서 예레미야는 그 당시 이스라엘 백성들에 대해 그들의 입술에는 항상 하나님이 있다고 말했습니다(예레미야 12:2에 대한 NIV 성경의 표현). 다시 말해서 그들은 입만 벌리면 하나님 이야기를 했습니다. 그러한 그들이 하나님께서 말씀하시는데 그렇게 단 한 마디로 거절하겠습니까?

그럼 하나님은 그들이 하지도 않은 말을 그들이 했다고 하시는 분입니까? 절대로 그렇지 않습니다. 그럼 이 말은 무슨 뜻입니까? 이 두 가지 면을 다 고려해야 우리는 하나님께서 하신 이 말씀의 뜻이 무엇인지 진정으로 알 수 있습니다.

그 당시 이스라엘 백성들이 절대로 입으로 그렇게 말했을 리 없습니다. 그들은 누구보다, 사실 오늘날 대부분의 성도들보다, 하나님의 음성 듣기를 사모하는 자들이었습니다. 그들이 하나님께서 그렇게 말씀하시는 줄 알았더라면, 그들이 성경이 말하는 대로 그렇게 했겠습니까? 그러나 그들은 영적 분별력이 어두워져 있었기 때문에, 하나님께서 성경이나 선지자들을 통해서 하시는 말씀을 전혀 듣지 못했습니다. 그래서 그들은 하나님의 말씀에 어떠한 반응도 보이지 않았습니다. 그 결과 그들은 입으로는 하나님께서 그들이 말했다고 하신 것처럼 그렇게 말하지 않았을지 모르지만, 그들의 행동은 실제로 그렇게 말하고 있었습니다. 그것을 두고 하나님은 위 구절들에서 볼 수 있는 것처럼 그렇게 말씀하셨습니다.

우리가 이러한 사실을 깨닫는다면 우리도 얼마든지 그들처럼 될 수 있다는 사실을 알 수 있습니다. 그리고 우리가 좀 더 자세히 살펴보면 오늘날 많은 우리들의 모습이 그 당시 이스라엘 백성들의 모습과 매우 흡사한 것을 볼 수 있을 것입니다. 그런데 우리는 정확하게 같은 상황에 있으면서도 그것이 우리의 모습인 것은 꿈에도 생각지 못하고 있습니다. 참으로 심각한 일입니다.

그 결과 그들에게는 하나님의 심판이 임했습니다.

하나님은 처음부터 우리 신앙의 가장 중요한 한 가지 요소로써 우리들에게 하나님의 목소리를 청종하라고 말씀하셨습니다. "[19]내가 오늘 하늘과 땅을 불러 너희에게 증거를 삼노라 내가 생명과 사망과 복과 저주를 네 앞에 두었은즉 너와 네 자손이 살기 위하여 생명을 택하고 [20]네 하나님 여호와를 사랑하고 그의 말씀을 청종하며 또 그를 의지하라 그는 네 생명이시요 네 장수이시니 여호와께서 네 조상 아브라함과 이삭과 야곱에게 주리라고 맹세하신 땅에 네가 거주하리라"(신 30:19-20).

그리고 예레미야 시대 이스라엘 백성들이 하나님의 음성에 귀도 기울이지 않자 하나님은 그들에게 반복적으로 다가오는 심판에 대해서 경고하셨습니다. "[16]여호와께서 이와 같이 말씀하시되 너희는 길에 서서 보며 옛적 길 곧 선한 길이 어디인지 알아보고 그리로 가라 너희 심령이 평강을 얻으리라 하나 그들의 대답이 우리는 그리로 가지 않겠노라 하였으며 [17]내가 또 너희 위에 파수꾼을 세웠으니 나팔 소리를 들으라 하나 그들의 대답이 우리는 듣지 않겠노라 하였도다 [18]그러므로 너희 나라들아 들으라 무리들아 그들이 당할 일을 알라 [19]땅이여 들으라 내가 이 백성에게 재앙을 내리리니 이것이 그들의 생각의 결과라 그들이 내 말을 듣지 아니하며 내 율법을 거절하였음이니라"(렘 6:16-19).

"[13]여호와의 말씀이니라 이제 너희가 그 모든 일을 행하였으며 내가 너희에게 말하되 새벽부터 부지런히 말하여도 듣지 아니하였고 너희를 불러도 대답하지 아니하였느니라 [14]그러므로 내가 실로에 행함 같이 너희가 신뢰하는 바 내 이름으로 일컬음을 받는 이 집 곧 너희와 너희 조상들에게 준 이 곳에 행하겠고 [15]내가 너희 모든 형제 곧 에브라임 온 자손을 쫓아낸 것 같이 내 앞에서 너희를 쫓아내리라 하셨다 할지니라"(

렘 7:13-15).

"²²사실은 내가 너희 조상들을 애굽 땅에서 인도하여 낸 날에 번제나 희생에 대하여 말하지 아니하며 명령하지 아니하고 ²³오직 내가 이것을 그들에게 명령하여 이르기를 너희는 내 목소리를 들으라 그리하면 나는 너희 하나님이 되겠고 너희는 내 백성이 되리라 너희는 내가 명령한 모든 길로 걸어가라 그리하면 복을 받으리라 하였으나 ²⁴그들이 순종하지 아니하며 귀를 기울이지도 아니하고 자신들의 악한 마음의 꾀와 완악한 대로 행하여 그 등을 내게로 돌리고 그 얼굴을 향하지 아니하였으며 ²⁵너희 조상들이 애굽 땅에서 나온 날부터 오늘까지 내가 내 종 선지자들을 너희에게 보내되 끊임없이 보내었으나 ²⁶너희가 나에게 순종하지 아니하며 귀를 기울이지 아니하고 목을 굳게 하여 너희 조상들보다 악을 더 행하였느니라……³²그러므로 여호와께서 말씀하시니라 날이 이르면 이 곳을 도벳이라 하거나 힌놈의 아들의 골짜기라 말하지 아니하고 죽임의 골짜기라 말하리니 이는 도벳에 자리가 없을 만큼 매장했기 때문이니라 ³³이 백성의 시체가 공중의 새와 땅의 짐승의 밥이 될 것이나 그것을 쫓을 자가 없을 것이라 ³⁴그 때에 내가 유다 성읍들과 예루살렘 거리에 기뻐하는 소리, 즐거워하는 소리, 신랑의 소리, 신부의 소리가 끊어지게 하리니 땅이 황폐하리라"(렘 7:22-26, 32-34).

그리고 그들이 끝내 하나님의 음성을 듣고 돌이키지 않자, 하나님의 심판이 그들에게 임해서, 우리가 잘 아는 대로 서기전 586년 예루살렘과 남방 유다는 바벨론에 의해 멸망당했습니다.

그들이 듣지 못한 이유는 그들의 영적 분별력이 어두워져 있었기 때문입니다.

예레미야 시대 이스라엘 백성들은 선지자를 통해서 그리고 성경을 통해서 하나님의 음성을 듣지 못해서 결국 하나님의 심판을 받아 멸망하게 되었는데, 그들이 하나님의 음성을 듣지 못하게 된 가장 주된 이유는 그들의 영적 분별력이 어두워져 있었기 때문입니다. 다시 말해서, 그들의 영적인 귀가 어두워져 있었기 때문입니다. 그래서 하나님께서 아무리 목이 터져라 외쳐도 그들은 전혀 그 말씀을 알아들을 수 없었습니다. 사실 이것은 어느 시대건 마찬가지입니다. 그래서 하나님은 그 시대를 두고 이렇게 말씀하셨습니다. "어리석고 지각이 없으며 눈이 있어도 보지 못하며 귀가 있어도 듣지 못하는 백성이여 이를 들을지어다"(렘 5:21). 그만큼 그 시대는 영적으로 분별력이 어두워진 시대였습니다.

2. 성경을 통해 하나님의 음성을 듣지 못하는 것과 거짓 신앙체계

그들이 그토록 나름대로 하나님의 음성을 사모하면서도 하나님의 음성을 전혀 듣지 못한 것은 그들이 가지고 있던 거짓 신앙체계 때문이었습니다. 하나님의 백성들이 타락하여 하나님과의 친밀한 교제에서 떠나면 영적 분별력이 어두워집니다. 하나님의 백성들이 영적 분별력이 어두워지면 신앙에 대한 왜곡된 이해인 거짓 신앙체계에 빠지게 됩니다. 그리고 거짓 신앙체계에 빠지면 심지어 성경을 그렇게 많이 연구하면서도 성경을 통해 하나님의 음성을 듣지 못하게 됩니다.

이제 그들이 성경을 통해서 어떻게 하나님의 음성을 듣지 못했는지 그 구체적인 예들을 살펴보겠습니다. 예레미야 7장에서 하나님은 선지자 예레미야를 통해서 다음과 같이 말씀하셨습니다. "⁴너희는 이것이 여호와의 성전이라, 여호와의 성전이라, 여호와의 성전이라 하는 거짓말을 믿지 말라....... ⁸보라 너희가 무익한 거짓말을 의존하는도다....... ¹¹내 이름으로 일컬음을 받는 이 집이 너희 눈에는 도둑의 소굴로 보이느냐 보라 나 곧 내가 그것을 보았노라 여호와의 말씀이니라 ¹²너희는 내가 처음으로 내 이름을 둔 처소 실로에 가서 내 백성 이스라엘의 악에 대하여 내가 어떻게 행하였는지를 보라 ¹³여호와의 말씀이니라 이제 너희가 그 모든 일을 행하였으며 내가 너희에게 말하되 새벽부터 부지런히 말하여도 듣지 아니하였고 너희를 불러도 대답하지 아니하였느니라 ¹⁴그러므로 내가 실로에 행함 같이 너희가 신뢰하는 바 내 이름으로 일컬음을 받는 이 집 곧 너희와 너희 조상들에게 준 이 곳에 행하겠고 ¹⁵내가 너희 모든 형제 곧 에브라임 온 자손을 쫓아낸 것 같이 내 앞에서 너희를 쫓아내리라 하셨다 할지니라"(렘 7:4, 8, 11-15).

당신이 만약 그 당시의 이스라엘 백성이었다면, 당신은 예레미야를 통해 하신 이 말씀을 알아들었겠습니까? 하나님께서 친히 자기 이름을 예루살렘 성전에 두시겠다고 맹세하신 것이 하나님의 말씀인 성경에 기록되어 있을 뿐 아니라(왕상 9:3), 조상 대대로 그곳을 하나님께서 거하시는 처소로 가장 거룩하게 여겨왔는데, 그래서 안식일이나 절기 때마다 그곳에서 하나님께 성대한 예배를 드려왔는데, 난데없이 예레미야라는 자가 나타나서 그 예루살렘 성전을 향해 그것이 여호와의 성전이라는 말이 거짓말이라고 외쳐댔습니다. 또한 예레미야는 하나님께서 그들에게 새벽부터 부지런히 말해도 그들이 듣지도 않고 대답지도 않기 때문에 엘리 시대에 실로에 행한 것처럼 예루살렘 성전을 다 파괴시키고 그들을 심판하실 것이라고 외쳤습니다. 이 얼마나 황당한 말입니까? 오늘날 우리나라에서 이런 일이 일어났다면 예레미야는 곧바로 이단으로 정죄되었을 것입니다. 그러니까 예레미야 시대 이스라엘 백성들은 선지자를 통한 하나님의 음성을 전혀 듣지 못했습니다. 영적 분별력이 가려져서 그 말이 무슨 뜻인지를 몰랐기 때문입니다. 하나님께서 그들에게 아무리 외쳐도 그들은 하나님께서 말씀하고 계신지조차 몰랐습니다. 그것을 두고 하나님은 그들이 하나님의 말씀에 귀도 기울이지 않았다고 말씀하셨습니다. 그러면서도 그들은 우리가 살펴본 것처럼 자신들이 누구보다 하나님의 음성을 사모하며, 하나님을 잘 믿는다고 자부했을 것입니다.

그럼 그들이 그 당시 선지자를 통한 하나님의 음성을 듣지 않았다는 말은 이해하겠는데, 그들이 성경을 통한 하나님의 음성을 듣지 못했다는 말은 무슨 뜻입니까? 우리는 그것을 14절에서 볼 수 있습니다. "그러므로 내가 실로에 행함 같이 너희가 신뢰하는 바 내 이름으로 일컬음을 받는 이 집 곧 너희와 너희 조상들에게 준 이 곳에 행하겠고."

이 구절에서 하나님은 예루살렘 성전을 표현하면서, 그들이 믿는 집이라고 말씀하셨습니다. 다시 말해서 그 당시 이스라엘 백성들은 하나님을 믿는 것이 아니라, 하나님의 성전을 믿었다는 것입니다. 이 얼마나 타락한 신앙입니까. 우리가 하나님을 믿어야지 어떻게 하나님의 성전을 믿습니까. 그러니까 하나님은 예루살렘과 이스라엘을 심판하시겠다는 것입니다.

바리새인들이 이 구절을 읽었을 때, 그들은 그들의 조상들에 대해서 어떻게 생각했겠습니까? 아마도 그들은 "하나님을 믿어야지 어떻게 예루살렘 성전을 믿는단 말인가. 그러니까 우리 조상들에게 하나님의 심판이 임한 것은 당연한 일이었지."라고 생각했을 것입니다. 그러면서 그들은 당연히 하나님을 믿기 때문에 예레미야 시대의 그들 조상과는 근본적으로 다르다고 생각했을 것입니다. 당신은 이 구절을 읽을 때 예레미야 시대의 이스라엘 백성들에 대해 그리고 당신에 대해 어떤 생각이 듭니까?

그림 당신은 하나님의 이 말씀이 예레미야 시대 이스라엘 백성들이 의도적으로 혹은 의식적으로(consciously) 하나님을 믿지 않고 예루살렘 성전을 믿었다는 말이라고 생각합니까? 당신은 그 당시 그들이 안식일에 제사를 드리러 예루살렘 성전에 나올 때 하나님께 제사를 드리러 오지 않고, 예루살렘 성전에게 제사를 드리러 왔다고 생각합니까? 당신은 주일에 예배드리러 교회에 나올 때, 하나님께 예배를 드리러 나오는 것이 아니라 교회에게 예배를 드리러 나옵니까? 말할 필요도 없이 그 당시 이스라엘 백성들은 당연히 자신들이 하나님을 믿는다고 생각했을 것입니다. 그리고 그들은 당연히 자신들이 하나님께 예배를 드린다고 생각했을 것입니다.

그렇다면 그들이 하나님을 믿는 것이 아니라, 성전을 믿었다는 하나님의 말씀은 무슨 뜻입니까? 우리가 이 구절에서 언급하고 있는 실로로 거슬러 올라가 보면, 이 말의 의미가 무슨 뜻인가를 알 수 있습니다.

이 구절에서 언급하고 있는 실로에서 일어난 사건은 엘리 시대 이스라엘 백성들의 신앙이 타락하여 하나님께서 그들을 심판하신 사건을 의미합니다. 그 당시 이스라엘은 블레셋에게 대패하여 4만 명 가까운 백성들이 전사했고, 엘리와 두 아들들도 목숨을 잃었고, 하나님의 언약궤를 빼앗겼고, 하나님의 성막은 불타 없어졌습니다.

그런데 예레미야 7:14이 의미하는 바를 알려면 실로에서 일어났던 일을 좀 더 상세하게 살펴보아야 합니다. 그 당시 하나님의 관점에서 이스라엘은 하나님을 버린 상태에 있었습니다. 그래서 하나님은 여러 통로를 통해 그들에게 다가오는 하나님의 심판에 대해서 말씀하고 계셨습니다(삼상 2:30-34). 문제는 그들은 이사야 시대의 이스라엘 백성들이 그랬듯이 자신들이 하나님을 버렸다는 사실도 모르고 있었다는 것입니다. 왜냐하면 그들은 나름대로 여러 가지 하나님께 대한 의식(rituals)을 행하고 있었기 때문입니다.

하나님의 관점에서는 하나님께 대한 의식들이 우리 가운데 아무리 많을지라도, 우리가 하나님을 알고 그분을 존재를 다해 사랑하는 하나님과의 친밀한 교제와 하나님의 행하심을 보고 우리의 온 삶으로 동참하는 삶, 그리고 하나님의 길로 행하는 삶에서 떠나 있으면, 우리는 하나님을 버린 것입니다. 그 당시 엘리 시대가 그랬습니다. 제사장들부터 하나님을 알지 못했습니다. "엘리의 아들들은 행실이 나빠 여호와를 알지 못하더라"(삼상 2:12). 이 말은 그들이 하나님에 관한 신학적인 지식이 없었다는 말이 아니고, 바리새인들처럼 인격체이신 하나님과의 어떠한 인격적인 관계도 가지고 있지 않았다는 말입니다. 그 결과, 그들의 삶에는 음란 등 세상의 죄가 가득했고(삼상 2:22), 그들의 사역은 자기들의 배를 채우기 위한 수단에 불과했고(삼상 2:13-16), 그들은 하나님께 드리는 예배를 짓밟고 있었습니다(삼상 2:17). 인간은 누구든지 하나님과의 친밀한 교제에서 떠나면 그 삶은 하나님의 법을 버리게 되어 있습니다.

그런 상황에서 이스라엘과 블레셋 사이의 큰 전쟁이 있었습니다. 그리고 그 전쟁에서 이스라엘이 패하여 4천명 이상이 목숨을 잃었습니다. "[1]사무엘의 말이 온 이스라엘에 전파되니라 이스라엘은 나가서 블레셋 사람들과 싸우려고 에벤에셀 곁에 진 치고 블레셋 사람들은 아벡에 진 쳤더니 [2]블레셋 사람들이 이스라엘에 대하여 전열을 벌이니라 그 둘이 싸우다가 이스라엘이 블레셋 사람들 앞에서 패하여 그들에게 전쟁에서 죽임을 당한 군사가 사천 명 가량이라 [3]백성이 진영으로 돌아오매 이스라엘 장로들이 이르되 여호와께서 어찌하여 우리에게 오늘 블레셋 사람들 앞에 패하게 하셨는고 여호와의 언약궤를 실로에서 우리에게로 가져다가 우리 중에 있게 하여 그것으로 우리를 우리 원수들의 손에서 구원하게 하자 하니 [4]이에 백성이 실로에 사람을 보내어 그룹 사이에 계신 만군의 여호와의 언약궤를 거기서 가져왔고 엘리의 두 아들 홉니와 비느하스는 하나님의 언약궤와 함께 거기에 있었더라 [5]여호와의 언약궤가 진영에 들어올 때에 온 이스라엘이 큰 소리로 외치매 땅이 울린지라"(삼상 4:1-5).

여기에서 심각한 사실은 그 당시 이스라엘 백성의 리더들을 포함해서 아무도 왜 자신들이 전쟁에서 졌는지를 몰랐다는 사실입니다. 하나님의 관점에서 볼 때, 그들이 지는 것은 당연했습니다. 그들이 하나님을 버렸기 때문에 하나님도 그들을 버려 그들과 함께 하지 않았습니다. 그러니까 그들이 전쟁에서 지는 것은 당연했습니다. 그러나 그들은 자신들이 하나님을 버렸다는 사실조차 모르고 있었습니다. 그래서 리더들조차 그들이 전쟁에서 졌을 때 그 책임을 하나님께 돌렸습니다(3절).

더 심각한 문제는 그들이 왜 졌는지를 몰랐기 때문에, 다시 말해서 문제가 뭔지를 몰랐기 때문에, 그들은 해결책이 무엇인지를 몰랐습니다. 그들의 상태에 대한 진정한 해결책은 그들이 하나님께로 돌아가는 것이었습니다. 다시 말해서, 그들이 하나님을 알고 존재를 다해 사랑하는 하나님과의 친밀한 교제 가운데로 돌아가는 것이었습니다(호 6:1, 3). 그러나 그들은 자신들이 하나님을 떠나 있다는 사실도 모른 채, 그저 하나님의 언약궤를 가지고 나가면 이길 줄로 생각하고, 전쟁터로 하나님의 언약궤를 가지고 나갔습니다. 물론 엘리도 같은 의견을 가지고 그 일에 동의했기 때문에 언약궤를 내어주었던 것 같습니다. 그리고 언약궤를 가지고 나가자 온 이스라엘은 땅이 흔들릴 만큼 소리를 지르며 환호했습니다.

그들 모두는 여호수아 시대에 제사장들이 언약궤를 매고 요단강을 밟았더니 강이 언약궤 앞에서 갈라졌고, 언약궤를 매고 여리고 성을 돈 다음 소리를 질렀더니 여리고 성이 무너진 것과 같은 이스라엘의 역사를 잘 알았던 것이 분명합니다. 그렇기 때문에 그들은 전쟁터로 언약궤를 가지고 나갔고, 또 그렇기 때문에 온 이스라엘은 이제는 이겼다 싶어서 그렇게 환호했을 것입니다.

우리가 아는 바와 같이 여호수아 시대에 요단강이 갈라지고 여리고 성이 무너진 것은 언약궤 때문이 아니었습니다. 그들은 여호수아부터 하나님과 동행하면서 하나님의 인도를 따라 성경에 기록된 대로 그렇게 했습니다. 사실 그들이 그렇게 한 것은 매우 무모한 일이었습니다. 그러나 그들이 하나님과의 친밀한 교제 가운데서 하나님의 인도하심에 믿음으로 순종했을 때 하나님께서 역사하셔서 그 놀라운 일들이 일어났던 것입니다.

그러나 엘리 시대 리더들과 백성들은 하나님을 버린 상태에 있으면서(물론 자신들은 자신들의 그러한 상태를 몰랐습니다), 그저 언약궤만 가지고 나가면 그 언약궤로 인하여 자기들이 전쟁에서 이길 줄로 생각했습니다. 그래서 그들은 당연히 자신들이 하나님을 믿는다고 생각했겠지만, 하나님의 관점에서 볼 때 그들은 전혀 하나님을 믿지 않았습니다. 그들은 실제로 그 언약궤를 믿었습니다. 그래서 하나님은 그들의 행동을 이렇게 표현하셨습니다. "이스라엘 장로들이 이르되........여호와의 언약궤를 실로에서 우리에게로 가져다가 우리 중에 있게 하여 그것으로 우리를 우리 원수들의 손에서 구원하게 하자 하니"(3절).

이제 예레미야 7:14에서 하나님께서 말씀하신 바가 무엇인지 보입니까? 예레미야 시대 이스라엘 백성들도 엘리 시대 이스라엘 백성들과 똑같은 일을 하고 있었습니다. 예레미야 시대 이스라엘 백성들도 그들에게 많은 종교적인 의식들과 헌신이 있었을지 모르지만, 엘리 시대처럼 하나님을 버렸습니다(렘 2:13). 그런 상태에서 그들은 안식일이면 하나님께서 친히 자기 이름으로 두시겠다고 맹세하신 예루살렘 성전에서 꼬박꼬박 성대한 예배와 희생을 드렸기 때문에 하나님께서 자기들에게 복을 주시고, 자기들을 지켜줄 것이라고 믿었습니다. 그래서 하나님의 관점에서 볼 때, 그들은 마치 엘리 시대 이스라엘 백성들이 언약궤를 믿은 것처럼, 전혀 하나님을 믿는 것이 아니라, 예루살렘 성전을 믿었습니다.

엘리 시대 이스라엘 백성들은 하나님께서 여호수아 시대에 행하신 그 놀라운 일들을 알고 있었던 것이 분명합니다. 다시 말해서 '옛적 길'을 잘 알고 있었습니다. 그러나 그들은 그 하나님의 말씀을 통해서 어떠한 하나님의 음성도 듣지 못했기에 그 말씀에 자기들을 전혀 비쳐보지 못했습니다.

예레미야 시대 이스라엘 백성들은 엘리 시대에 관한 하나님의 말씀을 잘 알고 있었던 것 같습니다. 하나님께서 예레미야를 통해서 그들에게 실로를 언급하신 것을 보면 저는 그들이 그 사건을 알고 있었을 것이라고 생각합니다. 그런데 그 당시 이스라엘 백성들은 그 말씀을 잘 알고 있으면서도 그 말씀을 통해서 목이 터져라 외치시는 하나님의 음성을 전혀 듣지 못했습니다. 그들은 우리가 살펴본 바와 같이, 엘리 시대의 이스라엘 백성들과 영적으로 정확하게 같은 상태에 있었습니다. 그리고 똑같은 종류의 일을 하고 있었습니다. 그러나 그들은 엘리 시대에 관한 하나님의 말씀을 잘 알면서도 자기들이 똑같은 일을 하고 있다는 사실을 전혀 몰랐습니다. 그래서 그들은 그 말씀을 통해서 외치시는 하나님의 음성을 전혀 듣지 못했습니다. 어쩌면 그들은 사무엘상 4:3, "이스라엘 장로들이 이르되…….여호와의 언약궤를 실로에서 우리에게로 가져다가 우리 중에 있게 하여 그것으로 우리를 우리 원수들의 손에서 구원하게 하자 하니"를 읽으면서, "이스라엘 장로라는 사람들이 하나님으로 하여금 자기들을 원수들의 손에서 구원하게 해야지, 어떻게 언약궤로 하여금 자기들을 원수들의 손에서 구원하게 하자고 말할 수 있는가? 신앙이 그렇게 타락했으니까 하나님의 심판을 받았지."라고 생각했을지 모릅니다.

예수님 시대 종교지도자들이 예레미야 7:14을 읽을 때, 그들은 "어떻게 하나님의 백성들이 하나님을 믿지 않고 하나님의 성전을 믿나? 그러니까 하나님의 심판이 그들에게 임했지."라고 생각했을 것입니다. 그러면서 그들은 자신들은 하나님을 믿기 때문에 자기 조상들과는 근본적으로 다르다고 생각했을 것입니다.

그러나 예수님께서 예루살렘 성전에서 동전 바꾸는 탁자를 엎어버리시고, 팔고 있던 짐승들을 쫓아내시며 하신 말씀을 보면, 그 당시 유대인들이 하고 있던 일이나 예레미야 시대 이스라엘 백성들이 했던 일이 똑같았던 것을 알 수 있습니다. 예수님은 ".......기록된 바 내 집은 만민이 기도하는 집이라 칭함을 받으리라고 하지 아니하였느냐 너희는 강도의 소굴을 만들었도다......."(막 11:17)라고 말씀하셨는데, 이 말은 하나님께서 예레미야를 통해 그 시대 예루살렘 성전에서 하고 있던 일을 두고 하신 말씀과 정확하게 똑같기 때문입니다(렘 7:11 참조). 또한 예수님은 예루살렘 성전에 대해서 다가오는 하나님의 심판에 대해서 말씀하셨고, 예수님께서 말씀하신 지 40년 만에 예루살렘 성전은 완전히 불타 없어졌습니다.

예수님 시대 바리새인들은 예레미야 시대의 이스라엘 백성들과 정확하게 영적으로 똑같은 상태에 있었고, 또한 자기 조상들과 정확하게 똑같은 일을 하고 있었습니다. 그리고 그들은 예레미야 7장의 내용을 잘 알고 있었을 것입니다. 어쩌면 그들은 그 구절을 가지고 수없이 설교했을지도 모릅니다. 그러면서도 그들은 그 구절을 통해 목이 터져라 외치시는 그들을 향한 하나님의 음성을 전혀 듣지 못했습니다. 그들은 그 구절을 통해 하나님의 관점에서 자신들의 영적인 상태를 깨닫고 돌이키는 일이 전혀 없었습니다. 왜냐하면 그들의 영적인 눈이 철저하게 멀어 있었기 때문입니다.

당신은 예레미야 7:14을 읽으면서 어떻게 생각했습니까? 오늘날 성도들이 주일에 예배드리러 가면서 자신은 하나님을 믿는 것이 아니라 교회를 믿고, 하나님께 예배를 드리러 가는 것이 아니라, 교회에게 예배를 드리러 간다고 생각하는 사람은 단 한 사람도 없을 것입니다. 그러나 오늘날 적지 않은 성도들이 하나님에 대한 몇 가지 종교적인 의식과 종교적인 헌신은 행할지 모르지만, 하나님과의 친밀한 교제 가운데 거하면서 하나님의 행하심을 보고 온 삶으로 동참하며 하나님의 길로 행하는 삶에서는 떠나 있습니다. 다시 말해서, 하나님의 관점에서 그들은 하나님을 버렸습니다. 그러면서 그들은 주일에 빼놓지 않고 하나님께 예배를 드렸으니 하나님께서 자기들의 예배를 받으시고 자기들을 축복해줄 것이라고 생각합니다. 그들은 예레미야 시대의 이스라엘 백성들이나 예수님 시대의 유대인들이 한 것과 정확하게 똑같은 일을 하고 있습니다. 그러면서도 그들은 예레미야서나 예수님께서 성전을 깨끗케 하신 성경구절들을 읽으면서 그 말씀들이 자기들에게 해당되는지를 전혀 깨닫지 못하고 있습니다. 엘리 시대의 이스라엘 백성들이나, 예레미야 시대의 이스라엘 백성들이나, 예수님 시대의 종교지도자들처럼 성경을 통해서 하나님의 음성을 전혀 듣지 못하고 있는 것입니다. 성경을 통해 목이 터지라고 외치시는 하나님의 음성을 일언지하에 거절하고 있는 것입니다. 그러면서 그들은 자신들이 그렇게 하고 있다는 사실도 깨닫지 못하고 있습니다.

마지막으로 한 가지, 예레미야 시대 예루살렘 성전이 하나님의 성전이었다는 말이 무슨 뜻입니까? 예루살렘 성전은 하나님의 영광이 그곳에 머물러 있을 때에만 하나님의 성전으로서 의미가 있었습니다. 그러나 그 시대에는 하나님의 백성들이 철저하게 하나님을 버렸기 때문에 하나님의 영광의 임재가 그곳에서 이미 걷혀 있었습니다(겔 9:3, 10:18-19,

11:22-23 참조). 그래서 예루살렘 성전은 더 이상 하나님의 성전이 아니었습니다. 그것은 건물에 불과했습니다. 그러나 그 당시 종교지도자들은 그 사실을 깨닫지도 못한 채 하나님이 거하시는 하나님의 성전이 그곳에 있으니 그리고 그곳에서 하나님께 성대한 제사를 드렸으니 하나님께서 그 나라에 복을 주시고 그 나라를 지켜주실 것이라고 외쳐댔습니다. "이것이 여호와의 성전이라"는 말을 세 번씩이나 반복한 것을 보면 그 당시 종교지도자들이 얼마나 그것을 줄기차게 부르짖었는지를 알 수 있습니다. 그러나 그 모든 것은 전혀 효력이 없는 공허한 메아리에 불과했습니다. 물론 그 당시 종교지도자들이나 이스라엘 백성들 모두 눈이 어두워져서 그 '거짓'을 전혀 보지 못했습니다.

이사야 시대의 이스라엘 백성들과 예수님 시대의 바리새인들

이것은 단지 예레미야 시대만이 아닙니다. 위에서도 이미 살펴보았지만, 어느 시대건 신앙이 타락하여 거짓 신앙체계에 빠지면 동일한 일이 일어납니다. 이사야 시대와 바리새인들의 경우도 마찬가지였습니다. 이 부분에 대해서 저의 책『십자가의 복음』(요단출판사),『예배 회복』(도서출판 새물결),『거짓 신앙체계』(요단출판사) 등을 참조하시면 좀 더 상세하게 이해될 것입니다.

먼저 구약의 제사와 절기에 대해서 말하는 구절인 민수기 28장과 29장을 읽고, 다음에 나오는 이사야 1장을 주의 깊게 읽어보십시오. 그 구절을 읽으면서 이사야 시대 이스라엘 백성들이 어떻게 하나님께 제사를 드리고, 또 어떻게 절기들을 지켰는가를 주의 깊게 살펴보십시오. "4

슬프다 범죄한 나라요 허물 진 백성이요 행악의 종자요 행위가 부패한 자식이로다 그들이 여호와를 버리며 이스라엘의 거룩하신 이를 만홀히 여겨 멀리하고 물러갔도다……. [10]너희 소돔의 관원들아 여호와의 말씀을 들을지어다 너희 고모라의 백성아 우리 하나님의 법에 귀를 기울일지어다 [11]여호와께서 말씀하시되 너희의 무수한 제물이 내게 무엇이 유익하뇨 나는 숫양의 번제와 살진 짐승의 기름에 배불렀고 나는 수송아지나 어린 양이나 숫염소의 피를 기뻐하지 아니하노라 [12]너희가 내 앞에 보이러 오니 이것을 누가 너희에게 요구하였느냐 내 마당만 밟을 뿐이니라 [13]헛된 제물을 다시 가져오지 말라 분향은 내가 가증히 여기는 바요 월삭과 안식일과 대회로 모이는 것도 그러하니 성회와 아울러 악을 행하는 것을 내가 견디지 못하겠노라 [14]내 마음이 너희의 월삭과 정한 절기를 싫어하나니 그것이 내게 무거운 짐이라 내가 지기에 곤비하였느니라 [15]너희가 손을 펼 때에 내가 내 눈을 너희에게서 가리고 너희가 많이 기도할지라도 내가 듣지 아니하리니 이는 너희의 손에 피가 가득함이라"(사 1:4, 10-15).

이 구절을 보면, 우리는 이사야 시대 이스라엘 백성들이 성경대로 안식일, 월삭, 모든 절기와 대회 등 하나님께서 명하신 모든 절기들을 철저하게 지켰던 것을 알 수 있습니다. 그리고 우리는 그들이 성경에 규정한 대로 하나님께 수많은 희생을 드린 것을 알 수 있습니다. 그리고 그들은 많이 기도했습니다.

그들은 자신들의 신앙과 예배에 대해서 어떻게 생각했을까요? 당연히 그들은 율법의 규정대로, 최선을 다해서 드리는 그들의 예배를 하나님께서 기뻐 받으신다고 생각했을 것입니다. 또한 그들은 그들의 신앙에 대해서 어떻게 생각했을까요? 그들은 자신들이 신앙생활을 매우 잘하고 있다고 생각했을 것입니다. 그런데 하나님은 이사야 선지자를 통해서 그들이 하나님을 버렸다고 말씀하셨습니다. "슬프다 범죄한 나라요 허물 진 백성이요 행악의 종자요 행위가 부패한 자식이로다 그들이 여호와를 버리며 이스라엘의 거룩하신 이를 만홀히 여겨 멀리하고 물러갔도다"(사 1:4). 그리고 그들의 예배에 대해서 위와 같이 말씀하셨습니다. 그렇다면 그들은 하나님께서 이사야 선지자를 통해서 그렇게 말씀하셨을 때, 그 말을 알아들을 수 있었을까요? 그들은 그 말을 전혀 알아들을 수 없었을 것입니다. 그래서 그들은 하나님께서 이사야 선지자를 통해서 아무리 외치셔도 그 말을 듣지 않았습니다. 하나님께서 아무리 다가오는 심판에 대해서 말씀하셔도 그들은 돌이키지 않았습니다. 그러면서 그들은 자신들이 하나님을 거역하고 있다는 사실조차 몰랐습니다. 그래서 하나님은 그들의 영적인 상태에 대해 이렇게 말씀하셨습니다. "⁹여호와께서 이르시되 가서 이 백성에게 이르기를 너희가 듣기는 들어도 깨닫지 못할 것이요 보기는 보아도 알지 못하리라 하여 ¹⁰이 백성의 마음을 둔하게 하며 그들의 귀가 막히고 그들의 눈이 감기게 하라 염려하건대 그들이 눈으로 보고 귀로 듣고 마음으로 깨닫고 다시 돌아와 고침을 받을까 하노라 하시기로"(사 6:9-10). 전승에 의하면, 결국 그들은 이사야 선지자를 톱으로 켜서 죽였습니다. 그들이 그렇게 많은 희생을 드리고, 그렇게 절기들을 잘 지키고, 그렇게 많은 기도를 드린 것을 보면 그들은 당연히 자기들이 누구보다 하나님을 사랑한다고 생각했을 것입니다. 그런데 누구보다 신앙생활 잘하고 누구보다 하나님을 사랑한다고 자부한 그들이 영적 분별력이 어두워져서 하나님께서 목이 터져라 외쳐도 귀도 기울이지 않고, 결국 하나님의 선지자를 죽인 것입니다.

자 이제 바리새인들을 생각해 봅시다. 그들은 이사야의 이 구절을 누구보다 잘 알고 있었을 것입니다. 그리고 그들이 이 구절을 읽었을 때, 그들은 이사야 시대의 자기 조상들의 신앙이나 예배에 대해 어떻게 생각했을까요? 그들은 당연히 그들 조상들의 신앙이 소돔이나 고모라의 백성들처럼 타락했고, 그들이 하나님을 버렸고, 그들의 예배가 하나님께서 미워하시는 헛된 예배였다고 생각했을 것입니다. 왜냐하면 그 당시 이사야서가 이미 하나님의 말씀으로 받아들여지고 있었고, 바리새인들이 철저하게 믿는 성경인 이사야서가 그렇게 기록하고 있기 때문입니다. 어쩌면 바리새인들은 그 성경구절을 가지고 많이 설교했을지도 모릅니다.

그런데 문제는 바리새인들이 이사야 시대의 자기 조상들처럼 영적으로 정확하게 똑같은 상태에 있다는 사실을 알았을까요? 그들은 그 사실을 꿈에라도 생각하지 않았을 것입니다. 그것은 그들에게 상상할 수도 없는 일이었을 것입니다. 그들은 당연히 자기 조상들과는 근본적으로 다르게 신앙생활을 잘하고 있다고 생각했을 것입니다.

그러나 하나님의 관점에서 바리새인들의 신앙과 예배는 이사야 시대의 그들 조상들의 그것들과 정확하게 똑같은 상태에 있었습니다. 그래서 예수님은 이와 같이 말씀하셨습니다. "¹³그러므로 내가 그들에게 비유로 말하기는 그들이 보아도 보지 못하며 들어도 듣지 못하며 깨닫지 못함이니라 ¹⁴이사야의 예언이 그들에게 이루었으니 일렀으되 너희가 듣기는 들어도 깨닫지 못할 것이요 보기는 보아도 알지 못하리라 ¹⁵이 백성들의 마음이 완악하여져서 그 귀는 듣기에 둔하고 눈은 감았으니 이는 눈으로 보고 귀로 듣고 마음으로 깨달아 돌이켜 내게 고침을 받을까 두려워함이라 하였느니라"(마 13:13-15). 여기의 "이사야의 예언이 그들에게 이루었으니"라는 말은 구약에 나오는 이사야서가 예수님 시대의 바리새인들을 두고 한 예언이라기보다는 이사야가 그 시대를 두고 예언한 것이 정확하게 바리새인들에게도 해당된다는 말일 것입니다. 다시 말해서, 이사야 시대의 이스라엘 백성들이나 예수님 시대의 바리새인들이나 영적으로 정확하게 똑같은 상태에 있다는 말일 것입니다. 더 나아가 예수님은 구체적으로 바리새인들의 예배가 이사야 시대, 즉 그들 조상들의 예배와 정확하게 똑같은 상태라고 말씀하셨습니다. "⁷외식하는 자들아 이사야가 너희에 관하여 잘 예언하였도다 일렀으되 ⁸이 백성이 입술로는 나를 공경하되 마음은 내게서 멀도다 ⁹사람의 계명으로 교훈을 삼아 가르치니 나를 헛되이 경배하는도다 하였느니라 하시고"(마 15:7-9).

그래서 "이사야가 너희에 관하여 잘 예언하였도다."라는 말을 보아도 알 수 있듯이, 하나님은 이사야서를 통해서 바리새인들에게 목이 터져라 외치고 계셨습니다. 그러나 바리새인들은 그 성경구절을 누구보다 잘 알면서도 그리고 그 구절을 가지고 설교하면서도 그 구절을 통해서 말씀하시는 하나님의 음성을 전혀 듣지 못했습니다. 그리고 그들은 자기들이 듣지 못하고 있다는 사실조차 전혀 알지 못했습니다. 그들은 자신들이 하나님의 말씀을 일언지하에 거절하고 있다는 사실을 전혀 깨닫지도 못하고 있었습니다. 이사야 시대의 이스라엘 백성들이 선지자를 통한 하나님의 음성을 전혀 듣지 못했던 것처럼, 예수님 시대의 바리새인들은 성경을 통한 하나님의 음성을 전혀 듣지 못했습니다. 더 나아가 바리새인들은 성경을 통한 하나님의 음성을 듣지 못했기에, 하나님의 아들 예수님을 통한 하나님의 음성도 전혀 듣지 못했습니다. 그들은 성경에 기록되어 있으니까 이사야 시대나 예레미야 시대의 자기 조상들이 하나님의 말씀을 일언지하에 거절했다는 사실은 잘 알면서도, 자기들이 똑같은 일을 하고 있다는 사실은 상상조차 하지 못했습니다. 그들도 동일하게 영적으로 눈이 멀어 있었기 때문입니다.

이 점이 바로 심각한 점입니다. 오늘날 우리도 얼마든지 그렇게 될 수 있습니다. 심지어 우리가 큐티(QT)를 열심히 하면서도 바리새인들처럼 그렇게 될 수 있습니다.

---

1) 페트라 주석, 예레미야서 강해.

4장
하나님의 음성을 듣는 자세 :
하나님의 얼굴을 구하는 삶

성경을 통해서 하나님의 음성을 듣는 데 있어서 영적 분별력이 얼마나 중요한 것인가를 우리는 앞에서 살펴보았습니다. 그러므로 성경을 통해서 하나님의 음성을 듣는 데 있어서도 올바른 자세가 매우 중요합니다. 올바른 자세를 가진 자에게 하나님께서 은혜를 부으셔서 영적 분별력을 주시기 때문입니다.

하나님의 음성을 듣는 전반적인 자세에 대해서는 저의 책 『하나님의 음성 듣는 것』(도서출판 새물결)을 참조하시기 바랍니다. 여기서는 그 중에서도 가장 핵심적이고 중요한 하나님의 얼굴을 구하는 삶에 대해서 살펴보고자 합니다. 사실 하나님의 얼굴을 구하는 삶은 우리 신앙에서 가장 중요한 요소라고 해도 과언이 아닐 만큼 중요한 요소입니다. 그것은 하나님과의 친밀한 교제뿐 아니라, 우리의 예배, 우리의 기도 등 우리 신앙의 거의 모든 부분에서 가장 필수적인 요소입니다. 그래서 저는 저의 많은 책에서 이 부분을 다루고 있습니다. 그리고 성경을 통해서 하나님의 음성을 듣는 것에 있어서도, 영적 분별력에 있어서도 이 부분이 가장 중요한 부분이기에 여기서도 이 부분을 살펴보고자 합니다. 하나님은 하나님의 얼굴을 구하는 자를 하나님과의 친밀한 교제로 인도하시고 그에게 하나님 자신과 하나님의 목적과 하나님의 길을 알리십니다.

특히 여기서는 다윗의 삶을 중심으로 해서 하나님의 얼굴을 구하는 삶을 살펴보고자 합니다. 다윗의 인생 전체를 한 눈에 볼 수 있는 구절이 시편 27:4입니다. 그리고 그 구절에 나타난 다윗의 삶을 보면 하나님의 얼굴을 구하는 삶이 어떤 삶인가를 볼 수 있습니다.

시편 27:4에서 다윗은 이렇게 말합니다. "내가 여호와께 바라는 한 가지 일 그것을 구하리니 곧 내가 내 평생에 여호와의 집에 살면서 여호와의 아름다움을 바라보며 그의 성전에서 사모하는 그것이라." 이 구절을 킹 제임스 영어성경은 이렇게 번역하고 있습니다. "One [thing] have I desired of the LORD, that will I seek after; that I may dwell in the house of the LORD all the days of my life, to behold the beauty of the LORD, and to enquire in his temple."

이 구절을 보면 다섯 가지가 한눈에 띕니다. 특히 영어 성경을 보면 그 부분이 더 잘 보입니다. 그리고 그 다섯 가지를 살펴보면 다윗의 인생을 한눈에 볼 수 있습니다. 그 중 처음 두 가지는 그가 어떤 자세로 하나님을 구했는가를 보여주고, 나머지 세 가지는 그가 하나님을 구했다는 말이 무슨 뜻인지를 보여줍니다. 다시 말해서, 그가 하나님을 구한 내용을 보여줍니다. 저는 다윗의 이 삶이 하나님의 얼굴을 구하는 삶을 잘 보여준다고 생각합니다.

그 다섯 가지를 나열하면 다음과 같습니다.
1. 한 가지 일
2. 지속적인 열망
3. 하나님의 임재 가운데 머무는 것
4. 하나님의 아름다움을 바라보는 것
5. 하나님께 묻는 것

1. 한 가지 일

"내가 여호와께 바라는 <u>한 가지 일</u> 그것을 구하리니." 다윗에게 있어 하나님을 찾는 것은 그가 구한 한 가지 일이었습니다. 그런데 우리말 성경에는 이렇게 번역되어 있습니다만, 히브리 원어에 보면 '한 가지 일'이라는 단어가 맨 앞에 나옵니다. 다시 말해서, 다윗은 그 단어를 강조하고 있습니다. 이 점을 살리기 위해 거의 모든 영어 성경은 "One thing"이라는 단어로 이 절을 시작합니다. 그래서 이 말은 그것이 다윗이 구한 바로 그 한 가지였다는 말입니다. 다시 말해서, 그것이 그가 구한 많은 것 중 하나나 혹은 많은 것 중 첫 째도 아니고, 그가 구한 오직 하나라고 할 만큼 그에게 중요한 목표고 열망이었다는 말입니다. 미국 성서공회에서 발행한 『A Handbook on the Book of Psalms』에서 Robert Bratcher 박사도 이 구절에서 다윗이 말한 뜻을 설명하면서 이렇게 말합니다. *"his one and only desire is to dwell in the house of the Lord, ...all the days of my life"*(그의 한 가지 유일한 열망은 내 인생의 모든 날 동안 여호와의 집에 거하는 것이었다.)[1]

2. 지속적인 열망

"내가 <u>여호와께 바라는</u> 한 가지 일 <u>그것을 구하리니</u>." 우리말 성경의 한 가지 부족한 점은 시제가 명확하게 번역되어 있지 않다는 것입니다. 그런데 영어 성경은 이 구절의 시제를 잘 번역하고 있습니다. "One [thing] <u>have</u> I <u>desired</u> of the LORD, that <u>will</u> I <u>seek after</u>;"(KJV).

여기서 '바라는'은 완료 시제입니다. 그 말은 이것이 다윗이 그동안 바래왔던 바라는 말입니다. 그리고 '구하리니'라는 단어는 미완료형입니다. 그래서 영어 성경은 그 단어를 미래형으로 번역하고 있습니다. 이 말은 다윗이 앞으로도 그 일을 구할 것이라는 말입니다. 이 두 단어를 연결해 보면, 다윗은 그 '한 가지 일'을 과거로부터 지금까지 하나님께 구해 왔으며, 아울러 앞으로도 계속해서 그것을 구할 것이라고 말하고 있습니다. 특히 다음 문장에 보면, 다윗은 그 일을 자기 평생 동안 할 것이라고 말하고 있습니다. 우리말 성경에 '내 평생에'라고 번역된 단어를 킹 제임스 영어성경은 "all the days of my life(내 생애의 모든 날들)"라고 번역하고 있습니다.

　또한 다윗이 여기에서 사용하고 있는 단어들을 보아도, 그가 이 일을 얼마나 열심히 추구했는가를 볼 수 있습니다. 원어에서 이 두 단어 모두 비슷한 뜻을 가진 단어로써 추구하고, 찾고, 간절히 구하고, 열망하고, 갈망한다는 뜻을 가지고 있는 단어들입니다. 그래서 많은 영어 성경들은 'desire' 그리고 'seek after'라는 단어들을 사용하여 번역하고 있습니다.

　그렇게 볼 때, 다윗은 바로 그 한 가지 일을 과거에도 그토록 갈망하고 구했을 뿐 아니라, 현재에도 미래에도 그의 평생의 모든 날 동안 지속적으로 추구하고, 찾아 달려갈 것이라고 말하고 있습니다.

3. 하나님의 임재 가운데 머무는 것

　위의 두 가지가 다윗이 어떻게 하나님을 찾았는지 그 자세를 보여주는 것이라면, 나머지 세 가지는 다윗이 그러한 자세로 무엇을 찾았는지를 보여줍니다. 다시 말해서 그가 하나님을 찾았다는 말이 무엇을 의미하는지를 보여줍니다.

　다윗이 그토록 구했던 그 '한 가지 일' 중 하나는 하나님의 집에 사는 것이었습니다. "내가 여호와께 바라는 한 가지 일 그것을 구하리니 곧 내가 내 평생에 여호와의 집에 살면서." 이 말은 문자 그대로 그가 하나님의 집에서 사는 것을 말하는 것이 아니라, 하나님의 임재 가운데 머무는 것을 의미합니다.

우선 여기서 말하는 여호와의 집이 무엇을 의미하는가를 살펴볼 필요가 있습니다. 바로 위에서 언급한 Bratcher 박사는 여기의 여호와의 집을 성전으로 이해합니다. 저는 다윗이 여기서 말한 '여호와의 집'이 그의 또 다른 시편인 시편 26:8에서 말한 집과 같은 집을 의미한다고 믿습니다. "여호와여 내가 주께서 계신 집과 주의 영광이 머무는 곳을 사랑하오니." 시편 26:8의 "주께서 계신 집과 주의 영광이 머무는 곳"에 대해서 Lange 주석 시리즈는 "당신의 영광이 머무는 곳, 즉 영광스러운 하나님께서 당신의 임재를 나타내시기를 기뻐하시는 곳"이라고 번역하면서, Hupfeld 박사의 말을 인용합니다. Hupfeld 박사는 이 장소에 대해서 *"This is particularly the Holy of Holies, where the ark of the covenant was the throne of His majesty in its earthly manifestation.- C. A. B"*(이 곳은 특별히 지성소를 가리킨다. 그곳에서 언약궤는 하나님의 위엄이 지상적인 임재로 머물러 있던 보좌였다)라고 말했습니다.[2]

문제는 보다 구체적으로 이 성전이 어떤 성전을 의미하느냐 입니다. 다윗 시대에는 솔로몬 성전이 아직 지어지지 않았기 때문에 성막이 존재하고 있었습니다. 그런데 다윗 시대에는 두 종류의 성막이 존재하고 있었습니다. 하나는 모세의 질서를 따른 성막으로서 그것은 기브온 산당에 있었습니다(대상 16:39-40, 대하 1:3). 그곳에서는 모세의 질서를 따른 성막의 모든 기구들이 있었으며, 모세의 질서를 따른 짐승의 제사가 매일 드려졌습니다. 그러나 그곳에는 하나님의 언약궤가 없었습니다.

그 시대에는 또 하나의 성막이 존재하고 있었습니다. 그것은 성막이라기보다는 하나의 장막이라고 해야 더 옳을지 모릅니다. 다윗은 기럇여아림에서 언약궤를 가져다가, 그것을 위한 장막을 치고 그곳에 그 언약궤를 안치했습니다. "여호와의 궤를 메고 들어가서 다윗이 그것을 위하여 친 장막 가운데 그 준비한 자리에 그것을 두매 다윗이 번제와 화목제를 여호와 앞에 드리니라"(삼하 6:17; 대상 15:1과 16:1도 참조).

"³솔로몬이 온 회중과 함께 기브온 산당으로 갔으니 하나님의 회막 곧 여호와의 종 모세가 광야에서 지은 것이 거기에 있음이라 ⁴다윗이 전에 예루살렘에서 하나님의 궤를 위하여 장막을 쳐 두었으므로 그 궤는 다윗이 이미 기럇여아림에서부터 그것을 위하여 준비한 곳으로 메어 올렸고"(대하 1:3-4). 그리고 다윗은 레위인 중 아삽을 중심으로 한 찬양팀을 세워서 하나님의 궤 앞에서 항상 찬양하게 하였습니다(대상 16:4-6, 37).

이렇게 볼 때, 우리는 다윗이 시편 27:4에서 말한 '여호와의 집'이 하나님의 언약궤가 머물고 있던 그 장막을 의미하는 것을 알 수 있습니다.

그러면 다윗이 그의 평생 동안 여호와의 집에 머물기를 갈망했다는 말은 무슨 뜻입니까? 이 말은 당연히 그가 그의 처소를 놔두고 하나님의 언약궤가 머물러 있던 그 장막에 들어가 거기에서 살기를 원했다는 말이 아닐 것입니다. 사실 그곳에서는 아무도 살지 않았습니다. Hupfeld 박사가 말한 것처럼 언약궤에는 하나님의 영광의 임재가 머물러 있었습니다(출 25:22, 레 16:2, 민 7:89 참조). 그래서 다윗이 여호와의 집에 머물기를 갈망했다는 말은 그가 하나님의 임재 가운데 머물기를 갈망했다는 말입니다.

다윗은 무엇보다 하나님의 임재 가운데 머물기를 그토록 사모하고, 갈망하고, 추구했습니다. 이것이 그가 그의 유일한 하나의 소원으로 찾고 추구하던 것이었습니다. 사실, 하나님을 추구하는 사람들은 다윗처럼 그렇게 하나님의 임재를 갈망하며, 그 임재 가운데 머물기를 사모하고 열망합니다. 그리고 이것이 하나님의 얼굴을 구하는 삶의 한 부분입니다.

모세의 경우도 마찬가지였습니다.

하나님의 임재를 그토록 사모하고 갈망하는 삶의 배후에는 자신의 삶 속에서 그 무엇보다 하나님 그분 자신을 가장 소중히 여기는 태도가 놓여 있습니다. 하나님의 임재는 하나님께서 우리와 실질적으로 함께 하시는 것을 의미합니다. 그래서 하나님의 사람들은 하나님 그분이 가장 소중하기 때문에 그분이 함께 하시는 그분의 임재를 가장 소중하게 여깁니다. 하나님의 사람들에게 있어서 하나님의 임재는 무엇보다 소중합니다. 만약 우리들이 하나님의 임재를 잃는다면, 그것은 모든 것을 잃는 것과 같습니다. 그래서 하나님을 추구하는 사람들은 다윗처럼 그렇게 하나님의 임재를 사모하고 갈망합니다. 우리는 이러한 내용을 대표적으로 모세의 삶에서 잘 볼 수 있습니다.

우선 하나님께서 우리와 함께 하신다는 말은 하나님의 임재가 실질적으로 우리와 함께 하신다는 말입니다. 우리는 이 점을 출애굽기 33장에서 잘 볼 수 있습니다. 3절과 14절 그리고 15절과 16절을 대조하여 보십시오. "......나는 너희와 함께 올라가지 아니하리니......"(출 33:3).

"여호와께서 이르시되 내가 친히 가리라......"(출 33:14).

"모세가 여호와께 아뢰되 주께서 친히 가지 아니하시려거든......"(출 33:15).

"......주께서 우리와 함께 행하심으로 나와 주의 백성을 천하 만민 중에 구별하심이 아니니이까"(출 33:16).

이 구절들에서 우리는 하나님이 함께 하신다는 말과 하나님께서 친히 함께 하신다는 말이 상호교환적으로 사용되고 있는 것을 알 수 있습니다. 우리말 성경에 "내가 친히 가리라"고 번역된 말은 원문에는 "내 얼굴이 너희 앞에 행하리라"는 말로써 하나님의 임재가 함께 하시겠다는 말입니다. 그래서 거의 모든 영어 성경들은 그렇게 번역하고 있습니다.

모세는 하나님의 임재를 그 무엇보다 소중히 여겼습니다. 모세에게는 세상의 무엇보다 하나님 그분 자신이 가장 소중했기 때문입니다. 그에게 있어서 하나님의 임재를 잃는다는 것은 모든 것을 잃는 것과 같았습니다. 그가 아무리 많은 재산과 세상적인 성공과 사역의 확장을 성취했다 할지라도 하나님의 임재가 그와 함께 하지 않으면, 그 모든 것들이 그에게는 아무런 의미가 없었습니다. 이것이 참다운 신앙입니다. 그래서 로이드 존스 목사도 그의 책 『부흥』에서 다음과 같이 말합니다. "

이것이 바로 문제의 핵심입니다. 사람들이 진정으로 각성하면, 하나님의 임재를 잃어버리는 것처럼 심각한 것이 없다는 것을 인식하게 됩니다. 여러분은 저의 진정한 요점을 아시겠습니까?"[3]

우리는 모세의 이러한 자세를 출애굽기 33장에서 잘 볼 수 있습니다. 하나님은 출애굽기 32장에서 있었던 이스라엘 백성들의 배역으로 인하여 그들과 함께 가지 않겠다고 모세에게 말씀하셨습니다. 다시 말해서, 하나님의 임재로 그들과 동행하지 않겠다고 말씀하셨습니다. 대신 하나님은 천사를 앞서 보내어 그 천사로 하여금 원수들을 몰아내게 하심으로써, 그들로 하여금 하나님께서 아브라함과 이삭과 야곱에게 맹세하신 그 젖과 꿀이 흐르는 가나안 땅을 차지하게 하시겠다고 말씀하셨습니다(출 33:1-3).

그런데 이 말씀에 대한 모세의 반응을 보십시오. "모세가 여호와께 아뢰되 주께서 친히 가지 아니하시려거든 우리를 이 곳에서 올려 보내지 마옵소서"(출 33:15). 그들은 그 당시 사막에 있었습니다. 그들이 먹는 음식이라고는 만나와 물 뿐이었습니다. 그곳은 사람이 살 곳이 전혀 못 되는 곳이었습니다. 반면에 하나님께서 약속하시고 계시는 그 땅은 젖과 꿀이 흐르는 땅이었습니다. 그리고 하나님은 그들의 모든 원수를 멸하실 것을 약속하고 계셨고, 놀라운 천사의 도움도 약속하고 계셨습니다. 그러나 모세는 그 모든 것보다 하나님의 임재를 원했습니다. 하나님께서 함께 하시지 않는 그 모든 축복과 안락과 능력과 승리와 사역의 확장도 그에게는 아무런 의미가 없었습니다. 그는 모든 것이 없더라도 하나님의 임재가 함께 하시는 사막을 택했습니다. 그렇게 그 무엇보다 하나님 자신을, 하나님의 임재를 원하는 모세에게 하나님은 함께 가시겠다고 말씀하셨습니다. 다시 말해서 하나님의 임재로 그와 동행하시겠다고 말씀하셨습니다.

여기서도 볼 수 있듯이 우리가 이렇게 하나님의 얼굴을 구할 때 하나님의 임재가 우리와 함께 하십니다. 이것은 개인이건 교회건 마찬가지입니다. 그러므로 교회 가운데 하나님의 임재가 함께 하기 원하면, 리더부터 시작해서 교회의 지체들이 하나님의 얼굴을 집중적으로 구해야 합니다. 다윗처럼, 모세처럼 오직 하나님 그분만을 그렇게 간절히 찾고 구해야 합니다.

4. 하나님의 아름다움을 바라보는 것

다윗이 그토록 구했던 그 '한 가지 일'의 또 한 요소는 하나님의 아름다움을 바라보는 것이었습니다. "내가 내 평생에 여호와의 집에 살면서 <u>여호와의 아름다움을 바라보며</u>."

이 말은 하나님이 미남이라는 말이 아닙니다. 하나님은 영이시기 때문에 우리와 같은 형상이 없습니다. 이 말은 하나님의 자비하심과 신실하심과 선하심 등 하나님의 성품의 아름다움을 말합니다. 하나님은 참으로 아름다운 분입니다.

여기 '아름다움'이라는 단어는 '선한', '매력', '사랑스러움' 등으로 번역할 수 있는 단어입니다. 그래서 일부 학자들은 이 단어를 영안으로 바라 본 하나님의 '계시'로 이해했으며(Delitzsch), 또 다른 학자들은 공예배시 경건한 자에게 나타나는 하나님의 '영광'으로 이해했습니다(Briggs, Rawlinson). 저는 여기서 이 단어가 그 두 가지 모두를 의미한다고 믿습니다. 성경은 하나님께서 영광으로 임하시는 것을 하나님의 선함을 나타내시는 것이라고 말하고 있습니다(출 33:18, 19, 22, 34:5-7).

다윗은 그 당시 하나님의 언약궤가 놓여 있는 장막에 나가서 하나님의 임재 가운데서 하나님의 아름다움을 보기를 열망했습니다. 다시 말해서, 다윗은 하나님을 더욱 알기를 간절히 열망했습니다. 하나님의 영광을 보기를 간절히 열망했습니다. 사실, 우리 신앙에서 가장 중요한 것은 하나님을 더욱 알기 위해, 하나님의 영광을 더욱 보기 위해 간절히 하나님을 찾는 것입니다. 성경에 나오는 모든 귀한 하나님의 사람들이 다 그랬습니다.

모세의 경우도 마찬가지였습니다.

모세는 하나님을 찾아 정기적으로 한적한 곳으로 나갔습니다. 그리고 거기서 그는 참으로 귀한 하나님과의 친밀한 교제를 누렸습니다. "⁷모세가 항상 장막을 취하여 진 밖에 쳐서 진과 멀리 떠나게 하고 회막이라 이름하니 여호와를 앙모하는 자는 다 진 바깥 회막으로 나아가며......⁹모세가 회막에 들어갈 때에 구름 기둥이 내려 회막 문에 서며 여호와께서 모세와 말씀하시니......¹¹사람이 자기의 친구와 이야기함 같이 여호와께서는 모세와 대면하여 말씀하시며 모세는 진으로 돌아오나 눈의 아들 젊은 수종자 여호수아는 회막을 떠나지 아니하니라"(출 33:7, 9, 11).

그런 모세인데도 그는 지속적으로 더욱 하나님을 알기를 구했습니다. 출애굽기 33장에서 하나님께서 이스라엘 백성들과 함께 가지 않겠다고 하셨을 때 모세가 하나님 앞에 올라가서 구한 내용을 보십시오. 그는 무엇보다 하나님의 길을 알기를 원했습니다. 여기서 말하는 하나님의 길은 하나님의 목적과 의중과 길과 방법을 말합니다. 모세는 하나님의 길을 알아 그 가운데 행함으로 하나님을 더욱 알기를 간절히 구하고 있습니다. 하나님께서 기뻐하시는 자리에 머물러 있기를 원하고 있습니다. 그것이 그가 구한 것이었습니다. "[12]모세가 여호와께 아뢰되 보시옵소서 주께서 내게 이 백성을 인도하여 올라가라 하시면서 나와 함께 보낼 자를 내게 지시하지 아니하시나이다 주께서 전에 말씀하시기를 나는 이름으로도 너를 알고 너도 내 앞에 은총을 입었다 하셨사온즉 [13]내가 참으로 주의 목전에 은총을 입었사오면 원하건대 주의 길을 내게 보이사 내게 주를 알리시고 나로 주의 목전에 은총을 입게 하시며 이 족속을 주의 백성으로 여기소서"(출 33:12-13).

하나님을 더욱 알기를 구하는 그의 갈망은 여기서 끝나지 않습니다. 그가 하나님 앞에 올라가 그렇게 하나님을 구했을 때, 하나님께서 그들과 함께 가시겠다고 하셨습니다. 그러면서 하나님은 그가 하나님 앞에 은총을 입었으니 그가 원하는 것은 무엇이든지 들어 주시겠다고 말씀하셨습니다(17절). 그러자 모세는 무엇보다 하나님의 영광을 보여달라고 하나님께 구합니다(18절). 그리고 하나님은 모세의 기도에 대한 응답으로 영광 중에 그의 앞에 임하셔서 하나님의 선함을 그에게 보이셨습니다. "¹⁸모세가 이르되 원하건대 주의 영광을 내게 보이소서 ¹⁹여호와께서 이르시되 내가 내 모든 선한 것을 네 앞으로 지나가게 하고 여호와의 이름을 네 앞에 선포하리라 나는 은혜 베풀 자에게 은혜를 베풀고 긍휼히 여길 자에게 긍휼을 베푸느니라"(출 33:18-19).

"⁵여호와께서 구름 가운데에 강림하사 그와 함께 거기 서서 여호와의 이름을 선포하실새 ⁶여호와께서 그의 앞으로 지나시며 선포하시되 여호와라 여호와라 자비롭고 은혜롭고 노하기를 더디하고 인자와 진실이 많은 하나님이라 ⁷인자를 천대까지 베풀며 악과 과실과 죄를 용서하리라 그러나 벌을 면제하지는 아니하고 아버지의 악행을 자손 삼사 대까지 보응하리라"(출 34:5-7).

바울도 마찬가지였습니다.

하나님께서 바울을 통해 놀라운 표적과 기사를 나타내시고, 셀 수 없는 수많은 사람들을 구원하시고, 그들의 삶 속에 근본적인 변화가 일어나게 하시고, 수많은 교회를 세우시고, 전 세계를 그의 앞에 열어 가실 때에도 그가 원하는 단 한 가지는 예수 그리스도를 아는 것이었습니다. "내가 너희 중에서 예수 그리스도와 그가 십자가에 못 박히신 것 외에는 아무 것도 알지 아니하기로 작정하였음이라"(고전 2:2). 바울도 다윗처럼 그것이 그의 유일한 목표요 열망이었습니다.

예수님을 더욱 알기를 원하는 바울의 열망은 일시적으로 끝나지 않았습니다. 그것은 그의 사역 말기까지도 지속되었습니다. 그의 사역 후기에 쓰여진 옥중서신 중 하나인 빌립보서에서 바울은 다음과 같이 말합니다. "⁷그러나 무엇이든지 내게 유익하던 것을 내가 그리스도를 위하여 다 해로 여길뿐더러 ⁸또한 모든 것을 해로 여김은 내 주 그리스도 예수를 아는 지식이 가장 고상하기 때문이라 내가 그를 위하여 모든 것을 잃어버리고 배설물로 여김은 그리스도를 얻고 ⁹그 안에서 발견되려 함이니 내가 가진 의는 율법에서 난 것이 아니요 오직 그리스도를 믿음으로 말미암은 것이니 곧 믿음으로 하나님께로부터 난 의라 ¹⁰내가 그리스도와 그 부활의 권능과 그 고난에 참여함을 알고자 하여 그의 죽으심을 본받아 ¹¹어떻게 해서든지 죽은 자 가운데서 부활에 이르려 하노니 ¹²내가 이미 얻었다 함도 아니요 온전히 이루었다 함도 아니라 오직 내가 그리스도 예수께 잡힌 바 된 그것을 잡으려고 달려가노라"(빌 3:7-12). 그는 끝까지 오직 주님을 알기 위해 달려가고 있습니다. 그것이 그가 찾고 추구하고 목표하고 열망하는 것이었습니다.

5. 하나님께 묻는 것

끝으로 다윗이 그토록 사모하고 갈망하던 그 한 가지는 하나님께 묻는 것이었습니다. "그의 성전에서 사모하는 그것이라." 우리말 성경에 "사모하는 그것이라"고 번역된 단어는 히브리어로 '바카르'라는 단어로써, 원래 '조사하다'(investigate) 혹은 '숙고하다'라는 뜻을 가진 단어입니다. 그래서 이 단어를 많은 영어 성경은 'enquire' 혹은 'inquire'라는 단어로 번역하고 있습니다(KJV, ASV, RSV, NKJV 등). 다윗이 그토록 열망한 그 "한 가지 일"에 포함된 하나의 요소는 하나님의 뜻과 의중과 길을 알기 위해 하나님께 묻는 것이었습니다.

다윗은 하나님의 임재 가운데서 하나님의 아름다움을 보기 위해 간절히 사모하고 열망했습니다. 하나님을 알고자 하는 그의 가득한 열망은 성전에 하나님의 영광이 나타날 때에 비로소 충족될 수 있었을 것입니다.

더 나아가 그는 그 무엇보다 하나님을 사랑했고, 그래서 늘 하나님의 뜻 가운데 거하기를 원했기 때문에, 늘 하나님 앞에 나가서 하나님의 뜻과 길을 물었습니다. 그는 하나님의 지도를 묻고 하나님의 지시를 기다렸습니다. 사실 성경에 보면, 누구보다 하나님께 잘 물었던 사람이 다윗이었습니다(삼상 23:1-5, 30:1-8, 17, 삼하 2:1-4, 5:17-25).

반면에 하나님께 버림 받은 사울의 가장 큰 특징 중 하나는 하나님께 묻지 않는 것이었습니다. "여호와께 묻지 아니하였으므로 여호와께서 그를 죽이시고 그 나라를 이새의 아들 다윗에게 넘겨주셨더라"(대상 10:14).

"(다윗이 이르되) 우리가 우리 하나님의 궤를 우리에게로 옮겨오자 사울 때에는 우리가 궤 앞에서 묻지 아니하였느니라 하매"(대상 13:3).

하나님의 백성의 궁극적인 문제는 하나님을 찾지 않는 것, 다시 말해서 하나님의 길을 찾지 않는 것입니다.

성경에 보면 하나님의 뜻과 의중과 길을 알기 위해 하나님께 묻는 것은 우리 신앙에서 가장 중요한 부분 중 하나입니다. 반면에 항상 하나님의 백성의 가장 궁극적인 문제는 하나님을 찾지 않는 것입니다. 그런데 스바냐서에 보면 하나님을 찾는 것의 한 중요한 부분이 하나님께 묻는 것임을 볼 수 있습니다.

스바냐는 이사야와 같은 시대의 선지자였습니다. 그리고 그는 이사야와 동일하게 남방 유다를 향한 하나님의 말씀을 전했습니다. 그런데 스바냐 1장을 보면 그 당시 이스라엘 백성들 가운데 우상숭배가 정말 가득했던 것을 볼 수 있습니다. 그리고 하나님은 그들의 우상숭배로 인하여 그들을 심판하실 것을 말씀하십니다. "⁴내가 유다와 예루살렘의 모든 주민들 위에 손을 펴서 바알을 그 곳에서 멸절하며 그마림이란 이름과 및 그 제사장들을 아울러 멸절하며 ⁵또 지붕에서 하늘의 뭇 별에게 경배하는 자들과 여호와께 맹세하면서 말감을 가리켜 맹세하는 자들과"(습 1:4-5). (참고로 저는 이 책에서 편의상 남방 유다와 북방 이스라엘을 구분하지 않고 그냥 이스라엘이란 용어를 사용하고 있습니다.)

우리는 앞에서 이사야 시대 이스라엘 백성들이 얼마나 많은 제사와 희생을 하나님께 드렸는지를 살펴보았습니다. 그러나 그들은 동시에 이렇게 많은 우상 숭배를 했습니다. 바리새인들은 아마도 이사야 시대 자기 조상들은 그렇게 많은 우상을 섬겼기 때문에 당연히 심판을 받았고, 자기들은 모든 형상을 다 버렸기 때문에 그들과는 근본적으로 다르다고 생각했을 것입니다. 그러나 바리새인들에게는 자기 명예, 자기 체면, 자기 야망 등 자기 자신과 돈이 그들의 우상이었습니다. 하나님의 백성들에게 있어 전형적인 우상 숭배는 항상 혼합주의 신앙입니다.

스바냐서는 바로 다음 절에서 그들의 가장 궁극적인 문제를 제시하고 있습니다. "여호와를 배반하고 따르지 아니한 자들과 여호와를 찾지도 아니하며 구하지도 아니한 자들을 멸절하리라"(습 1:6). 이사야 1:4에서도 하나님은 그들이 하나님을 버리고 멸시하고 멀리 물러갔다고 하셨는데, 이 구절에 보면 그 모든 원인이 결국 그들이 여호와를 찾지 않았기 때문인 것을 볼 수 있습니다. 영어 NIV 성경이 잘 보여주듯이, 그들은 하나님을 따르기를 중단했습니다. 그리고 그들은 하나님을 찾지 않았습니다.

그런데 우리가 여기서 보고자 하는 것은 하나님을 찾는 것의 중요한 부분이 하나님께 묻는 것이라는 점입니다. 그것을 우리는 6절에서 볼 수 있습니다. 이 구절에 보면 하나님을 찾는 것과 하나님을 구하는 것을 같은 의미로 사용하고 있습니다. 그런데 여기서 하나님을 구한다는 말은 하나님께 묻는 것을 의미합니다. 그래서 영어 NIV 성경은 6절을 이렇게 번역하고 있습니다. "those who turn back from following the LORD and neither seek the LORD nor inquire of him." 결국 이사야 시대 이스라엘 백성들은 하나님을 따르기를 중단하고 하나님을 찾지 않고, 하나님께 묻지 않았기 때문에 그렇게 타락할 수밖에 없었습니다. 이것은 어느 시대건 마찬가지입니다.

아모스서에서도 우리는 같은 내용을 볼 수 있습니다. 아모스도 같은 시대의 선지자였습니다. 그는 호세아처럼 북방 이스라엘에 대한 하나님의 심판을 예언한 선지자였습니다. 하나님께서는 그곳에서도 하나님을 떠난 이스라엘 백성들에게 그 해결책으로써 하나님을 찾으라고 반복적으로 말씀하셨습니다. "여호와께서 이스라엘 족속에게 이와 같이 말씀하시기를 너희는 나를 찾으라 그리하면 살리라"(암 5:4).

"너희는 여호와를 찾으라 그리하면 살리라 그렇지 않으면 그가 불 같이 요셉의 집에 임하여 멸하시리니 벧엘에서 그 불들을 끌 자가 없으리라"(암 5:6).

그러면서 하나님은 그들이 하나님을 찾지 않으면서 하나님께 드리는 그 모든 의식과 그들의 전통이 하나님 앞에 아무런 의미가 없다고 말씀하셨습니다. 아모스 5장을 살펴보면, 하나님께서 이사야 1장에서 말씀하신 것과 매우 흡사한 내용이 나옵니다. 하나님은 그들이 하나님을 찾지 않으면 종교적인 전통은 그들에게 아무런 의미가 없는 것을 말씀하셨습니다(5절). 하나님은 그들이 하나님을 찾지 않은 채 하나님께 드리는 그 모든 절기와 대회를 미워하시며 견디지 못하신다고 말씀하셨습니다(21절). 하나님은 그들이 하나님을 찾지 않은 채 최상의 희생을 드린다 해도 그것을 받지 않겠다고 말씀하셨습니다(22절). 하나님은 당연히 그들이 드리는 찬양도 듣지 않겠다고 말씀하셨습니다(23절). 하나님께서 진정으로 원하시는 것은 삶의 예배인데(24절), 그것은 그들이 하나님을 찾아야 가능한 것을 볼 수 있습니다.

옳게 시작한 솔로몬, 그는 처음에는 하나님의 길을 구했습니다.

솔로몬은 처음에는 옳게 시작했으나 그의 인생의 마지막에는 하나님을 떠난 사람입니다. 그런데 그가 초기에 옳게 시작했을 때, 그는 하나님을 찾는 사람이었습니다. 그리고 그는 하나님의 길을 구했습니다.

그의 통치가 안정되어 가는 시점에서 솔로몬은 나라의 모든 주요 리더들과 함께 기브아 산당에 있는 회막 앞으로 나갔습니다(역대하 1:1-3). 그가 그곳에 나간 것은 하나님께 묻기 위해서였습니다. "옛적에 훌의 손자 우리의 아들 브살렐이 지은 놋제단은 여호와의 장막 앞에 있더라 솔로몬이 회중과 더불어 나아가서"(역대하 1:5). 우리말 성경에 '나아가서'라고 번역된 단어를 KJV, RSV, NIV, NRV, ASV 등 거의 모든 영어 성경은 모두 "하나님께 물었다"고 번역하고 있습니다. 솔로몬은 초기에는 하나님을 찾았습니다. 다시 말해서, 하나님께 묻고 그의 지시를 기다렸습니다. 물론 솔로몬은 그곳에서 천 마리의 희생으로 번제도 드렸습니다. 오늘날 많은 목회자들과 성도들은 이 천 마리의 희생에 초점을 맞춥니다. 그러나 그 부분도 중요할지 모르지만, 만약 그가 하나님을 찾지 않았더라면, 우리가 아모스 5장에서도 본 것처럼, 그 모든 희생이 하나님 앞에 아무런 의미가 없었을 것입니다. 여기에서 핵심은 그가 하나님을 찾았다는 것입니다. 다시 말해서, 하나님께 물었다는 것입니다.

그날 밤에 하나님께서 솔로몬에게 나타나셨습니다. 성경에 보면 초기에 하나님께서 솔로몬에게 두 번 나타나셨는데, 그 중 한 번이 그날 밤이었습니다. 하나님은 솔로몬에게 "내가 네게 무엇을 주랴 너는 구하라"(7절)고 말씀하셨습니다. 우리가 잘 아는 바와 같이 솔로몬은 하나님께 지혜와 지식을 구했습니다. "주는 이제 내게 지혜와 지식을 주사 이 백성 앞에서 출입하게 하옵소서 이렇게 많은 주의 백성을 누가 능히 재판하리이까 하니"(10절).

그런데 솔로몬의 이 대답을 보면, 그가 초기에는 얼마나 하나님 중심적인 올바른 신앙을 가지고 있었는지를 볼 수 있습니다. 당연히 그가 하나님을 찾는 삶을 살고 있었기 때문에, 그는 올바른 신앙의 자세를 가지고 있었을 것입니다. 우선 그는 이스라엘 백성이 하나님의 백성임을 분명하게 인식하고 있었습니다. 그리고 그는 하나님께서 그 하나님의 백성을 다스릴 직무를 자기에게 맡겨주신 것을 인식하고 있었습니다. 그래서 그는 그 직무를 잘 감당할 수 있는 지혜와 지식을 구했습니다. 그의 이러한 자세와 태도가 얼마나 하나님께서 가지고 계신 이해와 같은 것이었으며, 그래서 하나님께서 그것을 얼마나 기뻐하셨는지는 바로 다음 절에 나오는 하나님의 응답만 보아도 알 수 있습니다. "하나님이 솔로몬에게 이르시되 이런 마음이 네게 있어서 부나 재물이나 영광이나 원수의 생명 멸하기를 구하지 아니하며 장수도 구하지 아니하고 오직 내가 네게 다스리게 한 내 백성을 재판하기 위하여 지혜와 지식을 구하였으니"(11절).

그리고 그 결과 하나님은 그에게 지혜뿐 아니라, 다른 많은 것을 주셨습니다. "그러므로 내가 네게 지혜와 지식을 주고 부와 재물과 영광도 주리니 네 전의 왕들도 이런 일이 없었거니와 네 후에도 이런 일이 없으리라 하시니라"(12절).

　이것이 다윗이 살았던 삶입니다. 다윗의 삶 전체가 한눈에 보이는 것 같지 않습니까? 그가 과거부터 미래까지 그의 평생 동안 원하고 갈망하고 추구하는 바로 그 한 가지 일은 하나님의 영광의 임재 가운데 머물면서, 그곳에서 하나님의 영광을 보고, 그곳에서 하나님의 뜻과 의중과 길을 찾는 것이었습니다. 이것이 우리가 살아야 할 삶이기도 합니다. 그리고 다윗의 이 삶이 하나님의 얼굴을 구하는 삶의 한 좋은 예입니다.

　하나님은 이렇게 하나님의 얼굴을 구하는 사람들에게 하나님과의 친밀한 교제를 허락하십니다. 그들에게 하나님의 목적과 길을 알리십니다. 그들의 마음눈을 밝히시고, 그들에게 영적 분별력을 주십니다.

---

1) Bratcher, R. G., & Reyburn, W. D. (1991). A translator's handbook on the book of Psalms. UBS Handbook Series (263-264). New York: United Bible Societies.
2) Lange, J. P., Schaff, P., Moll, C. B., Briggs, C. A., Forsyth, J., Hammond, J. B., McCurdy, J. F., & Conant, T. J. (2008). A commentary on the Holy Scriptures: Psalms (196). Bellingham, WA: Logos Bible Software.
3) 로이드 존스, 『부흥』(생명의말씀사), 230쪽 아래에서 231쪽 위.

5장
시편 119편
기자의 자세

시편 119편은 전체가 하나님의 말씀에 관한 시편입니다. 성경에서 가장 긴 장이기도 합니다. 그런데 시편 기자는 시편 119편에서 단순히 하나님의 말씀에 관한 좋은 점들을 노래하고 있지 않습니다. 그는 무엇보다 하나님의 얼굴을 간절히 찾는 자였습니다. 그리고 그는 하나님의 얼굴을 구하는 삶의 핵심적인 일환으로 하나님의 말씀 앞에 섰습니다. 그래서 시편 119편에는 하나님을 간절히 찾는 그의 자세와 특히 하나님의 말씀을 통해 하나님과 하나님의 목적과 길을 알기를 구하는 그의 간절한 자세와 하나님의 말씀이 그에게 어떤 의미였는지가 잘 나와 있습니다. 그리고 그러한 시편 기자의 자세는 우리가 반드시 배워야 할 자세입니다. 그래서 이 장에서는 시편 119편을 살펴보면서, 우리가 성경을 통해 하나님의 음성을 듣기 위해 어떠한 자세로 하나님의 말씀 앞에 서야 할 것인지를 시편 119편의 기자로부터 배우고자 합니다.

1. 하나님의 얼굴을 구하는 것과 말씀 앞에 서는 것

시편 119편 기자는 무엇보다 하나님의 얼굴을 간절히 찾은 사람이었습니다. 그리고 하나님을 찾기 위해 그는 하나님의 말씀 앞에 섰습니다. 우리는 그가 어떤 말로 시편 119편을 시작하고 있는가를 보아도 이 점을 잘 알 수 있습니다. "¹행위가 온전하여 여호와의 율법을 따라 행하는 자들은 복이 있음이여 ²여호와의 증거들을 지키고 전심으로 여호와를 구하는 자는 복이 있도다."

이 구절을 보아도 알 수 있듯이 하나님의 얼굴을 구하는 것과 하나님의 말씀 앞에 서는 것은 양방향으로 서로 밀접한 관계를 가지고 있습니다. 이 둘은 서로 나누어질 수 없습니다.

우선, 하나님의 얼굴을 구하는 삶의 한 핵심적인 부분은 하나님을 알기 위하여 하나님의 말씀 앞에 서는 것입니다. 우리가 하나님의 얼굴을 간절히 구한다고 하면서 하나님의 말씀을 소홀히 하면 그것은 무엇인가 잘못된 것입니다. 시편 119편의 기자에게는 그 둘이 나누어져 있지 않았습니다. 그래서 120절에서도 그는 하나님을 두려워하는 것, 즉 경외하는 것과 하나님의 율법을 경외하는 것을 같은 의미로 사용하고 있습니다. "내 육체가 주를 두려워함으로 떨며 내가 또 주의 심판을 두려워하나이다." 여기서 '심판'이라고 번역된 단어는 '하나님의 법'을 의미합니다. "My flesh trembles in fear of you; I stand in awe of your laws"(영어 NIV 번역).

반면에 하나님의 말씀을 묵상한다는 것은 단순한 어떤 이론적인 지식이나 진리를 깨닫기 위한 것이 아니라, 하나님을 구하여 서는 것입니다. 이 점이 매우 중요한 부분입니다. 그리고 우리는 이 점을 시편 119편의 기자에게서 잘 배울 수 있습니다.

시편 119편의 기자는 하나님을 간절히 찾았습니다.

우선, 우리가 하나님을 찾기 위해서는 마음을 다해서 하나님을 찾아야 합니다. 그래서 시편 기자도 2절에서 '전심으로' 여호와를 구하는 자가 복이 있다고 말했습니다. 우리가 마음을 다해서 주님을 찾지 않으면 주님을 만날 수 없습니다. 우리가 우리의 마음과 삶의 30%를 가지고 주님을 찾으면 주님을 30% 만큼 알 수 있고, 우리의 마음과 삶의 60%를 가지고 주님을 찾으면 주님을 60% 만큼 알 수 있는 것이 아닙니다. 우리가 우리의 마음과 삶의 100% 가지고 주님을 찾지 않으면 주님을 1% 만큼도 알 수 없습니다. 우리가 우리의 마음과 삶의 100%를 가지고 주님을 찾되 얼마나 지속적으로 그렇게 주님을 찾느냐에 따라서 우리가 주님을 30% 만큼, 60% 만큼, 혹은 그 이상 알게 될 것입니다. 물론 제가 지금 사용하고 있는 용어들은 설명을 위한 용어들입니다. 그래서 우리가 주님을 찾는 것은 그저 짬이 날 때 한두 번 혹은 한두 주 조금 찾는 것이 아닙니다. 주님을 찾는 것이 우리의 모든 것이 되어야 합니다. 그것이 우리의 관심과 목표의 중심이고 생각과 집중의 초점이 되어야 합니다. 그리고 그 일을 위해 시간을 투자해야 합니다.

우리가 하나님을 찾되 마음을 다해서 찾아야 할 것을 성경은 여러 곳에서 분명히 하고 있습니다. 사실 성경에 보면 하나님을 사랑하는 것도, 하나님을 섬기는 것도, 하나님께로 돌아가는 것도, 하나님께 순종하는 것도, 하나님을 신뢰하는 것도 모두 마음과 뜻을 다해서 해야 합니다. 저는 성경에서 '마음을 다해서' 하라는 부분을 찾아보면서 깜짝 놀랐습니다. 성경은 우리가 하나님께 하는 모든 것을 마음을 다해서 하라고 반복적으로 말하고 있기 때문입니다. 우리가 마음을 다해 하나님을 찾아야 할 것에 대해서 말하는 몇 구절만 나열하면 다음과 같습니다. "그러나 네가 거기서 네 하나님 여호와를 찾게 되리니 만일 마음을 다하고 뜻을 다하여 그를 찾으면 만나리라"(신 4:29).

"¹²너희가 내게 부르짖으며 내게 와서 기도하면 내가 너희들의 기도를 들을 것이요 ¹³너희가 온 마음으로 나를 구하면 나를 찾을 것이요 나를 만나리라"(렘 29:12-13).

"¹²또 마음을 다하고 목숨을 다하여 조상들의 하나님 여호와를 찾기로 언약하고 ¹³이스라엘 하나님 여호와를 찾지 아니하는 자는 대소 남녀를 막론하고 죽이는 것이 마땅하다 하고 ¹⁴무리가 큰 소리로 외치며 피리와 나팔을 불어 여호와께 맹세하매 ¹⁵온 유다가 이 맹세를 기뻐한지라 무리가 마음을 다하여 맹세하고 뜻을 다하여 여호와를 찾았으므로 여호와께서도 그들을 만나 주시고 그들의 사방에 평안을 주셨더라"(대하 15:12-15).

시편 119편 기자는 마음을 다해서 하나님을 찾았습니다. "⁵⁷여호와는 나의 분깃이시니 나는 주의 말씀을 지키리라 하였나이다 ⁵⁸내가 전심으로 주께 간구하였사오니 주의 말씀대로 내게 은혜를 베푸소서"(57-58절). "나의 영원하신 기업 생명보다 귀하다."라고 노래했던 찬송가 작사자처럼 시편 119편 기자의 경우에도 하나님이 그의 분깃, 즉 그의 기업이었습니다. 이것이 참다운 신앙입니다. 그리고 시편 기자는 하나님이 그의 분깃이었기에 하나님의 말씀에 순종했습니다. 우리가 하나님이 우리의 분깃이라고 말하면서 하나님의 명령에 순종하지 않는다면 그것은 틀린 말일 것입니다. 그리고 시편 기자는 하나님이 그의 분깃이었기에 하나님을 마음을 다해서 찾았습니다. 특히 영어 NIV 성경이 그것을 잘 보여줍니다. "I have sought your face with all my heart;......" 우리가 하나님이 우리의 분깃이라고 말하면서 마음을 다해서 하나님의 얼굴을 구하지 않는다면, 그것 또한 틀린 말일 것입니다.

우리가 몇 구절만 보아도 시편 119편의 기자가 어떻게 마음을 다해서 하나님을 찾았는지를 잘 볼 수 있습니다. 아울러, 마음을 다해서 하나님을 찾는다는 말이 무슨 뜻인지도 엿볼 수 있습니다. "여호와여 내가 밤에 주의 이름을 기억하고 주의 법을 지켰나이다"(55절).

"내가 주의 의로운 규례들로 말미암아 밤중에 일어나 주께 감사하리이다"(62절).

"내가 주의 법을 어찌 그리 사랑하는지요 내가 그것을 종일 작은 소리로 읊조리나이다"(97절).

"내가 날이 밝기 전에 부르짖으며 주의 말씀을 바랐사오며 주의 말씀을 조용히 읊조리려고 내가 새벽녘에 눈을 떴나이다"(147-148절).

"주의 의로운 규례들로 말미암아 내가 하루 일곱 번씩 주를 찬양하나이다"(164절). 이 구절들을 종합해 보면, 그는 밤에 하나님을 기억했고, 한밤중에 일어나 하나님께 감사를 드렸으며(62절을 NIV 성경은 'At midnight'라고 번역하고 있습니다), 새벽에 일어나 하나님께 기도하며 하나님을 찾았던 것을 볼 수 있습니다. 특히 148절의 '새벽녘'이라고 번역된 단어에 대해 한 학자는 이렇게 말합니다. "직역을 하면 '내 눈이 밤의 경점들을 앞질렀나이다.'이다. 히브리 개념에 있어서 밤은 여러 개의 구분들로 나누인다(시 90:4; 삿 7:19; 삼상 11:11; 애 2:19). 특히 후기 유대 사회는 밤을 셋으로 나누었는데 그것은 이른 밤, 한밤중, 그리고 새벽녘이다. 지금도 그렇지만 당시 이스라엘 백성들은 이 시간대에 잠을 잤다. 그런데 시편 기자는 잠을 자고 있어야 할 그 시간대에 잠을 자지 않고 있었는데 그것이 바로 본 절이 말하고 있는 바이다."[1] 그래서 이 부분을 영어 NIV 성경은 "My eyes stay open through the watches of the night"(내 눈이 저녁의 경점들을 내내 깨어 있습니다)라고 번역하고 있습니다. 이렇게 볼 때 시편 119편 기자는 이른 저녁에 주님을 찾았고(55절), 한밤중에 주님을 찾았으며(62절), 다시 새벽녘 시간에 주님을 찾았던 것을 볼 수 있습니다. 물론 그가 날마다 그렇게 했다면 그는 매일 한숨도 자지 못했다는 말이 됩니다. 그러니까 이 말은 그가 매일 매 시간마다 그렇게 했다는 말은 아닐 것입니다. 그러나 이러한 구절들을 보면 우리는 그가 얼마나 마음을 다해서 주님을 찾았는가를 볼 수 있습니다.

또한 그는 더 나아가 낮에 하루 종일 하나님의 말씀을 묵상하며 되새김질했다고 말하고 있고, 하루에 일곱 번씩 하나님을 찬양했다고 말하고 있습니다. 성경에서 일곱은 완전 수입니다. 그래서 그가 하루에 일곱 번 하나님을 찬양했다는 말은 문자 그대로 그가 하루에 일곱 번씩 하나님께 예배를 드렸다는 말도 되겠지만, 다른 한편으로는 그만큼 하루 종일 주님을 찾고 예배했다는 것을 의미하기도 합니다. 그가 얼마나 마음을 다해서 주님을 찾았는가를 보십시오. 이것이 우리가 본받아야 할 주님을 찾는 자세입니다.

하나님을 찾는 것과 하나님의 말씀 앞에 서는 것

시편 기자는 이렇게 마음을 다하여 하나님을 찾되, 그 한 핵심적인 요소가 바로 그것을 위해 하나님의 말씀 앞에 서는 것이었습니다. 바로 위에 나오는 구절들만 보아도 우리는 그 사실을 알 수 있습니다. 특히 147절과 148절을 보십시오. "[147]내가 날이 밝기 전에 부르짖으며 주의 말씀을 바랐사오며 [148]주의 말씀을 조용히 읊조리려고 내가 새벽녘에 눈을 떴나이다." 그는 새벽에 일찍 일어나 주님의 도움을 구하여 간절히 기도했습니다. 그리고 그는 하나님의 말씀에 그의 소망을 두었습니다. 그가 새벽녘에 눈을 뜬 것도 하나님의 말씀을 묵상하기 위한 것이었습니다. 청교도들은 새벽 이른 시간이 되면 이불이 밖으로 떨어지도록 해놓고 잠자리에 들었다고 합니다. 그래서 새벽 이른 시간에 일어나 하나님의 말씀을 연구하고 묵상했다고 합니다. 하나님의 얼굴을 구하는 것과 그것을 위해 하나님의 말씀 앞에 서는 것은 서로 나누어지지 않습니다.

한 가지 더, 저는 개인적으로 우리가 주님을 찾기 위해서는 시편

119편의 기자처럼 하나님의 말씀을 그렇게 묵상할 뿐 아니라, 그것이 주님의 은혜를 구하는 간절한 기도와 같이 가야 한다고 생각합니다. 그리고 시편 119편의 기자처럼 주님의 은혜와 주님의 말씀으로 인하여 주님을 찬양하고 주님께 감사하는 예배와 같이 가야 한다고 생각합니다.

2. 하나님의 길을 깨닫게 해달라고 간절히 구하는 것

시편 119편의 기자는 그렇게 마음을 다해서 하나님의 얼굴을 구합니다. 그리고 하나님을 더욱 알기 위해 하나님의 말씀 앞에 섭니다. 그래서 그가 시편 119편에서 반복적으로 하고 있는 가장 핵심적인 일 중 하나는 바로 하나님께서 그의 마음눈을 열어주셔서 깨닫게 해달라고 기도하는 것입니다. 그는 단순히 교리적인 지식을 얻기 위해 하나님의 말씀 앞에 서는 것이 아니라, 하나님을 더욱 알기 위해, 하나님의 목적을 알아 그 가운데 온 삶으로 동참하기 위해, 그리고 하나님의 길을 알아 그 길로 행하기 위해 하나님의 말씀 앞에 서기 때문입니다. 그리고 그렇게 하나님과 동행하는 삶을 사는 것을 그는 무엇보다 기뻐하며 그것을 무엇보다 간절히 갈망하기 때문입니다. 사실, 이러한 자세로 하나님의 말씀 앞에 서는 것이 하나님의 얼굴을 구하는 삶의 한 핵심적인 부분입니다.

그는 지나칠 정도로 하나님께서 그의 마음눈을 여셔서 그로 하여금 하나님의 법을 깨닫게 해달라고 간절히 기도하고 있습니다. 왜냐하면 하나님의 길은 하나님께서 깨닫게 해주셔야 하기 때문입니다. 그것은 단순히 우리 지혜로 알 수 있는 것이 아닙니다. 이 부분이 바로 성경을 통해서 하나님의 음성을 듣는 부분입니다. 그래서 그는 하나님께서 하나님의 법을 그에게 가르쳐 달라고 간절하게 기도합니다. 그는 하나님께서 그의 마음눈을 열어서 하나님의 길을 깨닫게 해달라고 간절하게 기도합니다. 하나님의 길을 알려면 하나님의 임재가 함께 하셔야 하기 때문에, 그는 하나님의 얼굴빛을 그에게 비쳐달라고 간절하게 기도합니다.

"찬송을 받으실 주 여호와여 주의 율례들을 내게 가르치소서"(12절).

"내 눈을 열어서 주의 율법에서 놀라운 것을 보게 하소서"(18절).

"²⁶내가 나의 행위를 아뢰매 주께서 내게 응답하셨사오니 주의 율례들을 내게 가르치소서 ²⁷나에게 주의 법도들의 길을 깨닫게 하여 주소서 그리하시면 내가 주의 기이한 일들을 작은 소리로 읊조리리이다"(26-27절).

"³³여호와여 주의 율례들의 도를 내게 가르치소서 내가 끝까지 지키리이다 ³⁴나로 하여금 깨닫게 하여 주소서 내가 주의 법을 준행하며 전심으로 지키리이다"(33-34절).

"나는 주의 종이오니 나를 깨닫게 하사 주의 증거들을 알게 하소서"(125절).

"주의 얼굴을 주의 종에게 비추시고 주의 율례로 나를 가르치소서"(135절). 그 외에도 그는 여러 곳에서 반복적으로 하나님의 법을 깨닫게 해달라고, 하나님을 법을 가르쳐달라고 기도합니다(64, 66, 68, 73, 108, 124, 130, 144, 169절 등).

이 얼마나 하나님의 음성 듣기를 사모하고 있습니까. 그가 이렇게 하나님의 길을 알기 원하는 것은 그리로 행하기 위해서였습니다. 그리고 그렇게 하는 것이 그에게는 기쁨이요 열망이었습니다. 이것이 우리가 반드시 배워야 할, 성경을 통해서 하나님의 음성을 듣기 원하는 자세입니다. 우리도 이렇게 하나님의 음성 듣기를 사모하고 갈망해야 합니다.

깨닫는 것의 중요성

하나님께서 우리 마음눈을 열어서 깨닫게 해주시는 것이 하나님께서 성경을 통해 우리에게 말씀하시는 것입니다. 그래서 우리 편에서 보면, 깨닫는 것이 성경을 통해서 하나님의 음성을 듣는 것입니다.

우리가 깨닫게 되는 것은 하나님께서 성령에 의해 우리의 마음을 밝혀서 우리로 하여금 깨닫게 해주셔야 가능합니다. 그래서 시편 기자는 그렇게 간절하게 하나님의 얼굴빛을 그에게 비춰달라고, 그의 마음눈을 밝혀달라고, 그래서 깨닫게 해주시고, 보게 해달라고 기도하고 있습니다.

우리는 사도 바울의 기도에서도 이 부분을 잘 볼 수 있습니다. 사도 바울은 에베소교회를 위해 편지하면서 이렇게 기도하고 있습니다. "[16]내가 기도할 때에 기억하며 너희로 말미암아 감사하기를 그치지 아니하고 [17]우리 주 예수 그리스도의 하나님, 영광의 아버지께서 <u>지혜와 계시의 영을 너희에게 주사 하나님을 알게 하시고</u> [18]<u>너희 마음의 눈을 밝히사</u> 그의 부르심의 소망이 무엇이며 성도 안에서 그 기업의 영광의 풍성함이 무엇이며 [19]그의 힘의 위력으로 역사하심을 따라 믿는 우리에게 베푸신 능력의 지극히 크심이 어떠한 것을 너희로 알게 하시기를 구하노라"(엡 1:16-19). 여기서 안다는 말은 이론적인 지식을 말하는 것이 아니라, 경험으로 아는 것을 말합니다.

그래서 성경에서 말하는 깨닫는 것은 단순히 새로운 성경적인 지식을 발견하는 것이나 우리의 지혜로 새로운 진리를 깨닫는 것을 의미하는 것이 아닙니다. 그것은 성령께서 우리의 마음눈을 밝히셔서 우리로 하여금 하나님의 길을 보게 하시는 것을 말합니다. 이 차이를 이해하는 것은 매우 중요합니다.

한 가지 간단한 예를 들도록 하겠습니다. 우리 모두는 우리가 언젠가는 죽는다는 사실을 다 압니다. 그 사실을 모르는 사람은 아무도 없을 것입니다. 그러나 우리 중에 그 사실을 깨닫고 살아가는 사람은 매우 적습니다. 만약 우리가 순간순간 그 사실을 깨닫고 살아간다면 우리의 삶은 근본적으로 달라질 것입니다. 그래서 모세는 "우리에게 우리 날 계수함을 가르치사 지혜로운 마음을 얻게 하소서."(시 90:12)라고 기도했습니다. 우리는 장례식장에 가면 죽음의 실체를 직면합니다. 그러나 우리는 돌아서서 나오면, 마치 거울을 보고 돌아서서 그것을 잊어버리는 것처럼, 그 실체를 잊어버립니다. 이처럼 성령의 조명으로 깨닫는 것과 표면적으로 아는 것은 근본적으로 다릅니다.

우리는 앞에서 바리새인들이 누구보다 성경을 잘 알았으면서도 성경을 통해 하나님의 음성을 전혀 듣지 못했다는 사실을 살펴보았습니다. 그 이유는 그들의 영적인 눈이 어두워져서 그들이 전혀 깨닫지 못했기 때문입니다. "¹³그러므로 내가 그들에게 비유로 말하는 것은 그들이 보아도 보지 못하며 들어도 듣지 못하며 깨닫지 못함이니라 ¹⁴이사야의 예언이 그들에게 이루어졌으니 일렀으되 너희가 듣기는 들어도 깨닫지 못할 것이요 보기는 보아도 알지 못하리라 ¹⁵이 백성들의 마음이 완악하여져서 그 귀는 듣기에 둔하고 눈은 감았으니 이는 눈으로 보고 귀로 듣고 마음으로 깨달아 돌이켜 내게 고침을 받을까 두려워함이라 하였느니라"(마 13:13-15).

바로 이것이 이사야 시대 이스라엘 백성들의 문제였습니다. "²하늘이여 들으라 땅이여 귀를 기울이라 여호와께서 말씀하시기를 내가 자식을 양육하였거늘 그들이 나를 거역하였도다 ³소는 그 임자를 알고 나귀는 주인의 구유를 알건마는 이스라엘은 알지 못하고 나의 백성은 깨닫지 못하는도다 하셨도다 ⁴슬프다 범죄한 나라요 허물 진 백성이요 행악의 종자요 행위가 부패한 자식이로다 그들이 여호와를 버리며 이스라엘의 거룩하신 이를 만홀히 여겨 멀리하고 물러갔도다"(사 1:2-4).

이스라엘 백성들이 하나님을 몰랐다는 말은 그들이 하나님이 존재하신다는 사실이나 하나님은 천지를 창조하신 전능하신 하나님이며 이스라엘 백성들을 애굽에서 건져내신 이스라엘의 하나님이시라는 사실을 몰랐다는 말이 아닙니다. 만약 그들이 그러한 사실들을 몰랐더라면, 그들은 이사야 1장 10절 이하에서 볼 수 있는 것과 같은 그 많은 예배와 제사와 희생과 기도를 하나님께 드리지 않았을 것입니다. 그 말은 그들이 하나님을 경험적으로 알지 못했다는 말입니다. 다시 말해서, 그 말은 그들이 하나님과의 개인적인 교제를 전혀 가지고 있지 않았다는 말입니다.

하나님은 그 당시 이스라엘 백성들이 소나 나귀보다 못하다고 하시면서, 소는 그 주인을 알고, 나귀는 그 주인의 구유를 안다고 하셨는데, 그 말은 소가 그 주인의 이름과 양력과 같은 사실들을 안다는 말이 아니었을 것입니다. 그 말은 소가 그 주인을 알아본다는 말이었을 것입니다. 그 주인의 음성을 안다는 말이었을 것입니다. 그 주인이 말하면 그것을 듣는다는 말이었을 것입니다. 그래서 요한복음 10장에서 예수님은 자신을 목자로 우리를 양으로 비유하시면서 "내 양은 내 음성을 들으며 나는 그들을 알며 그들은 나를 따르느니라"(요10:27)고 말씀하셨는데, 같은 의미로 말씀하신 것입니다. 이것을 보아도 성경에서 말하는 하나님을 안다는 말이 무슨 뜻인지를 잘 알 수 있습니다.

그런데 우리는 이 구절에서 하나님을 아는 것과 깨닫는 것이 서로 밀접한 관계를 가지고 있는 것을 볼 수 있습니다. 심지어 3절은 하나님을 아는 것과 깨닫는 것을 같은 의미로 사용하고 있습니다. 그 당시 이스라엘 백성들이 하나님을 알지 못했던 이유는 바리새인들처럼 그들이 깨닫지 못했기 때문입니다. "⁹여호와께서 이르시되 가서 이 백성에게 이르기를 너희가 듣기는 들어도 깨닫지 못할 것이요 보기는 보아도 알지 못하리라 하여 ¹⁰이 백성의 마음을 둔하게 하며 그들의 귀가 막히고 그들의 눈이 감기게 하라 염려하건대 그들이 눈으로 보고 귀로 듣고 마음으로 깨닫고 다시 돌아와 고침을 받을까 하노라 하시기로"(사 6:9-10).

그들은 그렇게 하나님을 몰랐기 때문에 결국 하나님을 버렸습니다. 하나님의 길과 법을 버렸습니다. 이 모든 것이 깨닫지 못한 결과였습니다. 그만큼 깨닫는 것이 중요합니다.

예레미야 시대도 바로 이것이 문제였습니다. 예레미야 시대는 실제로 하나님의 심판을 받아 나라가 망한, 시대말적인 상황이었습니다. 그런데 그 시대에도 문제는 그들이 하나님을 몰랐다는 것이었습니다. 다른 말로 해서, 그들이 전혀 깨닫지 못했다는 것입니다. 그래서 하나님께서 그들에게 제시한 해결책 또한 하나님을 아는 것, 깨닫는 것이었습니다. "²³여호와께서 이와 같이 말씀하시되 지혜로운 자는 그의 지혜를 자랑하지 말라 용사는 그의 용맹을 자랑하지 말라 부자는 그의 부함을 자랑하지 말라 ²⁴자랑하는 자는 이것으로 자랑할지니 곧 명철하여 나를 아는 것과 나 여호와는 사랑과 정의와 공의를 땅에 행하는 자인 줄 깨닫는 것이라 나는 이 일을 기뻐하노라 여호와의 말씀이니라"(렘 9:23-24). 이 구절을 보아도 아는 것과 깨닫는 것이 같은 의미로 쓰여져 있는 것을 알 수 있습니다.

사실 이 구절은 복음의 핵심에 해당하는 구절입니다. 그래서 사도 바울은 복음을 설명하면서 이 구절을 인용하고 있습니다. "³⁰너희는 하나님으로부터 나서 그리스도 예수 안에 있고 예수는 하나님으로부터 나와서 우리에게 지혜와 의로움과 거룩함과 구원함이 되셨으니 ³¹기록된 바 자랑하는 자는 주 안에서 자랑하라 함과 같게 하려 함이라"(고전 1:30-31).

그런데 이 구절을 올바로 이해하려면 사도 바울이 복음에 대해서 설명하는 또 다른 구절인 빌립보서 3장을 잘 이해해야 합니다. "¹끝으로 나의 형제들아 주 안에서 기뻐하라 너희에게 같은 말을 쓰는 것이 내게는 수고로움이 없고 너희에게는 안전하니라 ²개들을 삼가고 행악하는 자들을 삼가고 몸을 상해하는 일을 삼가라 ³하나님의 성령으로 봉사하며 그리스도 예수로 자랑하고 육체를 신뢰하지 아니하는 우리가 곧 할례파라"(빌 3:1-3).

사도 바울은 이 구절에서 그 당시 예수님도 믿지만 동시에 할례 등 유대인의 전통을 지켜야 진정한 하나님의 백성이 될 수 있다고 가르친 이단들에 대해 언급하고 있습니다. 아무리 예수님을 믿는다 할지라도 동시에 '육체'를 의지하면 그것은 실제로 '육체'를 의지하는 것이기 때문에 사도 바울은 그들을 개들이요 행악하는 자들이라고 부르고 있습니다. 그리고 사도 바울은 진정한 믿음은 오직 예수님을 믿고 '육체'를 신뢰하지 않는 것이라고 말합니다. 우리가 한 가지 여기서 유의해서 볼 것은 사도 바울이 자랑하는 것과 신뢰하는 것(믿는 것)을 같은 의미로 사용하고 있다는 것입니다. 이어서 사도 바울은 자기가 의지하고 자랑할 수 있는 '육체'를 죽 나열합니다. 그러나 그는 예수님을 아는 것이 가장 고귀해서 그 모든 '육체'를 배설물로 여겼다고 말합니다. "⁷그러나 무엇이든지 내게 유익하던 것을 내가 그리스도를 위하여 다 해로 여길뿐더러 ⁸

또한 모든 것을 해로 여김은 내 주 그리스도 예수를 아는 지식이 가장 고상하기 때문이라 내가 그를 위하여 모든 것을 잃어버리고 배설물로 여김은 그리스도를 얻고 ⁹그 안에서 발견되려 함이니 내가 가진 의는 율법에서 난 것이 아니요 오직 그리스도를 믿음으로 말미암은 것이니 곧 믿음으로 하나님께로부터 난 의라"(빌 3:7-9).

예레미야 시대에 유다 백성들이 부로 인한 자부심을 사도 바울처럼 배설물로 여기고 오직 하나님을 그의 유일한 자랑으로 여겼더라면 그들은 살았을 것입니다. 부자가 부로 인한 자부심이 배설물이 되어질 때에야 비로소 하나님이 그의 자랑이 될 수 있습니다. 아무리 하나님을 자랑하고 의지한다고 말해도 부로 인한 자부심이 가득하면 그 사람은 실제로 부를 의지하고, 다른 말로 '육체'를 의지하고 서 있는 사람입니다. 사도 바울은 그런 사람들을 개들이요 행악하는 자들이라고 불렀습니다. 그런데 이렇게 하나님만 자랑하고(신뢰하고) 서는 것과 하나님을 아는 것, 즉 하나님은 사랑과 공의와 정의의 하나님인 것을 깨닫는 것이 밀접하게 연관되어 있는 것을 이 구절에서 볼 수 있습니다.

당연히 그들은 하나님을 잘 안다고 생각했을 것입니다. 그들은 하나님께 그 많은 헌신과 희생과 예배를 드렸으니까요. 그리고 그들은 율법이 있어서 자기들이 지혜롭다고 자부했을 정도였으니까요(렘 8:8 참조). 이것이 바로 지식적으로 아는 것과 깨닫는 것의 차이입니다. 깨닫는 것이 그만큼 중요합니다.

그러므로 하나님께서 성령에 의해 성경을 통해 우리에게 하나님 자신과 하나님의 목적과 길을 깨닫게 하실 때, 그것이 하나님께서 우리에게 말씀하신 것입니다. 우리는 별도로 어떤 음성이나 환상을 따로 듣거나 볼 필요가 없습니다. 하나님께서 성령님을 통해 우리에게 하나님의 것들을 선명하게 보여주신 것 그 자체가 하나님께서 이미 우리에게 말씀하신 것이기 때문입니다.

3. 묵상

시편 119편의 기자는 하나님을 간절히 찾았습니다. 그리고 하나님과 하나님의 목적과 길을 알기 위해 하나님의 말씀 앞에 섰습니다. 하나님의 말씀 앞에 서서 하나님께서 그의 마음눈을 밝혀주셔서 하나님의 길을 알게 해달라고 간절히 기도했습니다. 그리고 그 일과 관련해서 그가 한 또 한 가지 중요한 일은 하나님의 말씀을 묵상하는 것이었습니다. 시편 119편에서 여러 차례 나오는 단어 중 하나가 바로 묵상이라는 단어입니다. 개역개정판에서는 그 단어를 읊조린다는 말로 번역하고 있습니다.

그런데 시편 119편의 기자는 두 가지 면에서 하나님의 말씀을 묵상했습니다. 저는 이 부분이 매우 중요하다고 믿습니다. 첫째, 그는 하나님의 길을 알기 위해 하나님의 말씀을 묵상했습니다. 다시 말해서, 하나님께서 그의 마음눈을 밝혀주셔서 그로 하여금 하나님의 길을 깨닫게 해달라고 기도하면서 그는 하나님의 말씀을 묵상했습니다. 둘째, 그는 하나님께서 말씀하신 것, 다시 말해서 깨닫게 하신 것을 붙잡고 묵상했습니다. 다른 말로 해서 그는 하나님의 말씀을 되새김질 했습니다. 묵상하면 일반적으로 우리는 첫째 부분을 생각합니다. 그러나 저는 둘째 부분도 우리가 반드시 배워야 할 묵상의 중요한 부분이라고 생각합니다. 다시 말해서, 하나님의 음성을 듣기 위해 하나님의 말씀을 묵상하는 것이 중요하지만, 또 하나 하나님께서 말씀하신 것을 마음에 품고 묵상하는 것도 매우 중요합니다.

우리는 시편 119편의 기자가 그의 시편에서 묵상에 대해서 말하고 있는 구절들을 보면 그 사실을 잘 볼 수 있습니다. "내가 주의 법도들을 작은 소리로 읊조리며 주의 길들에 주의하며"(15절).
"고관들도 앉아서 나를 비방하였사오나 주의 종은 주의 율례들을 작은 소리로 읊조렸나이다"(23절).
"또 내가 사랑하는 주의 계명들을 향하여 내 손을 들고 주의 율례들을 작은 소리로 읊조리리이다"(48절).
"내가 주의 법을 어찌 그리 사랑하는지요 내가 그것을 종일 작은 소리로 읊조리나이다"(97절).
"내가 주의 증거들을 늘 읊조리므로 나의 명철함이 나의 모든 스승보다 나으며"(99절).
"주의 말씀을 조용히 읊조리려고 내가 새벽녘에 눈을 떴나이다"(148절).

특히 그 중에서도 27절을 보면, 우리는 그의 묵상에는 하나님께서 말씀하신 것을 마음에 품고 묵상하는 것도 포함되어 있었음을 알 수 있습니다. "나에게 주의 법도들의 길을 깨닫게 하여 주소서 <u>그리하시면 내가 주의 기이한 일들을 작은 소리로 읊조리리이다</u>"(27절). 앞에서 살펴본 대로, 시편 119편의 기자는 성경을 보면서 하나님께서 그의 마음눈을 열어 그로 하여금 하나님의 길을 깨닫게 해달라고 반복해서 기도합니다. 이 구절에서도 그는 그것을 위해 하나님께 간구합니다. 그러면서 그는 하나님께서 깨닫게 해주시면 그것을 묵상하겠노라고 말하고 있습니다. 이 부분이 바로 우리의 묵상에서도 매우 중요한 한 부분입니다.

4. 그 말씀을 붙잡고 기도하는 것

우리가 시편 119편의 기자에게서 배울 수 있는 또 하나의 중요한 자세는 하나님의 뜻이 이루어지도록 하나님의 약속을 붙잡고 간절히 기도하는 것입니다. 저는 이것이 우리의 묵상과 반드시 같이 가야 할 부분이라고 생각합니다. 우리는 이 부분을 중보기도라고 부릅니다. 이 부분이 매우 중요한 한 부분인 것은 시편 119편이 이 부분으로 끝이 나는 것을 보아도 알 수 있습니다.

시편 119편의 기자가 그것을 위해 구체적으로 어떻게 기도했는가를 살펴보기 위해, 그리고 그의 기도의 배후에 어떠한 자세가 있었는가를 살펴보기 위해 그의 당면한 처지에서부터 그의 기도의 내용까지 하나씩 살펴보겠습니다.

그의 당면한 처지

시편 119편을 보면, 우리는 그 기자가 그 당시 많은 조롱과 비방을 당하며 환경적으로 매우 어려운 가운데 처해 있었던 것을 알 수 있습니다. "고관들도 앉아서 나를 비방하였사오나 주의 종은 주의 율례들을 작은 소리로 읊조렸나이다"(23절).

"내 영혼이 진토에 붙었사오니 주의 말씀대로 나를 살아나게 하소서"(25절).

"교만한 자들이 나를 심히 조롱하였어도 나는 주의 법을 떠나지 아니하였나이다"(51절).

"⁶⁹교만한 자들이 거짓을 지어 나를 치려 하였사오나 나는 전심으로 주의 법도들을 지키리이다 ⁷⁰그들의 마음은 살져서 기름덩이 같으나 나는 주의 법을 즐거워하나이다"(69-70절).

"교만한 자들이 거짓으로 나를 엎드러뜨렸으니 그들이 수치를 당하게 하소서 나는 주의 법도들을 작은 소리로 읊조리리이다"(78절).

"⁸⁵주의 법을 따르지 아니하는 교만한 자들이 나를 해하려고 웅덩이를 팠나이다 ⁸⁶주의 모든 계명들은 신실하니이다 그들이 이유 없이 나를 핍박하오니 나를 도우소서 ⁸⁷그들이 나를 세상에서 거의 멸하였으나 나는 주의 법도들을 버리지 아니하였사오니 ⁸⁸주의 인자하심을 따라 나를 살아나게 하소서 그리하시면 주의 입의 교훈들을 내가 지키리이다"(85-88절).

"⁹⁴나는 주의 것이오니 나를 구원하소서 내가 주의 법도들만을 찾았나이다 ⁹⁵악인들이 나를 멸하려고 엿보오나 나는 주의 증거들만을 생각하겠나이다"(94-95절).

"¹⁰⁹나의 생명이 항상 위기에 있사오나 나는 주의 법을 잊지 아니하나이다 ¹¹⁰악인들이 나를 해하려고 올무를 놓았사오나 나는 주의 법도들에서 떠나지 아니하였나이다"(109-110절). 특히 원수들이 시편 기자에게 하고 있는 일에 대해 우리말 성경에 과거로 번역된 많은 구절들을 영어 NIV 성경을 비롯한 몇몇 성경들은 현재로 번역하고 있습니다. 시편 119편의 기자는 그만큼 사면초가와 같은 상태에 처해 있었습니다. 바로 위 구절들에서도 나오듯이, 그러한 상황에서도 시편 기자는 하나님의 말씀을 사랑하고, 하나님의 말씀을 묵상하고, 하나님의 말씀을 붙잡았습니다. 우리들이 배워야 할 자세가 아닌가 싶습니다.

하나님의 약속을 이루어달라는 간절한 기도

그러한 상황에서 시편 기자는 하나님께 도와달라고 간절히 기도합니다. 동시에 그는 반복적으로 그러한 상황에서 주의 길을 가르쳐 달라고 하나님께 간절히 기도합니다.

당연히 우리도 이 시편 기자와 같은 상황에 처하면 하나님께 도와달라고 간절히 기도해야 할 것입니다. 그러나 우리는 여기서 반드시 시편 기자로부터 배워야 할 것이 있습니다. 그는 그러한 상황에서도 하나님의 말씀을 묵상하며 하나님의 길을 알게 해달라고 간절히 기도했습니다. 그 길로 행함으로 하나님과 동행하는 삶을 살기 원했기 때문입니다. 그리고 당면한 상황에 대해서도 하나님의 길을 알기 원했기 때문입니다. 그는 그저 그의 문제를 해결해 달라고 하나님께 줄기차게 구하지 않았습니다. 이것이 우리가 반드시 배워야 할 자세입니다.

특히 그는 그러한 상황에서 반복적으로 하나님의 약속을 붙잡고 기도했습니다. 이것 또한 우리가 반드시 배워야 할 자세입니다.

이에 대한 그의 시편의 구절들을 보십시오. "[38]주를 경외하게 하는 주의 말씀을 주의 종에게 세우소서 [39]내가 두려워하는 비방을 내게서 떠나게 하소서 주의 규례들은 선하심이니이다 [40]내가 주의 법도들을 사모하였사오니 주의 의로 나를 살아나게 하소서 [41]여호와여 주의 말씀대로 주의 인자하심과 주의 구원을 내게 임하게 하소서 [42]그리하시면 내가 나를 비방하는 자들에게 대답할 말이 있사오리니 내가 주의 말씀을 의지함이니이다"(38-42절).

"내가 전심으로 주께 간구하였사오니 주의 말씀대로 내게 은혜를 베푸소서"(58절).

"[81]나의 영혼이 주의 구원을 사모하기에 피곤하오나 나는 주의 말씀을 바라나이다 [82]나의 말이 주께서 언제나 나를 안위하실까 하면서 내 눈이 주의 말씀을 바라기에 피곤하니이다 [83]내가 연기 속의 가죽 부대 같이 되었으나 주의 율례들을 잊지 아니하나이다 [84]주의 종의 날이 얼마나 되나이까 나를 핍박하는 자들을 주께서 언제나 심판하시리이까 [85]주의 법을 따르지 아니하는 교만한 자들이 나를 해하려고 웅덩이를 팠나이다 [86]주의 모든 계명들은 신실하니이다 그들이 이유 없이 나를 핍박하오니 나를 도우소서"(81-86절).

"[121]내가 정의와 공의를 행하였사오니 나를 박해하는 자들에게 나를 넘기지 마옵소서 [122]주의 종을 보증하사 복을 얻게 하시고 교만한 자들이 나를 박해하지 못하게 하소서 [123]내 눈이 주의 구원과 주의 의로운 말씀을 사모하기에 피곤하니이다"(121-123절).

"¹⁴⁹주의 인자하심을 따라 내 소리를 들으소서 여호와여 주의 규례들을 따라 나를 살리소서 ¹⁵⁰악을 따르는 자들이 가까이 왔사오니 그들은 주의 법에서 머니이다 ¹⁵¹여호와여 주께서 가까이 계시오니 주의 모든 계명들은 진리니이다 ¹⁵²내가 전부터 주의 증거들을 알고 있었으므로 주께서 영원히 세우신 것인 줄을 알았나이다 ¹⁵³나의 고난을 보시고 나를 건지소서 내가 주의 율법을 잊지 아니함이니이다 ¹⁵⁴주께서 나를 변호하시고 나를 구하사 주의 말씀대로 나를 살리소서 ¹⁵⁵구원이 악인들에게서 멀어짐은 그들이 주의 율례들을 구하지 아니함이니이다 ¹⁵⁶여호와여 주의 긍휼이 많으오니 주의 규례들에 따라 나를 살리소서 ¹⁵⁷나를 핍박하는 자들과 나의 대적들이 많으나 나는 주의 증거들에서 떠나지 아니하였나이다"(149-157절).

"¹⁶⁵주의 법을 사랑하는 자에게는 큰 평안이 있으니 그들에게 장애물이 없으리이다 ¹⁶⁶여호와여 내가 주의 구원을 바라며 주의 계명들을 행하였나이다 ¹⁶⁷내 영혼이 주의 증거들을 지켰사오며 내가 이를 지극히 사랑하나이다 ¹⁶⁸내가 주의 법도들과 증거들을 지켰사오니 나의 모든 행위가 주 앞에 있음이니이다 ¹⁶⁹여호와여 나의 부르짖음이 주의 앞에 이르게 하시고 주의 말씀대로 나를 깨닫게 하소서 ¹⁷⁰나의 간구가 주의 앞에 이르게 하시고 주의 말씀대로 나를 건지소서 ¹⁷¹주께서 율례를 내게 가르치시므로 내 입술이 주를 찬양하리이다 ¹⁷²주의 모든 계명들이 의로우므로 내 혀가 주의 말씀을 노래하리이다 ¹⁷³내가 주의 법도들을 택하였사오니 주의 손이 항상 나의 도움이 되게 하소서 ¹⁷⁴여호와여 내가 주의 구원을 사모하였사오며 주의 율법을 즐거워하나이다 ¹⁷⁵내 영혼을 살게 하소서 그리하시면 주를 찬송하리이다 주의 규례들이 나를 돕게 하소서 [176]잃은 양 같이 내가 방황하오니 주의 종을 찾으소서 내가 주의 계명들을 잊지 아니함이니이다"(165-176절).

하나님의 말씀을 향한 그의 질투

그런데 우리는 여기서 시편 기자가 하나님의 도움을 위하여 간절히 기도하되, 단순히 자신의 당면한 처지에 대한 하나님의 도움을 구한 것이 아니었다는 것입니다. 물론 당연히 그 부분도 포함되어 있었습니다. 그러나 그가 그렇게 간절히 기도한 보다 주된 이유는 하나님의 말씀에 대한 그의 질투 때문이었습니다. 그에게는 하나님의 말씀에 대한 하나님의 질투가 있었습니다. 이 부분이 참으로 소중한 부분입니다. 특히 이 부분은 중보기도와 관련해서 참으로 소중한 부분입니다.

우리는 몇 구절에서 그러한 사실을 잘 볼 수 있습니다. "주의 율법을 버린 악인들로 말미암아 내가 맹렬한 분노에 사로잡혔나이다"(53절). 저는 개인적으로 이 맹렬한 분노가 세상적인 분노나 개인적인 분노가 아닌 그 속에 있던, 하나님의 말씀에 대한 하나님의 질투로부터 기인한 것이라고 생각합니다. 그만큼 그는 하나님의 말씀을 사랑했습니다.

"그들이 주의 법을 폐하였사오니 지금은 여호와께서 일하실 때니이다"(126절). 보십시오. 시편 기자는 하나님의 법이 범해지는 것을 보면서, 하나님께서 일어나셔서 역사해 달라고 간절히 기도하고 있습니다. 그는 특히 자신을 위해 기도하면서도, 단순히 당면한 처지에서 자신을 도와달라고 기도한 것이 아니라, 끝까지 하나님의 말씀을 붙잡고 하나님의 길로 행하는 자신을 도와주심으로써 하나님의 말씀의 권위를 나타내달라고, 하나님의 법을 따라 사는 것이 복된 삶인 것을 나타내달라고 그렇게 기도한 것입니다. 그래서 시편 119편 기자의 기도는 열왕기하 18장에 나오는 엘리야의 기도와 정확하게 성격이 같은 기도였습니다. 정말 그의 속에는 하나님의 말씀을 향한 하나님의 질투가 있었습니다.

"^{136}그들이 주의 법을 지키지 아니하므로 내 눈물이 시냇물 같이 흐르나이다 ^{137}여호와여 주는 의로우시고 주의 판단은 옳으니이다 ^{138}주께서 명령하신 증거들은 의롭고 지극히 성실하니이다 ^{139}내 대적들이 주의 말씀을 잊어버렸으므로 내 열정이 나를 삼켰나이다.(136-139절)" 이 구절에서도 우리는 동일한 하나님의 질투를 시편 기자의 삶 속에서 볼 수 있습니다. 그런데 특히 이 구절에서는 시편 기자가 질투라는 용어를 사용하고 있습니다. 139절의 '열정'이라는 단어가 바로 질투라는 단어입니다. 그 속에 있었던 하나님의 말씀을 향한 하나님의 질투를 보십시오. 그는 주변 사람들이 하나님의 말씀을 지키지 않는 것을 보고 그의 눈물이 시냇물 같이 흘렀고, 심지어 그의 대적들이 주의 말씀을 잊어버린 것을 보고 그 열정이 그를 삼켰다고 말하고 있습니다. 하나님의 말씀을 이루어달라는 그의 기도는 바로 이 하나님의 말씀에 대한 하나님의 질투에서 나왔습니다. 그래서 그의 기도는 엘리야의 기도와 정확하게 같은 성격의 기도였습니다.

한 가지 더, 여기에 나오는 표현과 예수님께서 예루살렘 성전을 깨끗케 하신 것에 관한 기록에서 사용된 표현이 정확하게 같습니다. "제자들이 성경 말씀에 주의 전을 사모하는 열심이 나를 삼키리라 한 것을 기억하더라"(요 2:17). 이것을 보면 예수님 안에 있었던 하나님께 드리는 예배에 대한 하나님의 질투와 시편 119편의 저자 속에 있었던 하나님의 말씀에 대한 하나님의 질투가 정확하게 같은 성격의 것이었음을 볼 수 있습니다.[1]

다음 구절도 같은 것을 우리에게 보여줍니다. "[158]주의 말씀을 지키지 아니하는 거짓된 자들을 내가 보고 슬퍼하였나이다 [159]내가 주의 법도들을 사랑함을 보옵소서 여호와여 주의 인자하심을 따라 나를 살리소서 [160]주의 말씀의 강령은 진리이오니 주의 의로운 모든 규례들은 영원하리이다 [161]고관들이 거짓으로 나를 핍박하오나 나의 마음은 주의 말씀만 경외하나이다 [162]사람이 많은 탈취물을 얻은 것처럼 나는 주의 말씀을 즐거워하나이다 [163]나는 거짓을 미워하며 싫어하고 주의 율법을 사랑하나이다"(158-163절).

5. 순종하는 것

우리가 시편 119편의 기자에게서 배울 수 있는 또 한 가지 중요한 자세는 하나님의 말씀에 순종하고자 하는 그의 자세입니다. 그는 전심으로 하나님의 얼굴을 구했습니다. 그는 하나님과 하나님의 목적과 길을 알기 위해 하나님의 말씀 앞에 섰습니다. 그는 하나님께서 자기 마음눈을 열어 깨닫게 해달라고 반복해서 하나님께 간절히 기도했습니다. 그런데 그가 그렇게 간절하게 하나님의 뜻을 알기를 원했던 것은 순종하기 위해서였습니다. 그는 참으로 하나님의 말씀에 순종하기를 기뻐하고 열망했습니다. 시편 119편에 나오는 이에 대한 그의 결단과 자세 그리고 반복되는 그의 표현들을 보면 우리의 고개가 절로 숙여질 정도입니다.

시편 119편은 하나님의 말씀을 다양하게 표현하고 있습니다. 율법, 증거, 율례, 약속 등등. 한 학자는 그것을 이렇게 정리했습니다.[2] "한편 본 시에서는 몇몇 절을(84, 90, 122, 132절 등) 제외하고는 각 절마다 '율법'이라는 의미를 가진 단어가 등장한다. 이러한 의미로서 나오는 동의어들은 원어상 9개인데, 이들의 의미가 서로 밀접하게 연관되어 있어 엄격히 구별 짓는 데에는 다소 어려움이 따르지만 의미상의 차이를 대략적으로 파악하여 나열해 보면 다음과 같다."

용어	원어	내용
율법	토라	광의적인 의미에서의 하나님의 법도
증거	에두트	하나님이 친히 선포하시고 확증하신다는 측면을 강조
판단(규례)	미쉬파트	법정적, 선고적 측면을 강조
율례	호크	하나님이 제정하신 입법이라는 측면을 강조
말씀	다바르	하나님이 직접 하신 말씀임을 강조
법도	피쿠드	인간 행동에 대한 규제의 측면을 강조
계명	미츠와	준수해야 할 책임성을 강조
약속	미므라	약속, 말씀 등 여러 의미로 사용
길	데레크	행동 영역을 강조

우리는 몇 구절만 살펴보아도 시편 119편의 기자가 하나님의 말씀을 순종하기를 얼마나 기뻐하고 열망했는지를 금방 알 수 있습니다. 사실, 시편 119편은 처음 시작부터 이 부분을 강조합니다. "¹행위가 온전하여 여호와의 율법을 따라 행하는 자들은 복이 있음이여 ²여호와의 증거들을 지키고 전심으로 여호와를 구하는 자는 복이 있도다"(1-2절). 시편 119편이 이 구절로 시작한다는 것은 매우 중요한 의미를 가집니다. 그만큼 순종이 중요한 부분임을 이 시편은 보여주고 있습니다. 그리고 그것이 바로 복된 삶입니다.

또한 그가 사용한 표현들을 보면 그가 순종하기를 얼마나 기뻐했는지를 알 수 있습니다. "³⁰내가 성실한 길을 택하고 주의 규례들을 내 앞에 두었나이다 ³¹내가 주의 증거들에 매달렸사오니 여호와여 내가 수치를 당하지 말게 하소서 ³²주께서 내 마음을 넓히시면 내가 주의 계명들의 길로 달려가리이다 ³³여호와여 주의 율례들의 도를 내게 가르치소서 내가 끝까지 지키리이다 ³⁴나로 하여금 깨닫게 하여 주소서 내가 주의 법을 준행하며 전심으로 지키리이다"(30-34절). 그 긴 시편 중에서 이 한 부분에 나타난, 하나님의 말씀에 대한 그리고 그것을 순종하는 것에 대한 그 기자의 태도만 보아도 우리는 순종에 대한 그의 태도와 자세를 볼 수 있습니다. 더 나아가 그는 이렇게 말합니다. "내가 주의 율법을 항상 지키리이다 영원히 지키리이다"(44절).

"주의 계명들을 지키기에 신속히 하고 지체하지 아니하였나이다"(60절).

더 나아가 시편 119편 기자는 그 시편에서 순종에 대해 반복적으로 말하고 있습니다. 하나님의 법을 깨닫게 해달라고 그렇게 반복적으로 기도하고 간구한 것 이상으로, 그는 시편 119편에서 순종에 대해서 여기에 다 나열할 수 없을 정도로 많이 말하고 있습니다. 시편 119편 전체가 그것을 말하고 있다고 해도 과언이 아닐 정도입니다. 그것을 보면 그가 얼마나 하나님의 말씀에 순종하기를 갈망했는지를 알 수 있습니다. 그에게는 하나님이 너무나 소중한 분이었기 때문에, 그는 하나님의 길을 알아 그 가운데 행함으로 하나님과 동행하기를 그렇게 열망했습니다.

시편 119편 기자의 자세는 여러 가지 면에서 정말 우리에게 좋은 본보기를 제시합니다. 하나님의 얼굴을 구하는 자세, 하나님의 말씀 앞에 서는 자세, 하나님의 길을 알기 위하여 간절히 찾고 구하는 자세, 하나님의 말씀을 묵상하는 자세, 하나님의 말씀을 붙잡고 기도하는 자세, 하나님의 말씀에 순종하는 자세 등 많은 것들을 우리는 그에게서 배울 수 있습니다.

---

1) 하나님의 질투에 대해서 좀 더 상세히 알기 원하시면, 저의 책 『부흥을 위한 중보기도』(도서출판 새물결)를 참조하십시오.

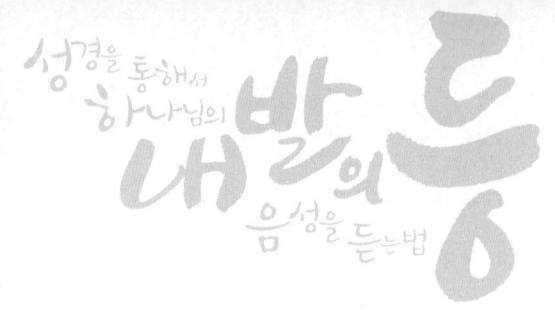

**6장
시편 119편 기자가 경험한
말씀의 유익**

우리는 앞 장에서 어떻게 시편 119편 기자가 하나님을 구하여 하나님의 말씀 앞에 섰는가를 살펴보았습니다. 그런데 시편 119편을 보면, 우리는 그 기자가 그러한 삶을 통해서 하나님의 말씀의 놀라운 유익을 경험했던 것을 알 수 있습니다. 하나님의 말씀이 그의 삶에서 참으로 놀라운 유익을 가져다주었습니다. 그래서 하나님의 말씀을 묵상하는 것이 그에게는 하나님의 백성으로서 마땅히 해야 할 의무가 아니라, 기쁨이었고 열망이었습니다. 이것 또한 우리가 배워야 할 자세입니다.

우선 우리는 그가 그토록 놀라운 하나님의 말씀의 유익을 경험했던 것은 우리가 앞 장에서 살펴본 그 과정을 통해서였다는 것을 반드시 기억해야 합니다. 앞 장에서 살펴본 시편 119편 기자의 자세가 하나님의 말씀의 놀라운 유익을 우리 삶에서 경험하는 길입니다.

이 장에서는 그러한 과정을 통해서 그가 그의 삶에서 실제로 경험한 하나님의 말씀의 유익에 대해서 살펴보고자 합니다. 그것이 그가 1-2절에서 말한 복된 삶입니다. 그리고 그것이 시편 1편이 말하는 복된 삶입니다. 여기에 하나님의 말씀의 소중함과 또 성경을 통해 하나님의 음성 듣는 것의 소중함이 있습니다.

1. 죄를 이기게 합니다

하나님의 말씀이 가져다주는 한 가지 유익은 우리로 하여금 죄를 이기게 하는 것입니다. "⁹청년이 무엇으로 그의 행실을 깨끗하게 하리이까 주의 말씀만 지킬 따름이니이다 ¹⁰내가 전심으로 주를 찾았사오니 주의 계명에서 떠나지 말게 하소서 ¹¹내가 주께 범죄하지 아니하려 하여 주의 말씀을 내 마음에 두었나이다 ¹²찬송을 받으실 주 여호와여 주의 율례들을 내게 가르치소서 ¹³주의 입의 모든 규례들을 나의 입술로 선포하였으며 ¹⁴내가 모든 재물을 즐거워함 같이 주의 증거들의 도를 즐거워하였나이다"(9-14절).

언급한 것처럼, 한 가지 기억해야 할 것은 우리가 단순히 성경말씀을 묵상하거나 암송한다고 죄를 이기는 것이 아니라는 사실입니다. 하나님의 말씀의 모든 유익을 경험하는 데 있어서 가장 중요한 것은 우리가 앞 장에서 살펴본 시편 119편 기자의 자세입니다. 그것이 우리가 하나님의 말씀을 묵상하는 자세이고, 우리가 그렇게 살아갈 때 하나님의 말씀의 모든 유익을 우리 삶 속에서 경험할 수 있습니다. 죄를 이기는 것도 마찬가지입니다.

위 구절을 보아도 그 점을 분명하게 알 수 있습니다. 시편 119편 기자는 무엇보다 전심으로 하나님을 찾았습니다. 결국 우리는 주님을 찾아야 죄도 이길 수 있습니다. 마음을 다해서 하나님을 찾는 것이, 다시 말해서 하나님의 얼굴을 구하는 것이 우리의 모든 삶에서 관건입니다. 단순한 말씀의 묵상만 가지고는 되지 않습니다. 그리고 그는 하나님을 알기 위해 계속해서 하나님의 말씀을 묵상하면서, 하나님의 길을 알게 해달라고 하나님께 간절히 기도했습니다. 10절에 보면 마음을 다해서 하나님을 찾는 것과 하나님의 말씀을 구하는 것이 서로 깊이 연관되어 있습니다. 또한 그는 하나님의 길을 발견하는 대로 그 길로 행하는 것을 기뻐했습니다. 이 부분도 그렇습니다. 존재를 다해 하나님을 사랑하고 마음을 다해 하나님을 찾는 사람만이 그렇게 합니다. 마음을 다해 하나님을 찾지 않으면 "마음은 원이로되 육신이 약해서" 그렇게 할 수 없습니다. 그는 더 나아가 하나님의 길로 행하고 죄를 짓지 않기 위해 하나님의 말씀을 마음에 숨겼습니다. 그가 하나님의 말씀을 마음에 '두었다'는 말은 가장 소중하고 가치 있는 보물을 은밀한 장소에 숨기는 것처럼 하나님의 말씀을 그의 마음속에 숨겼다는 말입니다.

시편 기자는 그렇게 사는 것이 젊은이가 거룩한 삶을 사는 비결이라고 말합니다. 젊은이는 혈기왕성한 사람을 말합니다. 그리고 경험이 부족한 사람을 말합니다. 그러한 젊은이가 거룩한 삶을 살 수 있다면 다른 사람들은 말할 것도 없이 거룩한 삶을 살 수 있을 것입니다.

2. 우리 길의 상담자

시편 기자는 하나님의 말씀이 그의 인생에서 상담자인 것을 경험했습니다. "주의 증거들은 나의 즐거움이요 나의 충고자니이다"(24절). 여기 "주의 증거들은 나의 즐거움이요"라는 표현에서도 우리는 앞에서 살펴본 그의 자세를 엿볼 수 있습니다. 그리고 여기서 '충고자'라고 번역된 '아차티'라는 단어는 문자적으로 조언자라는 뜻입니다. 그래서 대부분의 영어 성경은 그 단어를 'counsellor'(상담자)라는 단어를 사용해서 번역하고 있습니다. 이처럼 우리가 앞 장에서 살펴본, 시편 기자가 살았던 삶을 살 때, 하나님의 말씀이 우리의 삶에서 상담자가 됩니다.

이렇게 볼 때 기독교인으로서 우리 인생에는 중요한 두 종류의 상담자가 있습니다. 하나는 여기서 볼 수 있는 것처럼 하나님의 말씀입니다. 그리고 다른 하나는 신약성경에서 말하는 성령입니다. 성경은 여러 곳에서 성령을 보혜사라고 부르고 있는데 보혜사라는 말의 한 중요한 의미는 상담자라는 말입니다. 저는 오늘날 이 두 가지의 조화, 즉 말씀과 성령의 조화가 우리의 인생의 모든 면에서 가장 중요한 요소라고 생각합니다.

한 예를 들어, 많은 성도들이 다른 성경에 추가로 매일 잠언을 한 장씩 읽어갑니다. 그래서 한 달에 한 번씩 잠언 전체를 읽습니다. 그것을 통해 그들은 그들의 사업에서, 그들의 인간관계에서, 그들의 일상생활에서 하나님의 많은 지혜를 얻습니다.

특히 이 세상은 온 사방에 지뢰가 깔려 있는 전쟁터와도 같습니다. 한 번만 발을 잘못 디뎌도 발이 날아가고, 심지어 목숨을 잃을 수 있는 것처럼 위험합니다. 그러한 세상에서 하나님의 말씀은 우리의 발을, 다시 말해서 우리의 길을 인도해 줍니다. 시편 119편의 기자는 그것을 경험했습니다. "29거짓 행위를 내게서 떠나게 하시고 주의 법을 내게 은혜로이 베푸소서 30내가 성실한 길을 택하고 주의 규례들을 내 앞에 두었나이다 31내가 주의 증거들에 매달렸사오니 여호와여 내가 수치를 당하지 말게 하소서"(29-31절). 29절의 "거짓 행위를 내게서 떠나게 하시고"를 NIV 성경은 "Keep me from deceitful ways;"(속이는 길들에서 나를 보호하시고)라고 번역하고 있습니다.

3. 나그네의 삶을 살도록 도와줍니다

시편 119편의 기자는 이 땅에서의 자신의 삶이 나그네의 삶인 것을 분명하게 인식하고 있습니다. 그리고 그는 하나님의 말씀에서 나그네의 삶을 사는 지혜를 얻었습니다. 다시 말해서, 하나님의 말씀이 그로 하여금 나그네의 삶을 잘 살도록 도왔습니다. "18내 눈을 열어서 주의 율법에서 놀라운 것을 보게 하소서 19나는 땅에서 나그네가 되었사오니 주의 계명들을 내게 숨기지 마소서 ²⁰주의 규례들을 항상 사모함으로 내 마음이 상하나이다"(18-20절).

그는 세상에서의 그의 삶이 나그네의 삶인 것을 분명하게 인식하고 있습니다. 그래서 그는 하나님의 법을 알기를 원했습니다. 하나님의 법을 따라 살기를 원했습니다. 그에게는 돌아갈 본향이 있었기 때문입니다. 구약시대에는 오늘날처럼 하늘나라의 소망이 분명하지 않았습니다. 그런데도 그 당시 하나님의 사람들은 하늘의 소망을 바라보며 나그네의 삶을 살았습니다. "¹³이 사람들은 다 믿음을 따라 죽었으며 약속을 받지 못하였으되 그것들을 멀리서 보고 환영하며 또 땅에서는 외국인과 나그네임을 증언하였으니 ¹⁴그들이 이같이 말하는 것은 자기들이 본향 찾는 자임을 나타냄이라 ¹⁵그들이 나온 바 본향을 생각하였더라면 돌아갈 기회가 있었으려니와 ¹⁶그들이 이제는 더 나은 본향을 사모하니 곧 하늘에 있는 것이라 이러므로 하나님이 그들의 하나님이라 일컬음 받으심을 부끄러워하지 아니하시고 그들을 위하여 한 성을 예비하셨느니라"(히 11:13-16). 시편 119편의 기자도 마찬가지였습니다.

신약성경에 의하면, 오늘날 모든 성도들은 이 땅에서 나그네입니다. 우리의 본향은 하늘나라에 있기 때문입니다. 그리고 오늘날은 구약시대와는 비교도 안될 만큼 하늘나라의 소망이 분명합니다. 그 소망은 막연한 기대나 바람이 아닙니다. 그것은 역사적인 사실에 기초한 실제적인 소망입니다. 왜냐하면 그 소망은 하나님의 아들 예수님께서 이 땅에 오셔서 십자가와 부활을 통해 성취하신 구속에 그 기초를 두고 있기 때문입니다. 그래서 성경은 그것을 산 소망이라고 부르고 있습니다. "¹예수 그리스도의 사도 베드로는 본도, 갈라디아, 갑바도기아, 아시아와 비두니아에 흩어진 나그네 ²곧 하나님 아버지의 미리 아심을 따라 성령이 거룩하게 하심으로 순종함과 예수 그리스도의 피 뿌림을 얻기 위하여 택하심을 받은 자들에게 편지하노니 은혜와 평강이 너희에게 더욱 많을지어다 ³우리 주 예수 그리스도의 아버지 하나님을 찬송하리로다 그의 많으신 긍휼대로 예수 그리스도를 죽은 자 가운데서 부활하게 하심으로 말미암아 우리를 거듭나게 하사 산 소망이 있게 하시며 ⁴썩지 않고 더럽지 않고 쇠하지 아니하는 유업을 잇게 하시나니 곧 너희를 위하여 하늘에 간직하신 것이라"(벧전 1:1-4).

우리는 시편 119편의 기자처럼 이 땅에서의 우리 삶이 나그네의 삶인 것을 인식해야 합니다. 초대교회 성도들은 그렇게 인식하면서 살았습니다. 그리고 그렇기 때문에 우리도 이 땅에서 하나님의 법을 따라 살아야 합니다. "주여, 저의 눈을 열어서 이 땅에서의 저의 삶이 나그네의 삶인 것을 더욱 깨닫게 하소서." 이것이 오늘도 저의 기도가 됩니다.

시편 기자는 나그네의 삶 동안 하나님의 법을 따라 살기 위해 하나님의 말씀을 묵상하면서 하나님의 길을 알기를 간절히 갈망했습니다. 그가 사용하고 있는 표현들을 보면, 그가 얼마나 그것을 갈망했는가를 볼 수 있습니다. 20절을 NIV 성경은 이렇게 번역하고 있습니다. "My soul is consumed with longing for your laws at all times"(내 영혼이 항상 당신의 율법들을 향한 갈망으로 소모됩니다). 20절의 '상하나이다'라는 단어에 대해 페트라 주석의 학자는 그의 주석에서 이렇게 말합니다. "'상하나이다'에 해당하는 '가르사'는 계속 문지르거나 두들겨서 결국에는 조각조각이 나거나 부서지는 모습을 가리킬 때 사용된다. 본 절에서 저자는, 자신의 영혼이 거의 기진하고 고갈된 상태에 놓였는데 그 이유는 날마다 하나님의 규례를 좀 더 알기를 사모하는 마음 때문이었다고 밝힌다. 다시 말해서 이는 하나님의 규례를 사모하는 시인의 열정이 자신의 몸을 돌보지 않을 정도로 전폭적이었음을 뜻한다. 하나님은 이러한 사람들의 영혼을 소생케 하시며(시23:3), 새로운 힘으로 풍성하게 채워주신다(사 40:27-31)."[1] 이 놀라운 하나님의 은혜를 하나님께서 우리에게도 부어주시기를 간절히 소원합니다.

시편 기자는 하나님의 말씀이 어떻게 그로 하여금 나그네의 삶을 살도록 도왔는지 한 부분을 구체적으로 말하고 있습니다. "[35]나로 하여금 주의 계명들의 길로 행하게 하소서 내가 이를 즐거워함이니이다 [36]내 마음을 주의 증거들에게 향하게 하시고 탐욕으로 향하지 말게 하소서 [37]내 눈을 돌이켜 허탄한 것을 보지 말게 하시고 주의 길에서 나를 살아나게 하소서"(35-37절).

예나 지금이나 우리는 이 땅을 살아가면서 하나님의 말씀보다는 이기적인 이득을 추구하기 쉽고, 영원한 하나님 나라의 관점에서 보면 쓸모없는 것들을 바라보기 쉽습니다. 그러한 상황에서 시편 기자는 그의 마음이 탐욕 즉 이기적인 이득이 아니라, 하나님의 말씀을 향하게 해달라고 하나님께 간절히 기도합니다. 그리고 그의 눈을 돌이켜 무가치한 것들을 보지 않게 해주시고, 그의 인생을 하나님의 말씀 안에 보존해 달라고 간절히 기도합니다. 성경은 반복해서 이 땅의 영화는 풀의 꽃과 같이 지나가는 것인 반면에 하나님의 말씀은 영원한 것이라고 말합니다. "²³너희가 거듭난 것은 썩어질 씨로 된 것이 아니요 썩지 아니할 씨로 된 것이니 살아 있고 항상 있는 하나님의 말씀으로 되었느니라 ²⁴그러므로 모든 육체는 풀과 같고 그 모든 영광은 풀의 꽃과 같으니 풀은 마르고 꽃은 떨어지되 ²⁵오직 주의 말씀은 세세토록 있도다 하였으니 너희에게 전한 복음이 곧 이 말씀이니라"(벧전 1:23-25).

"¹⁵이 세상이나 세상에 있는 것들을 사랑하지 말라 누구든지 세상을 사랑하면 아버지의 사랑이 그 안에 있지 아니하니 ¹⁶이는 세상에 있는 모든 것이 육신의 정욕과 안목의 정욕과 이생의 자랑이니 다 아버지께로부터 온 것이 아니요 세상으로부터 온 것이라 ¹⁷이 세상도, 그 정욕도 지나가되 오직 하나님의 뜻을 행하는 자는 영원히 거하느니라"(요일 2:15-17).

문제는 그 사실을 깨닫는 것입니다. 다시 말해서, 세상의 것들이 지나가는, 무가치한 허탄한 것들이고 하나님의 말씀은 영원하다는 사실을 깨닫는 것입니다. 그리고 그렇게 살아가는 것입니다. 시편 119편의 기자는 그 사실을 깨닫고 그렇게 살기를 열망했습니다. 그리고 그것을 위해 하나님께 간절히 기도했습니다. 그런데 이토록 그로 하여금 나그네의 삶을 살도록 도운 것이 바로 하나님의 말씀이었습니다. 우리는 하나님의 말씀을 통해서 우리가 이 땅에서 나그네라는 사실과 우리에게는 돌아가야 할 본향이 있다는 사실을 알 수 있습니다. 하나님의 말씀을 통해서 우리는 이 세상의 것들은 지나가는, 무가치한 것들이라는 사실을 알 수 있습니다. 그리고 우리는 하나님의 말씀을 통해서 하나님의 말씀과 하나님의 뜻과 하나님의 나라가 영원하다는 사실을 알 수 있습니다. 그리고 성령의 조명으로 그것을 깨닫는 것이 핵심입니다.

4. 슬픔 가운데서 위로를 줍니다

시편 119편을 읽어보면, 그 기자가 처해 있던 상황이 그렇게 평안한 상황이 아니었던 것을 볼 수 있습니다. 그는 슬픔 가운데 있었습니다. 그러나 그는 그 상황에서도 하나님의 말씀으로 위로를 받았습니다. "나의 영혼이 눌림으로 말미암아 녹사오니 주의 말씀대로 나를 세우소서"(28절). 힘든 상황에서도 하나님의 말씀이 우리에게 위로를 줍니다. 우리가 앞장에서 살펴본 시편 119편 기자의 자세로 하나님을 구할 때, 그러한 일이 우리에게도 일어납니다.

5. 소망을 줍니다

시편 119편의 기자는 고통 중에서 하나님의 말씀을 통해 하나님을 만났습니다. "고난 당하기 전에는 내가 그릇 행하였더니 이제는 주의 말씀을 지키나이다"(67절). 많은 사람들이 고난과 고통을 통해 하나님을 떠난 자신의 모습을 발견하고, 하나님께 순종하는 삶으로 돌이킵니다. 시편 119편의 기자도 그랬던 것 같습니다. 그래서 그는 고통이 그에게 유익이었다고 말합니다. "고난 당한 것이 내게 유익이라 이로 말미암아 내가 주의 율례들을 배우게 되었나이다"(71절). 우리가 그것을 통해 하나님께 복종하는 것을 배우게 된다면, 고통이나 고난도 실로 우리에게 유익입니다. 문제는 고통 가운데서도 하나님의 법에 복종하는 것을 배우지 않는 것이겠지요. 더 나아가 그는 그에게 고통을 허락하신 것이 선하고 신실하신 하나님의 사랑의 손길이었다는 사실을 깨닫고 하나님을 찬양합니다. 그리고 고통 가운데서도 그 하나님의 사랑과 신실하심을 의지하여 하나님 앞에 섭니다. "[67]고난 당하기 전에는 내가 그릇 행하였더니 이제는 주의 말씀을 지키나이다 [68]주는 선하사 선을 행하시오니 주의 율례들로 나를 가르치소서"(67-68절).

"[75]여호와여 내가 알거니와 주의 심판은 의로우시고 주께서 나를 괴롭게 하심은 성실하심 때문이니이다 [76]구하오니 주의 종에게 하신 말씀대로 주의 인자하심이 나의 위안이 되게 하시며 [77]주의 긍휼히 여기심이 내게 임하사 내가 살게 하소서 주의 법은 나의 즐거움이니이다"(75-77절).

이 얼마나 놀라운 믿음이요, 놀라운 신앙입니까. 이것이 바로 하나님의 백성의 삶입니다. 그런데 만약 우리가 우리 가운데 있는 고난과 고통으로 인하여 하나님을 떠난 우리의 삶에서 하나님의 말씀에 복종하는 삶으로 돌이키지는 않고, 그리고 그 선하고, 의롭고, 신실하신 하나님의 사랑의 손길로 인하여 하나님을 찬양하지는 않고, 오히려 하나님을 원망하고 하나님께 불평하는 자리에 있다면 그것은 참으로 심각한 불신입니다.

이와 같이 그는 고통 가운데서 성경을 통해 하나님께로부터 위로와 소망을 얻었습니다. 그래서 심지어 그는 하나님의 말씀이 고통 중에서 그를 살렸다고 반복적으로 말합니다. "[49]주의 종에게 하신 말씀을 기억하소서 주께서 내게 소망을 가지게 하셨나이다 [50]이 말씀은 나의 고난 중의 위로라 주의 말씀이 나를 살리셨기 때문이니이다"(49-50절).

"[92]주의 법이 나의 즐거움이 되지 아니하였더면 내가 내 고난 중에 멸망하였으리이다 [93]내가 주의 법도들을 영원히 잊지 아니하오니 주께서 이것들 때문에 나를 살게 하심이니이다"(92-93절).

그리고 더 나아가 그는 하나님이 그의 피난처요 방패라고 고백합니다. "주는 나의 은신처요 방패시라 내가 주의 말씀을 바라나이다"(114절). 이 구절에서 주의 말씀을 바란다는 말은 주의 말씀에 소망을 둔다는 말입니다. 우리는 여기서 하나님을 피난처와 방패로 삼는 삶과 하나님의 말씀에 소망을 두는 것이 같이 가는 것이고, 서로 밀접하게 연관되어 있는 것을 볼 수 있습니다.

6. 자유함을 줍니다

시편 119편의 기자는 하나님의 말씀 안에 행할 때, 그것이 진정으로 자유한 삶인 것을 발견했습니다. "내가 주의 법도들을 구하였사오니 자유롭게 걸어갈 것이오며"(45절). 여기서 걸어간다는 말은 인생의 여정을 살아가는 것을 말합니다. 그리고 이 구절에서 그는 그가 인생에서 자유함 가운데 살아갈 수 있는 근거로 그가 하나님의 말씀을 찾았기 때문이라고 말합니다.

예수님께서도 동일한 말씀을 하셨습니다. "진리를 알지니 진리가 너희를 자유롭게 하리라"(요 8:32). 모든 불신자들은, 심지어 하나님의 백성들 중 적지 않은 사람들은 하나님의 말씀이 우리를 속박하고 억압한다고 생각합니다. 그러나 하나님의 말씀이 우리에게 진정한 자유를 줍니다. 우리가 우리의 욕심을 따라, 세상의 길을 따라 살아갈 때, 우리는 죄와 정욕과 세상과 사탄의 노예가 됩니다. 예수님께서 요한복음 8:32에서 그렇게 말씀하셨을 때 자기들은 어느 누구의 종이 된 적이 없다고 대항하던 바리새인들에게 예수님께서 하신 말씀을 보아도 그 사실을 알 수 있습니다. "³³그들이 대답하되 우리가 아브라함의 자손이라 남의 종이 된 적이 없거늘 어찌하여 우리가 자유롭게 되리라 하느냐 ³⁴예수께서 대답하시되 진실로 진실로.너희에게 이르노니 죄를 범하는 자마다 죄의 종이라"(요 8:33-34).

한 가지 더, 우리는 여기서도 단순한 성경적인 진리가 우리를 자유케 하는 것이 아님을 볼 수 있습니다. 예수님은 이 말씀을 예수님을 따르던 유대인들, 즉 그 당시 종교지도자들에게 하셨습니다(요 8:31, 48 참조). 그들은 누구보다 성경적인 지식이 뛰어난 자들이었습니다. 그러나 예수님의 관점에서 보면 그들은 진리를 전혀 모르는 자들이었습니다. 이 말은 두 가지 면에서 사실이었습니다. 하나는 여기서 안다는 말은 성령의 조명으로 깨닫는 것을 말합니다. 다시 말해서, 체험적인 지식을 말합니다. 또 다른 하나는 여기의 진리는 근본적으로 인격체이신 예수 그리스도를 가리킵니다. 하나님 그분이 진리입니다. "그러므로 아들이 너희를 자유롭게 하면 너희가 참으로 자유로우리라"(요 8:36). 다시 말해서,

진정한 자유는 하나님과의 개인적인 교제에서 나옵니다. 그래서 이 구절에서도 우리는 정확하게 앞 장에서 살펴본 시편 119편의 기자처럼 그렇게 하나님을 추구할 때 하나님의 말씀이 우리를 자유케 하는 것임을 알 수 있습니다.

7. 지식과 지혜와 명철을 줍니다

시편 기자는 하나님의 말씀에서 지식과 지혜와 명철을 얻었습니다. "[98]주의 계명들이 항상 나와 함께 하므로 그것들이 나를 원수보다 지혜롭게 하나이다 [99]내가 주의 증거들을 늘 읊조리므로 나의 명철함이 나의 모든 스승보다 나으며 [100]주의 법도들을 지키므로 나의 명철함이 노인보다 나으니이다"(98-100절). 여기서도 우리는 먼저 단순한 성경적인 지식이 그에게 지혜와 명철을 준 것이 아닌 것을 볼 수 있습니다. 그가 앞에서 살펴본 것처럼 그렇게 하나님을 찾을 때, 그리고 그것을 행할 때 하나님의 말씀이 그에게 그러한 유익을 주었습니다. 더 나아가 하나님께서 그에게 주신 지식과 지혜와 명철에 대한 그의 표현을 보십시오. 얼마나 놀라운 것들입니까.

하나님의 말씀이 그에게 지식과 지혜와 명철을 주기 때문에, 곧바로 이어서 그는 그 하나님의 말씀을 자기 발의 등이라고 표현하고 있습니다. 이 말은 하나님의 말씀이 암흑과 같은 세상에서의 그의 인생 여정에서 그에게 빛을 비쳐준다는 말입니다. "[101]내가 주의 말씀을 지키려고 발을 금하여 모든 악한 길로 가지 아니하였사오며 [102]주께서 나를 가르치셨으므로 내가 주의 규례들에서 떠나지 아니하였나이다 [103]주의 말씀의 맛이 내게 어찌 그리 단지요 내 입에 꿀보다 더 다니이다 [104]주의 법도들로 말미암아 내가 명철하게 되었으므로 모든 거짓 행위를 미워하나이다 [105]주의 말씀은 내 발에 등이요 내 길에 빛이니이다"(101-105절).

"주의 말씀을 열면 빛이 비치어 우둔한 사람들을 깨닫게 하나이다"(130절).

그 외에도 그는 하나님의 말씀의 수많은 소중함을 발견했습니다. 당연히 하나님의 말씀은 소중합니다. 하나님 말씀의 소중함에 대한 목록을 제시하려면 끝이 없을 것입니다. 그러면 다음은 시편 119편의 기자가 깨달은 하나님의 말씀의 소중함입니다. 여기의 핵심은 그가 그 사실들을 깨달았다는 말입니다. 우리도 이러한 사실들을 깨닫게 된다면 우리의 삶은 근본적으로 달라질 것입니다. 당연한 말이지만, 앞 장에 나오는 그 자세로 주님을 찾고 구할 때 하나님께서 깨달음을 주십니다.

하나님의 말씀은 영원합니다. "[89]여호와여 주의 말씀은 영원히 하늘에 굳게 섰사오며 [90]주의 성실하심은 대대에 이르나이다 주께서 땅을 세우셨으므로 땅이 항상 있사오니 [91]천지가 주의 규례들대로 오늘까지 있음은 만물이 주의 종이 된 까닭이니이다"(89-91절). **시편 기자는 그 사실을 깨달았습니다.** "내가 전부터 주의 증거들을 알고 있었으므로 주께서 영원히 세우신 것인 줄을 알았나이다"(152절).

하나님의 말씀은 옳고 의롭습니다. "[128]그러므로 내가 범사에 모든 주의 법도들을 바르게 여기고 모든 거짓 행위를 미워하나이다 ¹²⁹주의 증거들은 놀라우므로 내 영혼이 이를 지키나이다"(128-129절).

"¹³⁷여호와여 주는 의로우시고 주의 판단은 옳으니이다 ¹³⁸주께서 명령하신 증거들은 의롭고 지극히 성실하니이다"(137-138절). 누구든지 그 사람의 말은 그것을 말한 사람만큼 옳고 신실합니다. 성경은 하나님의 말씀이기 때문에 하나님만큼 옳고 의롭고 신실합니다.

하나님의 말씀은 신실합니다. "⁹⁰주의 성실하심은 대대에 이르나이다 주께서 땅을 세우셨으므로 땅이 항상 있사오니 ⁹¹천지가 주의 규례들대로 오늘까지 있음은 만물이 주의 종이 된 까닭이니이다"(90-91절).

하나님의 말씀은 검증된 것입니다. 하나님의 말씀은 철학자들의 사색과 다릅니다. 하나님의 말씀은 어떤 종교의 창시자들의 머리에서 나온 도덕적인 가르침과도 다릅니다. 하나님의 말씀은 천지를 창조하신 하나님의 말씀입니다. 그래서 하나님의 말씀은 하나님만큼 진실합니다. 그리고 그 진실성은 긴 역사를 통해서 검증되었습니다. 다시 말해서, 하나님의 말씀대로 하면, 그 하나님의 말씀이 의도하는 것이 실제로 삶에서 일어납니다. 이것이 하나님의 말씀의 또 하나의 소중함입니다. 시편 119편의 기자는 그것을 경험했습니다. "주의 말씀이 심히 순수하므로 주의 종이 이를 사랑하나이다"(140절). 여기서 '순수하므로'라고 번역된 히브리어 단어 '체루파'는 용광로에 있는 금속과 관련된 용어로 '제련된' '정제된' 등을 뜻합니다. 그래서 영어 NIV나 RSV 성경은 'tried'나 'tested'라는 단어를 사용해서 번역하고 있습니다. 하나님의 말씀은 검증된 것입니다.

그의 열망과 기쁨

시편 119편의 기자는 앞에서 살펴본 바와 같이 하나님을 찾는 과정을 통해서 이처럼 놀라운 하나님의 말씀의 소중함을 그의 삶 속에서 경험했습니다. 하나님의 말씀의 그 '보화'를 그는 발견했습니다. 그래서 그는 하나님의 말씀을 통해, 하나님과 하나님의 목적과 길을 알기를 그토록 열망했습니다. 그는 단순히 의무감에서 그렇게 하지 않았습니다. 또한 그는 그렇게 하는 것이 마땅히 하나님의 백성이 살아야 할 삶이기 때문에 그렇게 살려고 노력하지도 않았습니다. 그렇게 하는 것이 그에게는 기쁨이요 열망이었습니다. 이것이 우리가 시편 119편의 기자에게서 반드시 배워야 할, 하나님의 말씀을 대하는 또 하나의 자세입니다.

시편 119편에 나오는 표현들을 보면 그가 전심으로 하나님의 얼굴을 구하며 하나님의 길을 알기를 간절히 추구하고 그 하나님의 길을 따라 행하는 것을 얼마나 기뻐하고 열망했는가를 볼 수 있습니다. 그는 참으로 귀한 여러 표현들을 사용해서 그 기쁨을 서술하고 있습니다. 이것이 하나님을 사랑하는 사람, 하나님을 추구하는 사람, 하나님과 동행하기를 열망하는 사람이 갖는 자세입니다.

다음은 그의 열망과 기쁨을 볼 수 있는 몇 구절입니다.

"[14]내가 모든 재물을 즐거워함 같이 주의 증거들의 도를 즐거워하였나이다 ¹⁵내가 주의 법도들을 작은 소리로 읊조리며 주의 길들에 주의하며 ¹⁶주의 율례들을 즐거워하며 주의 말씀을 잊지 아니하리이다"(14-16절). 예나 지금이나 일반적으로 사람들은 재물을 좋아하고 즐거워합니다. 그런데 이 시편 기자는 재물, 그것도 작은 재물이 아니라, 모든 재물을 즐거하는 것과 같이 하나님의 법을 따라 사는 것을 즐거워한다고 말하고 있습니다. 그래서 그는 주의 말씀을 묵상하고 그것을 주의하고 그것을 잊지 않고 소중히 여긴다고 말하고 있습니다.

"⁴⁷내가 사랑하는 주의 계명들을 스스로 즐거워하며 ⁴⁸또 내가 사랑하는 주의 계명들을 향하여 내 손을 들고 주의 율례들을 작은 소리로 읊조리리이다"(47-48절). 그는 이 짧은 구절에서 두 차례나 걸쳐서 하나님의 계명들을 사랑한다고 말하고 있습니다. 그래서 그 사랑하는 계명들을 묵상한다고 말하고 있습니다. 127절에서 그는 하나님의 계명들을 사랑하되 순금보다 더 사랑한다고 말하고 있습니다. "그러므로 내가 주의 계명들을 금 곧 순금보다 더 사랑하나이다."

"주의 입의 법이 내게는 천천 금은보다 좋으니이다"(72절). 여기서 말하는 주의 입의 법은 단순히 하나님의 말씀을 말하는 것이 아닙니다. 저는 '주의 법'이 그가 하나님의 법을 알기 위해, 하나님의 길을 알기 위해 하나님의 말씀을 묵상하면서 하나님께서 자기의 마음눈을 열어 하나님의 길을 보게 해달라고 간절히 기도했을 때, 하나님께서 그 깨닫게 해주신 그 법을 말한다고 확신합니다. 그리고 그는 그 말씀이 그에게 수천 조각의 금과 은보다 더 귀하고 값지다고 말하고 있습니다. 오늘날로 말하면 수천 개의 골드바보다 더 소중하고 값지다는 말입니다.

"주의 말씀의 맛이 내게 어찌 그리 단지요 내 입에 꿀보다 더 다니이다"(103절). 그 당시에 가장 단 음식은 꿀이었습니다. 여기서도 주의 말씀은 당연히 하나님께서 깨닫게 해주신 그 하나님의 길을 말합니다. 그는 그것이 그에게 꿀보다 더 달다고 말합니다. 한 주석가도 이 구절에 대해서 이렇게 말합니다. *"저자는 하나님의 말씀, 특히 묵상을 통하여 깨달아진 말씀을, 상상할 수 있는 가장 단 것에 비유하고 있다. 또한 본문의 강한 감탄문은 최상급을 반영한다고 볼 수 있다."* [2]

"내가 주의 계명들을 사모하므로 내가 입을 열고 헐떡였나이다"(131절). 목이 말라 죽어가는 동물이 입을 열고 헐떡이는 것처럼, 시편 119편의 기자는 하나님의 말씀을 그렇게 갈망한다고 말하고 있습니다. 시편 42편의 기자가 하나님을 찾는 것과 같은 자세입니다. "하나님이여 사슴이 시냇물을 찾기에 갈급함 같이 내 영혼이 주를 찾기에 갈급하니이다"(시 42:1).

---

1) 페트라 주석, 시편 강해

7장
하나님은 성경을 통해 하나님 자신과
하나님의 목적과 하나님의 길을 계시하십니다

우리는 성경을 통해서 하나님의 음성을 들어야 할 필요성에 대해서 살펴보았습니다. 그리고 그것을 위한 올바른 자세에 대해서도 살펴보았습니다. 그렇다면 성경을 통해서 하나님의 음성을 듣는다는 말은 무엇을 의미합니까?

저는 이 부분에 있어서 『하나님을 경험하는 삶』(요단출판사)의 저자인 헨리 블랙가비 목사가 잘 말하고 있다고 생각합니다. 그는 하나님을 경험하는 삶의 일곱 가지 실체를 제시하면서 그 중 네 번째에 이 부분에 대해 말했습니다. *"하나님은 자신과 그의 목적들과 그의 길들을 보여주기 위하여, 성령님에 의해 성경, 기도, 환경과 교회를 통해 말씀하십니다."*

같은 이해를 가지고, 저는 성경을 통해서 하나님의 음성을 듣는 것을 이렇게 표현합니다.

하나님은 성경을 통해서 하나님 자신과 하나님의 목적과 길을 계시하십니다. 그리고 우리가 성령의 조명으로 그것들을 깨닫게 되는 것이 하나님의 음성을 들은 것입니다.

1. 하나님은 오늘날 성령에 의해 말씀하십니다

헨리 블랙가비는 구약시대에는 하나님께서 주로 선지자를 통해서 말씀하셨고, 예수님 당시에는 예수님을 통해서 말씀하셨고, 오늘날은 성령을 통해서 말씀하신다고 설명합니다.

하나님께서는 구약시대에는 주로 선지자들을 통해서 말씀하셨습니다. 그리고 예수님께서 이 땅에 계실 동안에는 예수님이 하나님의 대변자였습니다. "¹옛적에 선지자들을 통하여 여러 부분과 여러 모양으로 우리 조상들에게 말씀하신 하나님이 ²이 모든 날 마지막에는 아들을 통하여 우리에게 말씀하셨으니 이 아들을 만유의 상속자로 세우시고 또 그로 말미암아 모든 세계를 지으셨느니라"(히 1:1-2).
"본래 하나님을 본 사람이 없으되 아버지 품 속에 있는 독생하신 하나님이 나타내셨느니라"(요 1:18).

그리고 예수님은 승천하시기 전부터 자신이 가시면 또 다른 보혜사(

성령)를 보내실 것이고, 그분이 오시면 제자들을 진리 가운데로 인도하실 것이라고 말씀하셨습니다. "16내가 아버지께 구하겠으니 그가 또 다른 보혜사를 너희에게 주사 영원토록 너희와 함께 있게 하시리니 17저는 진리의 영이라 세상은 능히 저를 받지 못하나니 이는 저를 보지도 못하고 알지도 못함이라 그러나 너희는 저를 아나니 저는 너희와 함께 거하심이요 또 너희 속에 계시겠음이라 18내가 너희를 고아와 같이 버려두지 아니하고 너희에게로 오리라"(요 14:16-18).

"보혜사 곧 아버지께서 내 이름으로 보내실 성령 그가 너희에게 모든 것을 가르치시고 내가 너희에게 말한 모든 것을 생각나게 하시리라"(요 14:26).

"내가 아버지께로부터 너희에게 보낼 보혜사 곧 아버지께로부터 나오시는 진리의 성령이 오실 때에 그가 나를 증언하실 것이요"(요 15:26).

"7그러나 내가 너희에게 실상을 말하노니 내가 떠나가는 것이 너희에게 유익이라 내가 떠나가지 아니하면 보혜사가 너희에게로 오시지 아니할 것이요 가면 내가 그를 너희에게로 보내리니 8그가 와서 죄에 대하여, 의에 대하여, 심판에 대하여 세상을 책망하시리라"(요 16:7-8).

"13그러나 진리의 성령이 오시면 그가 너희를 모든 진리 가운데로 인도하시리니 그가 스스로 말하지 않고 오직 들은 것을 말하며 장래 일을 너희에게 알리시리라 14그가 내 영광을 나타내리니 내 것을 가지고 너희에게 알리시겠음이라 15무릇 아버지께 있는 것은 다 내 것이라 그러므로 내가 말하기를 그가 내 것을 가지고 너희에게 알리리라 하였노라"(요 16:13-15).

예수님께서 십자가에 못 박혀 돌아가시고 부활하시고 승천하셔서

성령을 우리에게 보내주셨습니다. 그리고 오순절 이후로 성령은 예수님을 믿는 개개인의 성도와 교회 안에 거하시면서 교회를 인도하고, 지도하고, 교회를 통해서 역사하고 계십니다. 그래서 F. F. Bruce와 같은 학자도 신약시대를 성령의 시대라고 말하고 있습니다. 따라서 하나님은 오늘날 성령에 의해 우리에게 하나님의 뜻을 알리십니다.

2. 하나님은 하나님 자신과 하나님의 목적, 하나님의 길을 계시하십니다

하나님께서 우리에게 말씀하실 때, 무엇을 말씀하십니까? 저는 이 부분에 있어서 헨리 블랙가비 목사가 잘 요약하고 있다고 생각합니다. 그는 하나님께서 우리에게 보이시고 알리시는 것을 '하나님 자신과 하나님의 목적과 하나님의 길' 세 가지로 요약했습니다.

물론 하나님께서 성령에 의해 우리에게 보이시는 것이 그 외에도 많을 수 있습니다. 예를 들어, 성령은 우리를 위로하시는 분입니다. 예수님은 성령을 자주 보혜사라고 부르셨는데, 원어가 말하는 바를 보다 충분히 이해할 수 있도록 성경을 확대 해석한 Amplified 성경은 보혜사라는 단어를 이렇게 일곱 가지로 번역하고 있습니다. "Comforter(위로자), Counselor(상담자), Helper(돕는 분), Intercessor(중보자), Advocate(변호자), Strengthener(강하게 하시는 분), Standby(곁에 계신 분)." 그러나 저는 블랙가비 목사가 이렇게 하나님께서 알리시는 것을 세 가지로 요약한 것은 매우 잘한 것이라고 생각합니다. 예를 들어, 하나님께서 우리를 위로

하실 때에도 하나님 자신과 하나님의 목적과 하나님의 길을 우리에게 알리심으로써 우리를 위로하시기 때문입니다.

대표적인 한 가지 예로 우리는 출애굽기 3장에서 이 세 가지를 모세에게 계시하시는 하나님의 모습을 볼 수 있습니다. 출애굽기 3장은 하나님께서 시내산 가시나무 떨기 가운데 임하셔서 이스라엘 백성들의 출애굽을 위해 모세를 부르신 사건을 기록하고 있습니다.

하나님은 모세에게 하나님 자신을 계시하셨습니다.

하나님은 모세에게 하나님 자신을 계시하셨습니다. 하나님께서 모세에게 계시하신 하나님의 모습은 크게 두 가지였습니다. 아브라함과 이삭과 야곱의 하나님, 그리고 야훼 하나님. "[4]여호와께서 그가 보려고 돌이켜 오는 것을 보신지라 하나님이 떨기나무 가운데서 그를 불러 이르시되 모세야 모세야 하시매 그가 이르되 내가 여기 있나이다 [5]하나님이 이르시되 이리로 가까이 오지 말라 네가 선 곳은 거룩한 땅이니 네 발에서 신을 벗으라 [6]또 이르시되 나는 네 조상의 하나님이니 아브라함의 하나님, 이삭의 하나님, 야곱의 하나님이니라 모세가 하나님 뵈옵기를 두려워하여 얼굴을 가리매"(출 3:4-6).

"[13]모세가 하나님께 아뢰되 내가 이스라엘 자손에게 가서 이르기를 너희의 조상의 하나님이 나를 너희에게 보내셨다 하면 그들이 내게 묻기를 그의 이름이 무엇이냐 하리니 내가 무엇이라고 그들에게 말하리이까 [14]하나님이 모세에게 이르시되 나는 스스로 있는 자이니라 또 이르시되 너는 이스라엘 자손에게 이같이 이르기를 스스로 있는 자가 나를 너희에게 보내셨다 하라"(출 3:13-14).

하나님께서 모세에게 하나님 자신을 그렇게 계시하신 것은 모세에 대한 하나님의 부르심과 또 하나님께서 그를 통해서 하시려고 하는 일과도 관련이 있습니다.

우선 하나님은 모세에게 자신을 아브라함과 이삭과 야곱의 하나님으로 계시하셨습니다. 그것은 하나님께서 아브라함 때부터 말씀하신 하나님을 위한 한 백성을 세우시는 그 일을 하시려고 하시는 것을 보여줍니다. 하나님은 그 약속을 이제 성취하시려고 하시는 것입니다.

또 하나님은 모세에게 스스로 있는 분으로서의 자신을 계시하셨습니다. "나는 스스로 있는 자"에 대해 페트라 주석의 학자는 이렇게 주석을 달았습니다. "여기서 '아쉐르'(who)는 관계 대명사로서 '나는 존재한다'(I am)는 뜻인 '예흐웨' 성호를 결합시켜 자존성(自存性)을 강조한다. 즉 시작과 끝이 없으신, 언제나 존재하는 자존자(自存者)란 뜻으로 피조된 존재들과는 달리 능동적으로 영원 전부터 영원까지 스스로 계시는 분(I am who I am)이심을 강조한 표현이다(계 1:4, 8). 이는 절대 완전하고, 독립적이시며 우주 안의 모든 인과 법칙을 초월한, 모든 존재의 근거와 기반이 되시는 하나님의 본질과 속성을 그대로 반영한 말이다. 더욱이 이 말 속에는, 하나님은 존재에 있어서 변함없으시며 그 말씀하신 바를 온전히 성취하신다는 사실을 암시하고 있다. 특히 이 말이 언약과의 관계에서 쓰이면, 하나님은 이스라엘의 구속주로서(출6:6) 언약의 주체자가 되

사 그 언약하신 바를 변개치 않으시며 영원히 성취해 가시는 분임을 강조하는 말이다."[1] 하나님께서 모세에게 자신을 이렇게 계시하신 것은 위 주석 학자가 말한 것처럼 모세의 눈에 보이는 이 불가능한 일을 하나님은 절대적인 주권자 하나님으로서 그 일을 반드시 이루실 것을 보이신 것입니다.

그러한 관점에서 볼 때 하나님께서 모세를 보내시면서 그에게 주신 징표가 이해가 됩니다. "[11]모세가 하나님께 아뢰되 내가 누구이기에 바로에게 가며 이스라엘 자손을 애굽에서 인도하여 내리이까 [12]하나님이 이르시되 내가 반드시 너와 함께 있으리라 네가 그 백성을 애굽에서 인도하여 낸 후에 너희가 이 산에서 하나님을 섬기리니 이것이 내가 너를 보낸 증거니라"(출 3:11-12). 어떻게 보면 이 징표는 그 당시 모세에게 전혀 도움이 될 것 같지 않은 징표였습니다. 그 당시 그 엄청난 대국인 애굽을 향하여 아무런 세상적인 무기 없이 나가야 할 모세의 입장에서 한 번 생각해 보십시오. 하나님께서 주신 징표라는 것이 미래에 일어날 일인데, 그 일이 일어날 시점이면 모든 것이 이미 해결된 뒤가 아닙니까.

그러나 하나님께서 그 징표를 모세에게 주신 것은 그런 의미가 아닙니다. 하나님은 야훼 하나님이십니다. 그분은 영원 전부터 영원 끝까지 자존하신, 모든 것의 근원되시는 절대적인 주권자이십니다. 다시 말해서, 우리에게는 과거는 과거고 미래는 미래이지만, 하나님은 영원한 "I AM"으로써, 영원 전부터 영원 끝까지를 손 안에 현재적으로 가지고 계신 분입니다. 그래서 하나님께서 모세에게 주신 징표는 그 당시 모세에게는 미래였지만, 하나님은 그것은 현재적으로 자신의 손 안에 가지고 계셨습니다. 그래서 하나님은 그 징표를 통해 그 일이 반드시 이루어질 것을 말씀하고 계신 것입니다.

참고로, 신약성경에 보면 예수님이 바로 그 하나님의 본체이신 것을 알 수 있습니다. 하나님은 영원한 "I AM"이십니다. 그런데 예수님은 자신이 바로 그 "I AM"이라고 말씀하셨습니다. 특히 요한복음이 이 부분을 잘 보여주고 있습니다. 그 한 예가 요한복음 14:6입니다. "예수께서 이르시되 <u>내가 곧</u>(I AM) 길이요 진리요 생명이니 나로 말미암지 않고는 아버지께로 올 자가 없느니라."

하나님은 모세에게 하나님의 목적을 계시하셨습니다.

하나님은 그 당시 애굽 사람들의 압제에서 신음하는 이스라엘 백성들을 이끌어 내어 그들을 하나님의 언약의 백성으로 삼으시고, 가나안 땅에 들이려고 하시는 하나님의 목적을 모세에게 알리셨습니다. 즉 하나님은 아브라함과 이삭과 야곱에게 맹세하신 그 일을 이제 이루려고 하시는 하나님의 계획을 모세에게 알리셨습니다. "7여호와께서 이르시되 내가 애굽에 있는 내 백성의 고통을 분명히 보고 그들이 그들의 감독자로 말미암아 부르짖음을 듣고 그 근심을 알고 8내가 내려가서 그들을 애굽인의 손에서 건져내고 그들을 그 땅에서 인도하여 아름답고 광대한 땅, 젖과 꿀이 흐르는 땅 곧 가나안 족속, 헷 족속, 아모리 족속, 브리스 족속, 히위 족속, 여부스 족속의 지방에 데려가려 하노라 9이제 가라 이스라엘 자손의 부르짖음이 내게 달하고 애굽 사람이 그들을 괴롭히는 학대도 내가 보았으니 ¹⁰이제 내가 너를 바로에게 보내어 너에게 내 백성 이스라엘 자손을 애굽에서 인도하여 내게 하리라"(출 3:7-10).

하나님은 모세에게 하나님의 길을 계시하셨습니다.

하나님은 모세에게 하나님의 목적만 알리시고, 이제 그가 스스로 알아서 열심히 해보라고 하지 않으셨습니다. 하나님은 모세에게 하나님의 목적의 성취를 위한 구체적인 하나님의 길 혹은 하나님의 방법도 알리셨습니다. "¹⁶너는 가서 이스라엘의 장로들을 모으고 그들에게 이르기를 여호와 너희 조상의 하나님 곧 아브라함과 이삭과 야곱의 하나님이 내게 나타나 이르시되 내가 너희를 돌보아 너희가 애굽에서 당한 일을 확실히 보았노라 ¹⁷내가 말하였거니와 내가 너희를 애굽의 고난 중에서 인도하여 내어 젖과 꿀이 흐르는 땅 곧 가나안 족속, 헷 족속, 아모리 족속, 브리스 족속, 히위 족속, 여부스 족속의 땅으로 올라가게 하리라 하셨다 하면 ¹⁸그들이 네 말을 들으리니 너는 그들의 장로들과 함께 애굽 왕에게 이르기를 히브리 사람의 하나님 여호와께서 우리에게 임하셨은즉 우리가 우리 하나님 여호와께 제사를 드리려 하오니 사흘길쯤 광야로 가도록 허락하소서 하라 ¹⁹내가 아노니 강한 손으로 치기 전에는 애굽 왕이 너희가 가도록 허락하지 아니하다가 ²⁰내가 내 손을 들어 애굽 중에 여러 가지 이적으로 그 나라를 친 후에야 그가 너희를 보내리라"(출3:16-20).

하나님께서 세 가지를 보이신 목적

하나님께서 우리에게 보이신 것도 중요하지만, 그에 못지않게 중요한 것은 하나님께서 보이신 것에 대한 우리의 반응입니다. 그러므로 우리는 하나님께서 그러한 것들을 우리에게 보이신 목적을 잘 알아야 합니다.

저는 이 점에 있어서도 헨리 블랙가비 목사가 잘 설명하고 있다고 생각합니다.

우선 헨리 블랙가비 목사는 하나님께서 우리에게 하나님 자신을 보이시는 목적을 크게 두 가지로 요약하고 있습니다. 그 두 가지는 다음과 같습니다.
1) 우리를 하나님과의 더욱 깊은 친밀한 교제로 이끌기 위해서.
2) 우리들이 하나님을 믿을 수 있도록.

물론 하나님께서 우리에게 하나님 자신을 알리시는 목적은 그 두 가지만이 아닐 것입니다. 우리는 하나님을 아는 만큼, 그분을 예배할 수 있습니다. 우리가 하나님을 아는 만큼 우리의 삶이 주님을 닮아 변화됩니다. 우리가 하나님을 아는 만큼 그분께 순종할 수 있습니다. 우리가 하나님을 아는 만큼 영적 전쟁에서 승리할 수 있습니다. 그 외에도 그 리스트는 한없이 있을 것입니다. 그러나 블랙가비 목사가 제시한 두 가지는 매우 중요한 목적들입니다.

헨리 블랙가비 목사는 하나님께서 우리에게 하나님의 목적을 보이시는 것 그 자체를 그 일에 동참하라는 하나님의 초청으로 이해합니다. 다시 말해서, 하나님은 우리에게 하나님의 목적을 보이시고, 또 별도로 그 일에 동참하도록 우리를 초청하시는 것이 아니라, 하나님께서 성령에 의해 우리에게 하나님의 목적을 보이신 자체가 곧 그 일에 동참하도록 우리를 초청하시는 것이라는 말입니다.

하나님께서 우리에게 하나님의 길을 보이신 목적은 당연히 우리로 하여금 그 길로 행하라는 것입니다. 그리고 우리가 그 일에 순종할 때 우리는 하나님을 경험할 것입니다.

3. 하나님께서 말씀하시는 가장 주된 통로는 성경입니다

우선 하나님은 다양한 통로를 통해서 말씀하십니다. 헨리 블랙가비 목사만 하더라도 하나님께서 말씀하시는 통로를 말씀, 기도, 환경, 교회 등 크게 네 가지로 요약하고 있습니다. 그러나 그 중에서도 하나님께서 말씀하시는 가장 주된 통로는 성경입니다. 그리고 다른 통로를 통해서 들은 '음성'도 결국 성경을 통해서 분별되어야 합니다.

사도 바울의 예를 보아도 우리는 이 점을 잘 볼 수 있습니다. 어떤 때는 예수님께서 그에게 직접 나타나셔서 그의 소명과 관련하여 말씀하셨습니다. "[13]왕이여 정오나 되어 길에서 보니 하늘로부터 해보다 더 밝은 빛이 나와 내 동행들을 둘러 비추는지라 [14]우리가 다 땅에 엎드러지매 내가 소리를 들으니 히브리 말로 이르되 사울아 사울아 네가 어찌하여 나를 박해하느냐 가시채를 뒷발질하기가 네게 고생이니라 [15]내가 대답하되 주여 누구시니이까 주께서 이르시되 나는 네가 박해하는 예수라 [16]일어나 너의 발로 서라 내가 네게 나타난 것은 곧 네가 나를 본 일과 장차 내가 네게 나타날 일에 너로 종과 증인을 삼으려 함이니 ¹⁷이스라엘과 이방인들에게서 내가 너를 구원하여 그들에게 보내어 ¹⁸그 눈을 뜨게 하여 어둠에서 빛으로, 사탄의 권세에서 하나님께로 돌아오게 하고 죄 사함과 나를 믿어 거룩하게 된 무리 가운데서 기업을 얻게 하리라 하더이다"(행 26:13-18).

때로는 하나님께서 다른 사람을 통해서, 다시 말하면 교회를 통해서 그에게 말씀하셨습니다. 그래서 아나니아를 통해서 그의 소명에 관해 확인해 주셨습니다. "¹⁰그 때에 다메섹에 아나니아라 하는 제자가 있더니 주께서 환상 중에 불러 이르시되 아나니아야 하시거늘 대답하되 주여 내가 여기 있나이다 하니 ¹¹주께서 이르시되 일어나 직가라 하는 거리로 가서 유다의 집에서 다소 사람 사울이라 하는 사람을 찾으라 그가 기도하는 중이니라 ¹²그가 아나니아라 하는 사람이 들어와서 자기에게 안수하여 다시 보게 하는 것을 보았느니라 하시거늘 ¹³아나니아가 대답하되 주여 이 사람에 대하여 내가 여러 사람에게 듣사온즉 그가 예루살렘에서 주의 성도들에게 적지 않은 해를 끼쳤다 하더니 ¹⁴여기서도 주의 이름을 부르는 모든 사람을 결박할 권한을 대제사장들에게서 받았나이다 하거늘 ¹⁵주께서 이르시되 가라 이 사람은 내 이름을 이방인과 임금들과 이스라엘 자손들에게 전하기 위하여 택한 나의 그릇이라 ¹⁶그가 내 이름을 위하여 얼마나 고난을 받아야 할 것을 내가 그에게 보이리라 하시니 ¹⁷아나니아가 떠나 그 집에 들어가서 그에게 안수하여 이르되 형제 사울아 주 곧 네가 오는 길에서 나타나셨던 예수께서 나를 보내어 너로 다시 보게 하시고 성령으로 충만하게 하신다 하니 ¹⁸즉시 사울의 눈에서 비늘 같은 것이 벗어져 다시 보게 된지라 일어나 세례를 받고"(행 9:10-18). 물론 성경에는 아나니아가 주님께서 바울에 대해 주신 말씀을 바울에게 전했다는 구체적인 말은 없습니다. 그러나 저는 성경의 내용을 볼 때, 그 부분을 당연하게 받아들일 수 있다고 생각합니다.

때로는 하나님께서 그에게 환상을 통해서도 말씀하셨습니다. "⁹밤에 환상이 바울에게 보이니 마게도냐 사람 하나가 서서 그에게 청하여 이르되 마게도냐로 건너와서 우리를 도우라 하거늘 ¹⁰바울이 그 환상을 보았을 때 우리가 곧 마게도냐로 떠나기를 힘쓰니 이는 하나님이 저 사람들에게 복음을 전하라고 우리를 부르신 줄로 인정함이러라"(행 16:9-10).

때로는 하나님께서 그에게 성령의 감동을 통해서 말씀하셨습니다. "⁶성령이 아시아에서 말씀을 전하지 못하게 하시거늘 그들이 브루기아와 갈라디아 땅으로 다녀가 ⁷무시아 앞에 이르러 비두니아로 가고자 애쓰되 예수의 영이 허락하지 아니하시는지라"(행 16:6-7).
"²²보라 이제 나는 성령에 매여 예루살렘으로 가는데 거기서 무슨 일을 당할는지 알지 못하노라 ²³오직 성령이 각 성에서 내게 증언하여 결박과 환난이 나를 기다린다 하시나 ²⁴내가 달려갈 길과 주 예수께 받은 사명 곧 하나님의 은혜의 복음을 증언하는 일을 마치려 함에는 나의 생명조차 조금도 귀한 것으로 여기지 아니하노라"(행 20:22-24).

그리고 당연히 하나님은 성경을 통해서 사도 바울에게 말씀하셨습니다. "주께서 이같이 우리에게 명하시되 내가 너를 이방의 빛으로 삼아 너로 땅 끝까지 구원하게 하리라 하셨느니라 하니"(행 13:47). 이 말은 사도 바울이 비시디아 안디옥에서 유대인들이 그를 방해하자 그들에게 먼저 복음을 전하는 것이 마땅하지만, 그들이 영생을 얻는 것을 거절하기 때문에 이방인에게로 향한다고 말하면서 한 말입니다. 그리고 그가 주님께서 그들에게 이같이 명하셨다고 한 말은 이사야 49:6을 인용한 말입니다. 이것을 보면 하나님께서 성경을 통해서 바울에게 말씀하신 것을 알 수 있습니다. 그래서 우리는 여기서 사도 바울이 이방인의 사도로서의 그의 소명을 발견함에 있어 예수님으로부터 직접 듣기도 했고, 아나니아를 통해서 듣기도 했지만, 성경을 통해서 그것을 더욱 분명하게 알게 되었던 것을 볼 수 있습니다.

이처럼 하나님은 다양한 통로를 통해서 우리에게 말씀하십니다. 다시 말해서 하나님 자신과 하나님의 목적과 하나님의 길을 보이십니다. 그런데 하나님께서 우리에게 말씀하시는 가장 주된 통로는 성경입니다. 다시 말해서, 하나님께서 우리에게 하나님 자신과 하나님의 목적과 길을 보이시는 가장 주된 통로는 성경입니다. 그리고 성경은 하나님의 말씀으로써 다른 모든 통로를 통해 우리가 들은 '하나님의 음성'을 시험하고 분별하는 기준이기도 합니다.

성경과 하나님의 음성

하나님께서 오늘날 다양한 통로를 통해서 말씀하신다고 말하면 어떤 사람들은 오늘날은 그 모든 것들이 끝났다고 주장합니다. 그래서 그 부분을 여기서 잠시 살펴보는 것이 필요할 것 같습니다.

당연히 하나님의 계시로서의 성경은 완성되었습니다. 우리가 정경이라고 부르는 성경 66권외에 어떠한 추가적인 하나님에 대한 계시나 하나님의 도덕적 명령은 더 이상 주어지지 않습니다. 만약 어떤 사람이 오늘날도 그것들이 주어진다고 말한다면, 그 사람은 잘못된 것입니다. 그 사람은 이단입니다. 그래서 하나님께서 오늘날 다양한 통로를 통해서 우리에게 말씀하신다는 말은 그러한 추가적인 계시가 오늘날도 우리에게 주어진다는 말이 아닙니다. 그 말은 우리를 향한 하나님의 개인적인 인도를 말합니다.

사도 바울의 경우에도 하나님께서 그에게 말씀하셨을 때, 어떤 내용들은 모든 시대의 모든 사람들에게 적용되는 하나님의 말씀으로서의 계시였습니다. "[11]형제들아 내가 너희에게 알게 하노니 내가 전한 복음은 사람의 뜻을 따라 된 것이 아니니라 [12]이는 내가 사람에게서 받은 것도 아니요 배운 것도 아니요 오직 예수 그리스도의 계시로 말미암은 것이라"(갈 1:11-12). 사도 바울은 그 복음에 대해서 이렇게 말합니다. "[6]그리스도의 은혜로 너희를 부르신 이를 이같이 속히 떠나 다른 복음을 따르는 것을 내가 이상하게 여기노라 [7]다른 복음은 없나니 다만 어떤 사람들이 너희를 교란하여 그리스도의 복음을 변하게 하려 함이라 [8]그러나 우리나 혹은 하늘로부터 온 천사라도 우리가 너희에게 전한 복음 외에 다른 복음을 전하면 저주를 받을지어다 [9]우리가 전에 말하였거니와 내가 지금 다시 말하노니 만일 누구든지 너희가 받은 것 외에 다른 복음을 전하면 저주를 받을지어다"(갈 1:6-9). 이러한 종류의 계시는, 다시 말하면 이러한 종류의 하나님의 음성은 오늘날 더 이상 주어지지 않습니다. 그것은 성경의 완성과 아울러 끝이 났습니다.

그런데 사도 바울의 경우에도 그를 향한 하나님의 음성이 모든 시대의 모든 사람들에게 적용되는 그리스도의 복음, 다시 말해서 소위 그리스도의 비밀에 관한 것이 아니었습니다. 쉽게 말하면 성경을 쓰기 위한 것이 아니었습니다. 위에 나오는 많은 사도 바울의 예들은 모두 그에 대한 하나님의 개인적인 인도와 관련된 것이었습니다. 그래서 하나님께서 오늘날 다양한 통로를 통해서 우리에게 말씀하신다는 말은 바로 이 부분을 말합니다.

만약 성경의 완성과 아울러 이 부분까지 끝났다고 주장한다면 그것은 다음과 같은 몇 가지 매우 심각한 결론을 가져옵니다. 첫째, 예수님은 말할 것도 없고, 성경에 나오는, 하나님과 동행했던 어느 누구의 삶도 오늘날 우리의 본보기가 될 수 없습니다. 그들 모두는 하나님과의 개인적인 친밀한 교제 가운데서 다양한 방법의 하나님의 음성을 통한 개인적인 인도를 받으며 살았기 때문입니다. 둘째, 오늘날 우리의 신앙을 위한 하나님의 기준이 없어집니다. 성경은 하나님의 말씀으로써 우리의 신앙 전반, 즉 우리의 신학과 삶과 사역을 위한 하나님의 기준입니다. 그래서 우리는 성경을 통해서 우리가 어떻게 신앙생활 해야 하는가를 배웁니다. 그런데 성경이 완성된 오늘날은 성경에 나와 있는 하나님의 개인적인 인도와 같은 일들이 전혀 일어나지 않는다면, 성경이 완성된 이후 오늘날 우리들을 위한 하나님의 기준은 어디에도 없습니다. 오늘날 우리가 어떻게 신앙생활 해야 하는지를 우리는 아무데서도 알 수 없게 됩니다. 성경에 나오는 모든 일들이 성경이 완성되기 전의 일들이기 때문입니다. 이것은 참으로 심각한 일입니다. 셋째, 우리의 신앙이 자칫 바리새인들의 신앙으로 전락할 수 있습니다. 바리새인들은 성경적인 지식에서 타의 추종을 불허할 만큼 뛰어났습니다. 예수님께서 자기 제자들에게 그들의 모든 가르침을 지키라고 말씀하실 만큼, 그들은 교리적으로 별 문제가 없었습니다(마 23:2-3). 그들은 나름대로 그들이 아는 율법적인 규정들을 누구보다 잘 지켰습니다. 그들이 가지고 있었던 신앙관은 하나님의 말씀인 성경을 잘 연구해서, 자기들의 노력을 다해 그것들을 지키는 것이었습니다. 그러나 그들은 하나님을 개인적으로 전혀 알지 못했습니다. 다시 말해서 그들은 하나님과의 어떠한 개인적인 교제도 가지고 있지 않았습니다(요 5:37-38). 거기에는 하나님의 음성을 듣지 못한 것이 포함되어 있었습니다. 사실, 그들이 예수님께 나오지 않은 가장 주된 이유는 그들이 하나님을 알지 못했기 때문이었습니다. 또한 그들은 그 시대를 향한 하나님의 목적을, 다시 말해서 계획과 의도를 전혀 알지 못했습니다. 그래서 누구보다 예수님을 환영하고 영접해야 할 그들이 오히려 앞장서서 예수님을 대적하고 핍박했습니다(요 1:11, 마 23:29-34, 요 16:1-3). 그리고 그들은 하나님의 길을 전혀 알지 못했습니다. 그들은 표면적인 규례와 규칙들을 잘 지켰을지 모르지만, 하나님의 길을 전혀 몰랐기 때문에, 그들의 삶은 전혀 하나님 중심적이 아니었습니다(마 23장 참조). 성경에서 말하는 우리의 신앙생활은 무엇보다 인격체이신 하나님과의 친밀한 교제입니다. 그리고 앞서 가시는 하나님의 인도를 따라 순종하는 것입니다. 구약의 모든 하나님의 귀한 사람들이 다 그렇게 살았고, 신약의 모든 하나님의 귀한 사람들이 다 그렇게 살았습니다. 그리고 특히 신약시대는 성령의 시대입니다. 그런데 오늘날 우리의 신앙생활에서 하나님께서 성경 시대의 하나님의 사람들에게 하셨던 것과 같은 하나님의 인도를 제외시켜 버린다면, 남는 것은 바리새인들과 같은 신앙에 불과할 것입니다. 이것 또한 참으로 심각한 것입니다. 넷째, 하나님의 개인적인 인도 없이, 성경에 말하는 신앙생활이 불가능합니다. 예를 들어, 복음사역자는 하나님의 부르심을 받아야 한다고 성경은 말합니다(롬 10:14-15). 저는 고등학교 3학년 때 주님께로부터 복음사역자로 분명하게 부름을 받았습니다. 저는 그 날의 경험을 지금도 생생하게 말할 수 있습니다. 그런데 성경 어디에도 우리의 이름이 나오지 않습니다. 하나님의 개인적인 인도 없이 성경 연구만 가지고 우리가 부름을 받는 것은 불가능합니다. 또한 우리의 삶에서 하나님의 뜻을 따라 사는 것이 불가능합니다. 성경에 나오는 것과 같은 하나님의 개인적인 인도가 오늘날 끝났다면, 우리가 주어진 상황에서 그 일이 하나님의 말씀에 어긋나지 않는 한, 우리의 최선을 다해 내린 판단대로 살아가면 그것이 하나님의 뜻이라는 결론이 나옵니다. 그런데 그것은 정말 위험한 말입니다. 그것은 성경이 말하는 것과 정반대입니다. 성경은 하나님의 뜻과 우리의 뜻이 하늘과 땅처럼 다르다고 말합니다. "⁸이는 내 생각이 너희의 생각과 다르며 내 길은 너희의 길과 다름이니라 여호와의 말씀이니라 ⁹이는 하늘이 땅보다 높음 같이 내 길은 너희의 길보다 높으며 내 생각은 너희의 생각보다 높음이니라"(사 55:8-9). 그리고 성경은 하나님께서 우리를 위하여 예비하신 것은 우리의 지혜로는 알 수 없고 오직 성령을 통해서만 알 수 있다고 말합니다. "⁹기록된 바 하나님이 자기를 사랑하는 자들을 위하여 예비하신 모든 것은 눈으로 보지 못하고 귀로 듣지 못하고 사람의 마음으로 생각하지도 못하였다 함과 같으니라

¹⁰오직 하나님이 성령으로 이것을 우리에게 보이셨으니 성령은 모든 것 곧 하나님의 깊은 것까지도 통달하시느니라"(고전 2:9-10). 사실 우리 삶의 현장에서 내려야 할 결정은 하나님의 말씀에 비추어서 틀린 것과 옳은 것 중 하나를 선택해야 하는 경우보다 둘 다 옳은데 어떤 것을 선택해야 할지를 선택해야 할 경우가 훨씬 많습니다. 그런데 이때 그저 우리의 최선대로 결정하면 그것이 하나님의 뜻이 된다는 말은 참으로 성경적이지 않은 말입니다. 그래서 헨리 블랙가비 목사도 그의 책 『하나님의 음성에 응답하는 삶』에서 다음과 같이 말합니다. *"바로 하나님의 최선(best) 대신 선(good)을 택하는 일이다. 죄란 '과녁을 빗나간 것'으로 정의할 수 있다. 죄는 하나님의 의도를 빗나가는 것이다. 종종 그리스도인들은 선한 일들에 치여 과녁을 놓칠 수 있다.*"² 다섯 째, 성경적인 사역이 불가능합니다. 성경이 말하는 우리의 사역은 그저 우리가 최선을 다해 하나님을 위해 성경에 나오는 일들을 열심히 하는 것이 아닙니다. 성경에 나오는 사람들은 모두 그렇게 하지 않았습니다. 그들은 모두 하나님과의 친밀한 교제 가운데서, 하나님께서 앞서 가시면서 하나님의 목적과 길을 그들에게 보이시면 그 일에 온 삶으로 동참했습니다. 그러면 하나님께서 그들을 통해 하나님의 능력으로 하나님의 일을 성취시키셨습니다. 그것이 성경이 말하는 우리의 사역입니다. 그래서 성경에 나오는 것과 같은 하나님의 인도 없이 성경적인 사역이 가능하지 않습니다.

이처럼 성경에 나오는 것과 같은 하나님의 인도는 우리의 신앙생활에서 핵심적인 부분입니다. 그래서 오늘날도 성령의 역사를 적극적으로 환영하고 사모하는 학자들 뿐 아니라, 심지어 은사중지론자인 개핀 박사도 하나님의 개인적인 인도를 인정합니다. 예언, 방언 등 기적의 은사가 오늘날에도 존재하는가에 대해 각 입장을 '대변'하는 네 학자들이 참여하여 벌인 열띤 토론을 책으로 펴낸 『기적의 은사는 오늘날에도 있는가』라는 책에서, 그 책의 편집자인 웨인 그루뎀 박사는 네 학자가 모두 동의한 내용을 다음과 같이 말하고 있습니다. *"하나님과의 인격적 관계를 경험하는 일의 중요성. 이 책의 모든 필자들은 매일의 신앙생활에 있어 참되고 핵심적이며 인격적이며 관계적인 삶의 상황 속에서 성경 말씀을 통해 우리의 마음과 우리의 생각에 함께 들려오는 하나님의 음성을 듣는 일을 포함하는 체험의 중요성에 대한 확신을 공유했다."*[3] 그리고 그는 이어서 이렇게 말합니다. *"계시: 하나님은 자신의 주권 안에서 1) 때때로 그 순간의 필요를 충족시키는 구체적인 성경 말씀을 떠오르게 하실 뿐만 아니라 2) 우리에게 갑작스런 통찰력을 주셔서 특정한 상황에 말씀을 적용하게 하심으로써, 3) 우리의 느낌과 감정에 영향을 주심으로써, 그리고 4) 우리에게 일상적인 수단을 통해서는 얻지 못했던 실제적인 상황에 대한 구체적인 정보를 주심으로써 구체적인 것들을 우리 마음속에 떠오르게 하실 수 있다. 이 구체적인 요점에 대해서는 네 필자 사이에 최소한의 의견 일치가 있었다."*[4]

어떤 사람은 "하나님께서 오늘날도 인도하신다. 그런데 오늘날은 하나님께서 성경을 통해서 성령의 조명으로만 인도하신다."라고 주장할 수 있습니다. 그러나 그 말은 전혀 성경적이 아닙니다. 성경 어디에도 그렇게 기록되어 있지 않기 때문입니다. 그리고 더 나아가 그 말은 하나님의 인도를 임의대로 선별적으로 취한 것일 뿐 아니라, 하나님의 인도를 제한시키는 것입니다. 다시 말하지만, 우리의 기준은 성경입니다. 그리고 성경은 하나님께서 하나님의 백성들을 다양한 방법으로 인도하신다는 것을 우리에게 말하고 있습니다.

반면에 하나님의 기준으로서의 성경, 즉 정경은 완성되었습니다. 우리의 기준인 성경이 하나님께서 오늘날도 우리에게 다양한 방법으로 말씀하신 것을 말하고 있습니다. 그러므로 우리는 오늘날 성경이 말하는 것과 같은 방법으로 하나님의 인도를 따라 살아갑니다. 그러나 모든 인류를 향한 하나님의 뜻을 담고 있는 하나님의 말씀은 완성되었습니다. 그리고 그것이 우리 신앙의 모든 면에서 기준입니다. 그러므로 우리는 소위 우리가 들은 모든 하나님의 음성을 하나님의 말씀인 성경에 비추어 분별해 보아야 합니다. 그래서 그것이 하나님의 말씀에 합한 것이면 받아들이고, 하나님의 말씀에 합한 것이 아니면 버려야 합니다.[5] 오늘날 우리가 들은 하나님의 음성은 모든 사람들에게 적용되는 진리로서의 하나님의 계시를 말하는 것이 아니고, 우리 개인이나 교회를 향한 하나님의 인도를 말합니다.

4. 하나님께서 성령님으로 깨닫게 하신 것이 하나님께서 말씀하신 것입니다

하나님께서 말씀하시는 가장 주된 통로가 성경이라고 했는데, 그 말은 무슨 뜻입니까? 그 말은 성경을 통해서 하나님께서 우리에게 하나님 자신과 하나님의 목적과 하나님의 길을 알리신다는 것을 말합니다. 그렇다면 하나님의 음성을 듣는다는 말은 무슨 말입니까? 성령에 의해 하나님과 하나님의 목적과 하나님의 길에 대해 깨닫게 되는 것을 말합니다.

우리는 앞에서 시편 119편 기자의 자세를 살펴보면서 이 부분을 살펴보았습니다. 우리는 에베소서 1:17에서 이 부분을 잘 볼 수 있습니다. "17우리 주 예수 그리스도의 하나님, 영광의 아버지께서 지혜와 계시의 영을 너희에게 주사 하나님을 알게 하시고 18너희 마음의 눈을 밝히사 그의 부르심의 소망이 무엇이며 성도 안에서 그 기업의 영광의 풍성함이 무엇이며 19그의 힘의 위력으로 역사하심을 따라 믿는 우리에게 베푸신 능력의 지극히 크심이 어떠한 것을 너희로 알게 하시기를 구하노라"(엡 1:17-19).

그래서 헨리 블랙가비 목사도 성령께서 깨닫게 하신 것이 곧 하나님과의 만남, 즉 하나님께서 말씀하신 것이라고 말하면서, 이 부분을 이렇게 말합니다. "하나님이 구약에서 모세나 다른 사람들에게 말씀하셨을 때 그것은 하나님과의 만남이었습니다. 예수님을 만나는 것이 제자들에게는 하나님을 만나는 것이었습니다. 마찬가지로 당신이 성령님을 만나는 것은 바로 하나님을 만나는 것입니다."

"성령님은 당신을 진리로 인도하고 모든 것을 당신에게 가르치시는 분입니다. 성령님이 당신의 인생에서 일하고 계시기 때문에 당신은 영적인 진리를 이해하는 것입니다. 하나님의 영이 가르쳐주지 않으면 당신은 하나님의 말씀을 이해할 수 없습니다. 당신이 하나님의 말씀 앞에 오면

그것을 쓰신 저자 자신이 오셔서 당신을 가르치십니다. 진리는 발견되는 것이 아닙니다. 진리는 계시되는 것입니다. 성령님이 당신에게 진리를 계시하실 때, 그가 당신을 하나님과의 만남으로 인도하는 것이 아니라, 바로 하나님을 만난 것입니다."[6]

---

1) 페트라 주석, 출애굽기 강해.
2) 헨리 블랙가비, 『하나님의 음성에 응답하는 삶』(두란노), 266쪽.
3) 『기적의 은사는 오늘날에도 있는가』(부흥과 개혁사), 455쪽.
4) 같은 책, 456-457쪽.
5) 저의 책 『하나님의 음성을 듣는 것』(도서출판 새물결), 헨리 블랙가비 목사의 『하나님의 음성에 응답하는 삶』(두란노), 달라스 윌라드 박사의 『하나님의 음성』(IVP) 등을 참조하십시오.
6) 헨리 블랙가비, 『하나님을 경험하는 삶』(요단출판사), 131쪽.

2 단원

성경을 통해서
하나님의 음성을
듣는 방법

성경을 통해서 하나님의 음성을 듣는 법

1. 하나님과의 만남의 시간이 필수입니다

   1) 우선적으로(눅 5:15-16).
   2) 정기적으로(눅 22:39).
   3) 한적한 곳에서(눅 5:15-16, 막 1:35).
   4) 충분한 시간을(눅 6:12-13).
   ※ 자신의 '회막'을 만들라(출 33:7-11).

2. 성경을 자세히 읽어야 합니다

   1) 각 단어를 주의 깊게 관찰하며 읽어야 합니다.
   2) 구와 절을 주의 깊게 관찰하며 읽어야 합니다.
   3) 문맥을 잘 파악해야 합니다.
   4) 당시의 정황을 생각하며 읽습니다.

3. 묵상이 필수입니다

   1) 묵상의 중요성
   2) 어떤 구절을 읽을 것인가?
        A. 차례대로 읽으라.
            ⓐ 신약부터 읽으라.
            ⓑ 초신자는 요한복음부터 읽으라.
            ⓒ 성경 읽기표를 따라 읽는 것도 좋다.
        B. 하나님께서 인도하시는 책을 읽으라. 이 부분은 오히려 예외적이다.
   3) 어떤 구절을 묵상할 것인가?
        A. 하나님께서 때로는 어떤 부분에 관심을 집중하게 하신다.
        B. 하나님께서 때로는 어떤 부분을 넘어가지 못하게 하신다.
        C. 하나님께서 때로는 어떤 부분이 자꾸 거스르게 하신다.
        D. 하나님께서 때로는 어떤 부분에 무언가 소중한 것이 있음을 보이신다.

E. 하나님께서 때로는 어떤 구절이 깊이 와 닿게 하신다.

F. 하나님께서 때로는 어떤 주제에 대해서 깊은 관심을 갖게 하신다.

G. 하나님께서 때로는 구체적인 구절을 주시거나 읽도록 감동하신다.

4) 묵상을 위해서는 같은 구절을 여러 번 읽는 것도 중요하다.

    A. 전체적인 윤곽을 알기 위해

    B. 그 구절을 자세히 살피기 위해

    C. 하나님께서 보이신 것들을 정리하기 위해

5) 관련 구절들을 살펴본다.

    A. 관주 성경

    B. 주제별 성경

6) 필요에 따라 주석도 참조한다.

4. 하나님의 음성을 들어야 합니다

※ 그 구절에 대한 사전 지식과 선입견을 내려놓는 것이 중요하다.

1) 깨닫게 하신 것이 하나님께서 말씀하신 것이다.

    A. 성령으로 하지 않고는 우리가 하나님의 진리를 깨달을 수 없다.
       성령은 진리의 영으로서 우리를 진리 가운데로 인도하신다.
       (요 14:16-17, 26, 15:26, 16:13)

    B. 깨달은 것이 곧 하나님과의 만남이다.

    C. 깨닫는다는 말의 중요성

2) 하나님께서 말씀하신 것을 '그냥' 안다.

3) 하나님의 음성을 구체적으로 들어야 한다.

    A. 하나님께서 말씀하시는 바가 무엇인지 알아야 한다.

    B. 그 반응으로 우리가 어떻게 하기 원하시는지 알아야 한다.

    C. 기도로 나아가라.

5. 묵상 노트에 기록하십시오

1) 기록의 중요성
   A. 기록하지 않으면 잊어버린다.
   B. 하나님께서 말씀하신 것을 상기할 수 있다.
   C. 하나님의 행하심을 볼 수 있다.
   D. 영적으로 늘 깨어 있을 수 있다.

2) 무엇을 기록할 것인가?
   A. 날짜
   B. 묵상한 성경구절
   C. 하나님께서 말씀하신 것이 무엇인가?
       ⓐ 하나님 자신에 관해서
       ⓑ 하나님의 목적에 관해서
       ⓒ 하나님의 길(방법)에 관해서
   D. 그에 대한 반응으로 하나님은 내가 무엇을 하기를 원하시는가?
   E. 그것을 위한 나의 기도
   F. 그것을 위해 내 삶에서 필요한 조정
   G. 하나님께서 말씀하신 바를 순종한 날짜와 내용
   H. 하나님께서 이루신 일과 날짜

6. 조정과 순종

1) 조정과 순종의 차이
2) 조정
   A. 조정은 하나님께 동의하는 것을 포함한다.
   B. 하나님께서 말씀하신 그때가 바로 삶을 조정할 때다.
3) 순종

7. 중보기도와 하나님의 행하심을 주시하여 보는 것

1) 중보기도
2) 하나님의 행하심을 주시하여 보는 것

8장
하나님과의 만남의 시간이 필수입니다

하나님과 친밀하게 동행하는 삶을 위해 가장 중요한 요소 중 하나는 하나님과의 만남의 시간입니다. 이 시간이 없이 우리는 하나님과 동행하는 삶을 살 수 없습니다. 성경을 통해서 하나님의 음성을 듣기 위해서도 마찬가지입니다.

하나님과의 만남의 시간과 관련하여 우리는 우리 삶의 모델이신 예수님에게서 네 가지 요소를 배울 수 있습니다. 특히 우리는 이것들을 예수님의 기도 생활을 강조하고 있는 누가복음에서 잘 볼 수 있습니다.

1. 우선적으로

예수님은 기도생활에 있어서도 우리의 좋은 모델이십니다. 예수님은 늘 하나님과의 친밀한 교제를 나누는 시간을 가지셨습니다. 제자들이 그것을 보고 자기들에게 기도를 가르쳐달라고 요청했을 때 예수님은 그들에게 기도를 가르쳐주시기도 하셨습니다. "예수께서 한 곳에서 기도하시고 마치시매 제자 중 하나가 여짜오되 주여 요한이 자기 제자들에게 기도를 가르친 것과 같이 우리에게도 가르쳐 주옵소서"(눅 11:1).

예수님의 기도생활에서 중요한 한 가지 요소는 예수님은 하나님과의 친밀한 교제의 시간을 우선적으로 가지셨다는 사실입니다. "15예수의 소문이 더욱 퍼지매 수많은 무리가 말씀도 듣고 자기 병도 고침을 받고자 하여 모여 오되 16예수는 물러가사 한적한 곳에서 기도하시니라"(눅 5:15-16). 예수님에 대한 소문이 점점 퍼지면서 사방에서 수많은 무리들이 예수님께 몰려 왔습니다. 그들이 예수님께 나온 것은 하나님의 말씀도 듣고 치유도 받기 위해서였습니다. 이 두 가지는 예수님께서 공생애 기간 동안 감당하신 사역의 두 가지 핵심이었습니다. 다시 말해서, 그들은 예수님께 나오되 무슨 돈을 구걸하려고 나온 것이 아니고, 예수님이 감당하신 사역의 핵심을 경험하러 왔다는 것입니다. 그런데 예수님은 그들을 떠나 한적한 곳으로 가셔서 기도하셨습니다. 오늘날로 치면 전국에서 집회에 참석하려고 사람들이 몰려 왔는데, 강사가 기도원에 가버린 것과 같습니다. 특히 영어 NIV 성경에 보면 16절에 'often'이라는 단어가 추가되어 있어서, 이런 일이 한 번이 아니고 빈번하게 있었던 것을 알 수 있습니다. 그만큼 예수님은 하나님과의 친밀한 교제를 우선적으로 여기셨습니다.

우리도 하나님과의 친밀한 교제의 시간을 우선적으로 가져야 합니다. 그 시간을 우선적으로 가지지 않으면, 그 시간을 가질 수 없습니다. 오늘날 대부분의 성도들은 하나님과의 친밀한 교제를 위한 시간의 필요성과 중요성을 인정합니다. 그러나 많은 성도들은 우선적으로 그 시간을 내지 않습니다. 남은 시간을 내어서 하나님 앞에 서려고 합니다. 그것은 그들 삶의 우선순위에서 하나님이 한참 뒤쪽에 있다는 것을 의미할 뿐 아니라, 그렇기 때문에 그들은 하나님 앞에 서지 못합니다.

우리는 앞에서 시편 27:4에 나오는 다윗의 삶을 살펴보았습니다. 그는 하나님의 임재 가운데 머물면서 그곳에서 하나님의 아름다움을 바라보고 하나님의 뜻을 묻고 기다리는 것을 그의 평생 동안 그가 추구하는 단 하나의 유일한 목표요 열망으로 삼았습니다. 그렇기 때문에 그는 하나님의 친밀한 교제의 시간을 우선적으로 가졌을 것입니다.

2. 정기적으로

예수님은 하나님과의 친밀한 교제의 시간을 우선적으로 가지셨을 뿐 아니라, 정기적으로 가지셨습니다. "예수께서 나가사 습관을 따라 감람산에 가시매 제자들도 따라갔더니"(눅 22:39). **예수님은 습관을 좇아 기도하셨습니다.** 다시 말해서, 예수님의 삶에서는 기도가 삶의 한 습관이었습니다. 그만큼 예수님은 정기적으로 기도하셨습니다.

특히 위 구절이 예루살렘에서 있었던 일을 기록하고 있다는 점에서 예수님의 기도와 관련해서 시사하는 바가 큽니다. 우리가 잘 아는 바와 같이 예수님의 공생애 사역은 주로 갈릴리 지역에서 행해졌습니다. 공관복음에 의하면 예수님은 마지막 일 주일 동안만 예루살렘에서 사역하셨습니다. 물론 요한복음에 보면 예수님은 종종 예루살렘에서도 사역을 하셨던 것을 볼 수 있습니다. 그럼에도 불구하고 예루살렘 지역에서의 예수님의 사역은 매우 짧은 기간에 불과했습니다. 그런데 그 기간 동안에도 예수님은 습관을 좇아 감람산에 가셔서 기도하셨던 것을 볼 수 있습니다. 사실 가룟 유다가 예수님을 배반하기 위해 떠난 것은 예수님께서 제자들과 함께 예루살렘에 있던 마가의 다락방에서 유월절 음식을 드시고 있을 당시였습니다. 그런데 그가 그 밤중에 예루살렘에서 한참 떨어진 감람산의 게세마네 동산으로 사람들을 데리고 예수님을 붙잡으려고 온 것을 보면 예수님께서 얼마나 정기적으로 그곳에 가셔서 기도하셨는가를 금방 알 수 있습니다. 그만큼 예수님의 삶에는 하나님과의 친밀한 교제의 시간이 하나의 습관이었습니다.

우리도 하나님과의 친밀한 교제의 시간을 하나의 습관으로 만들어야 합니다. 저는 습관적인 기도를 말하는 것이 아닙니다. 습관적인 기도는 마음이 실리지 않은, 건성으로 드리는 잘못된 기도입니다. 제가 말하는 것은 기도가 삶의 한 습관이 되는 것을 말합니다. 다시 말해서 하나님과의 친밀한 교제의 시간을 하나의 건강한 일상(a routine)으로 삼는 것을 말합니다.

하나님과의 친밀한 교제의 시간이 하나의 일상이 되어질 때, 우리는 훨씬 쉽게 하나님과 만남의 시간을 가질 수 있습니다. 피터 드러커는 일상이 *"이전에 천재에 가까운 사람들이나 할 수 있던 일을 판단력 없는 미숙한 사람들도 하게 한다"*고 말했습니다.

우리 모두가 다 아는 바와 같이 사도행전은 초대교회 당시 하나님께서 행하신 그 놀라운 일들을 기록하고 있습니다. 그런데 그 중에서 많은 놀라운 일들이 정기적인 기도 시간에 일어난 것을 보면 의미하는 바가 크다고 생각합니다.

오순절의 경우에도 그렇습니다. 물론 오순절은 하나님의 계획과 섭리 가운데서 하나님의 때에 일어난, 하나님의 구속사에서 한 획을 긋는 중요한 사건이었습니다. 그런데 우리는 그 사건이 제자들의 기도와도 무관하지 않은 것을 알 수 있습니다.

당연히 그들에게 성령이 임한 것은 하나님의 약속에 의한 것이었습니다(눅 24:49, 행 1:4-5). 그러나 하나님의 백성들이 하나님의 약속을 붙잡고 기도하는 것이 매우 중요합니다. 엘리야 시대의 경우에도 비가 오지 않은 지 3년이 지났을 때 하나님께서 지면에 비를 내리시겠다고 약속하셨습니다(왕상 18:1). 그리고 하나님은 심지어 엘리야에게 다가오는 빗소리를 들려주셨습니다(왕상 18:41). 그때부터 엘리야는 그 약속이 이루어지도록 그리고 실제로 그 약속이 이루어질 때까지 일곱 번씩이나 간절히 기도했습니다(왕상 18:42-44). 그리고 성경은 하나님께서 엘리야의 기도를 듣고 비를 내리셨다고 말하고 있습니다(약 5:17-18).

성령의 약속에 있어서도 마찬가지입니다. 오순절 날 성령이 주어진 것은 하나님의 약속에 의한 것이었습니다. 그리고 하나님의 성령은 하나님의 때에 임했습니다. "<u>오순절 날이 이미 이르매</u> 그들이 다같이 한 곳에 모였더니"(행 2:1).

그런데 그 성령의 약속과 관련해서도 사도행전과 같은 저자에 의해 쓰여진 누가복음은 그것을 위해 간절히 기도해야할 필요성을 말하고 있습니다. "⁵또 이르시되 너희 중에 누가 벗이 있는데 밤중에 그에게 가서 말하기를 벗이여 떡 세 덩이를 내게 꾸어 달라 ⁶내 벗이 여행중에 내게 왔으나 내가 먹일 것이 없노라 하면 ⁷그가 안에서 대답하여 이르되 나를 괴롭게 하지 말라 문이 이미 닫혔고 아이들이 나와 함께 침실에 누웠으니 일어나 네게 줄 수가 없노라 하겠느냐 ⁸내가 너희에게 말하노니 <u>비록 벗 됨으로 인하여서는 일어나서 주지 아니할지라도 그 간청함을 인하여 일어나 그 요구대로 주리라</u> ⁹내가 또 너희에게 이르노니 <u>구하라</u> 그러면 너희에게 주실 것이요 찾으라 그러면 찾아낼 것이요 <u>문을 두드리라</u> 그러면 너희에게 열릴 것이니 ¹⁰<u>구하는</u> 이마다 받을 것이요 <u>찾는</u> 이는 찾아낼 것이요 <u>두드리는</u> 이에게는 열릴 것이니라 ¹¹너희 중에 아버지 된 자로서 누가 아들이 생선을 달라 하는데 생선 대신에 뱀을 주며 ¹²알을 달라 하는데 전갈을 주겠느냐 ¹³너희가 악할지라도 좋은 것을 자식에게 줄 줄 알거든 하물며 너희 하늘 아버지께서 <u>구하는 자에게 성령을 주시지 않겠느냐</u> 하시니라"(눅 11:5-13).

그리고 제자들은 그 성령의 약속을 위해 간절히 기도했습니다. "13 들어가 그들이 유하는 다락방으로 올라가니 베드로, 요한, 야고보, 안드레와 빌립, 도마와 바돌로매, 마태와 및 알패오의 아들 야고보, 셀롯인 시몬, 야고보의 아들 유다가 다 거기 있어 14여자들과 예수의 어머니 마리아와 예수의 아우들과 더불어 마음을 같이하여 오로지 기도에 힘쓰더라"(행 1:13-14). 이렇게 볼 때 오순절 사건은 제자들의 기도와 전혀 무관하지 않습니다.

특히 우리는 오순절 사건이 그 당시의 정기적인 기도 시간과도 무관하지 않은 것을 볼 수 있습니다. 그러니까 이 말은 오순절 날 성령이 의도적으로 유대인들의 정기적인 기도 시간에 임하셨다는 말은 아닙니다. 정확하게 언제 성령이 임하셨는지는 자세히 알 수 없지만, 성령이 임하셨을 때 사람들이 몰려들었고, 그 중 일부는 제자들이 술 취했다고 비방했습니다. 그때 그에 대한 답변으로 베드로가 말했습니다. "때가 제 삼 시니 너희 생각과 같이 이 사람들이 취한 것이 아니라"(행 2:15). 그런데 여기 '제 삼 시'는 오늘의 오전 9시로써 유대인들의 기도 시간이었습니다. 따라서 그들은 그 시간에 술을 마시지 않았습니다. 1세기 유대 역사가인 요세푸스(Josephus)에 의하면 유대인들은 오전 10시까지는 식사도 하지 않았다고 합니다. 그래서 여기에 보면 오순절에 성령이 임하신 것도 어느 정도 정기적인 기도 시간과 관련이 있는 것을 알 수 있습니다.

그 이후에도 많은 일들이 정기적인 기도 시간에 일어났습니다. 사도행전 3장에 보면, 베드로와 요한이 성전에 기도하러 올라 가다가 성전 문에 앉아 있던, 날 때부터 앉은뱅이 되었던 사람을 고친 사건이 나옵니다. 그리고 그 치유는 5천 명이 예수님께로 돌아오는 계기가 되었습니다(행 4:4). 그런데 우리는 베드로와 요한이 정기적인 기도 시간에 기도하러 올라가던 중에 그 일이 일어났던 것을 알 수 있습니다. "제 구 시 기도 시간에 베드로와 요한이 성전에 올라갈새"(행 3:1). "One day Peter and John were going up to the temple at the time of prayer--at three in the afternoon."(NIV 성경) 우선 이 구절에 보면, 그 일은 하나님께서 택하신 그 어느 날에 일어난 사건이었습니다. 그런데 그날 베드로와 요한은 오후 3시에 기도하러 성전에 올라가고 있었습니다. '제 구 시'는 오후 3시로써, 그 당시 유대인들이 기도하던 시간이었습니다. 다니엘 6:11과 9:21에 나오는 것처럼, 그 당시 경건한 유대인들은 매일 오전 9시, 낮 12시, 오후 3시, 하루에 세 번씩 시간을 정해놓고 정기적으로 기도했다고 합니다. 그래서 사도행전에 보면 초대교회도 시간을 정해놓고 정기적으로 성전에 모여 기도했던 것을 알 수 있습니다. 이 사건은 어느 하루 그 정기적인 기도 시간을 위해 가던 중 일어난 사건이었습니다.

이것을 보면 하나님의 부흥이 임하기 전에도(성령이 임하시기 전에도) 집중적인 기도가 필수였으면, 하나님의 부흥이 임한 후에도 정기적인 기도가 예수님의 제자들의 삶에서 필수적인 요소였던 것을 알 수 있습니다.

사도행전에서 가장 중요한 사건 중의 하나는 로마 백부장인 고넬료의 집에 복음이 전파된 사건이었습니다. 그것을 계기로 이방인에게 복음이 전파되기 시작했기 때문입니다. 이 중요한 사건을 위해서도 정기적인 기도 시간이 매우 중요한 역할을 했습니다. 우선 하나님의 천사가 고넬료에게 나타나서 하나님의 뜻을 알려준 것이 고넬료의 정기적인 기도 시간이었습니다. "¹가이사랴에 고넬료라 하는 사람이 있으니 이달리야 부대라 하는 군대의 백부장이라 ²그가 경건하여 온 집안과 더불어 하나님을 경외하며 백성을 많이 구제하고 하나님께 항상 기도하더니 ³하루는 제 구 시쯤 되어 환상 중에 밝히 보매 하나님의 사자가 들어와 이르되 고넬료야 하니"(행 10:1-3). 여기의 '제 구 시'는 오후 3시로써 그 당시 유대인들의 정기적인 기도 시간이었습니다. 다시 말해서, 그것은 이방인이지만 유대인의 하나님을 믿었던 경건한 고넬료의 정기적인 기도 시간이었을 것입니다. 같은 사건을 위해 베드로에게 하나님께서 여러 모양으로 나타나셔서 하나님을 알리신 것도 베드로의 정기적인 기도 시간이었습니다. "이튿날 그들이 길을 가다가 그 성에 가까이 갔을 그 때에 베드로가 기도하려고 지붕에 올라가니 그 시각은 제 육 시더라"(행 10:9). 여기의 '제 육 시'는 낮 12시로써 앞에서 살펴본 것처럼 그 당시 정기적인 기도 시간이었습니다.

　이 구절들에서 베드로가 오순절에 그때가 '제 구 시'라고 언급하면서 술 취하지 않았다고 말한 점, 사도행전 10장에서 그가 '제 육 시'에 기도하면서 하나님의 뜻을 깨달은 점, 그리고 사도행전 3장에서 베드로와 요한이 '제 구 시'에 기도하러 성전에 올라간 점 등을 보면, 어쩌면 베드로는 그 당시 경건한 유대인들처럼 하루에 세 번씩 정기적으로 기도했을지도 모르겠습니다. 그렇다고 확정적으로 말할 수 없을지는 모르지만, 베드로가 그렇게 했을 확률이 매우 큰 것을 알 수 있습니다. 그리고 그 정기적인 기도 시간 가운데 많은 하나님의 역사들이 있었던 것을 알 수 있습니다. 이것을 보면 예수님뿐만 아니라, 사도들도 그들의 기도를 하나의 일상으로 여기고 있었던 것을 알 수 있습니다.

우리가 예수님처럼 초대교회처럼 우리의 기도 시간을 하나의 일상으로 삼고 정기적으로 하나님과의 친밀한 교제의 시간을 갖는다면, 우리는 놀라운 하나님의 역사들을 더욱 경험하게 될 것입니다.

3, 한적한 곳에서

하나님과의 친밀한 교제의 시간과 관련하여 예수님에게서 배울 수 있는 또 다른 중요한 한 가지 요소는 '한적한 곳에서'라는 것입니다. "[15]예수의 소문이 더욱 퍼지매 수많은 무리가 말씀도 듣고 자기 병도 고침을 받고자 하여 모여 오되 [16]예수는 물러가사 한적한 곳에서 기도하시니라"(눅 5:15-16).

"새벽 아직도 밝기 전에 예수께서 일어나 나가 한적한 곳으로 가사 거기서 기도하시더니"(막 1:35).

여기서 말하는 한적한 곳은 반드시 깊은 산속에 있는 기도원이나 수양관 같은 곳을 말하는 것이 아닙니다. 그것은 우리가 일상에서 떨어져 하나님께만 관심을 집중할 수 있는 장소를 말합니다. 텔레비전을 켜 놓은 채로 그 앞에 성경책을 펴놓고 하나님의 말씀을 묵상해 보세요. 그런 상태에서 성경을 통해서 하나님의 음성을 듣고, 하나님과의 친밀한 교제가 이루어지겠습니까? 그러므로 하나님과의 친밀한 교제를 위해서는 일상에서 떨어진 한적한 장소가 필수적입니다.

제가 처음 교회에서 목회할 때 본 한 분은 일주일 동안 일상에서 떠나 기도원에서 지내다 온 것만으로 삶에서 놀라운 변화가 있었습니다. 그는 그 당시 초신자여서 어떻게 기도할지 잘 몰라서 그렇게 많이 기도하지도 않았다고 했습니다. 그러나 일상에서 떠나 한적한 곳에서 자기 자신을 돌아보는 그 자체만으로도 그에게 놀라운 변화가 있었다고 했습니다.

사람에 따라 그리고 상황에 따라 다양한 장소가 한적한 곳이 될 수 있습니다. 주부들의 경우에는 남편이 출근하고 아이들이 학교에 등교하고 난 뒤, 혼자 조용히 한쪽에서 하나님을 찾을 수 있습니다. 직장인들도 아침에 일찍 일어나서 서재에서 조용히 주님을 찾을 수 있습니다. 저의 한적한 장소 중 하나는 제 안방의 침대 위입니다. 그곳에서 주님을 찾으면서 주님의 말씀을 묵상하고, 주님의 길을 정리할 때, 하나님께서 매우 함께 하실 때가 많습니다.

한적한 장소가 되기 위해서는 텔레비전과 같은 오락을 위한 기기나 스마트폰이나 인터넷과 같은 업무와 관련된 기기 등을 그 시간에는 멀리 두는 것이 중요합니다. 그래야 하나님께 모든 생각을 집중하고 하나님을 찾을 수 있습니다.

이와 관련해 교회에서 모이는 기도회에 같이 모여서 기도하는 것도 매우 좋은 한 가지 방법입니다. 함께 모여서 같이 주님을 찾을 때 하나님께서 더욱 놀랍게 역사하십니다.

4. 충분한 시간을

예수님은 하나님과의 친밀한 교제의 시간을 가지시되 충분한 시간을 하나님 앞에 머무셨습니다. "이 때에 예수께서 기도하시러 산으로 가사 밤이 새도록 하나님께 기도하시고"(눅 6:12). 특히 이 일은 예수님께서 12 사도를 세우시기 바로 전 날 밤에 있었던 일입니다. "밝으매 그 제자들을 부르사 그 중에서 열둘을 택하여 사도라 칭하셨으니"(눅 6:13). 이것을 보면, 예수님은 12 사도를 세우시는 매우 중요한 일을 앞두고, 하나님의 의중과 뜻과 인도와 지혜를 구하기 위해 밤이 새도록 하나님 앞에서 기도하며 기다리셨던 것 같습니다.

마가복음 1장에도 비슷한 경우가 나옵니다. "새벽 아직도 밝기 전에 예수께서 일어나 나가 한적한 곳으로 가사 거기서 기도하시더니"(막 1:35). 이 구절은 예수님께서 공생애를 시작한 지 얼마 되지 않았을 때에 관한 기록입니다. 그 전 날이 안식일이라서 예수님은 매우 바쁜 하루를 보냈습니다. 회당에서 가르치시고, 그곳에서 귀신들린 사람에게서 귀신을 쫓아내시고, 오후에는 베드로의 집에 들어가서 베드로의 장모를 치유하시고, 그곳에서 밤늦게까지 몰려드는 수많은 사람들을 치유하셨습니다. 그런데 예수님은 그 바쁜 하루를 지내시고 매우 피곤하셨을 텐데도 불구하고, 그 다음 날 일찍, 아직 사방이 캄캄할 때 일어나셔서 한적한 곳으로 가서 충분한 시간을 하나님과 교제하셨습니다. 날이 밝자 사람들이 다시 베드로의 집으로 몰려들었고, 제자들은 예수님을 찾으러 나섰습니다. 그러나 예수님은 제자들에게 "우리가 다른 가까운 마을들로 가자 거기서도 전도하리니 내가 이를 위하여 왔노라"(막 1:38)고 말씀하셨습니다. 일반적으로 생각하면 이제 갓 공생애를 시작한 예수님에게는 더 없이 좋은 기회였습니다. 드디어 예수님의 소문이 퍼지기 시작하고 사람들이 예수님에게 몰려오기 시작했기 때문입니다. 그러나 예수님은 충분한 하나님의 친밀한 교제의 시간을 통해서 하나님 아버지의 뜻을 발견하셨던 것 같습니다. 그래서 예수님은 그곳에 머물지 않고 다른 마을들로 다니시며 하나님의 말씀을 전하셨습니다.

헨리 블랙가비 목사는 그의 책 『영적 리더십』에서 리더가 확보해야 할 시간 중 첫 번째로 하나님과의 충분한 시간을 들고 있습니다. "*영적 리더가 하는 모든 일은 하나님과의 관계에서 흘러나와야 한다. 조직을 향한 리더의 비전도 하나님께로서 온다. 리더의 하루 일정도 하나님께로서 온다. 하나님은 조직의 가치관을 정하시고, 리더의 인선을 인도하신다. 따라서 하나님과의 교제가 없는 영적 리더는 자기 조직을 위험에 빠뜨리는 것이다.......열쇠는 리더가 하나님과 시간을 보내는가가 아니라 그 시간이 하나님이 하실 말씀을 다 하실 수 있을 만큼 충분한가이다.*"[1]

저는 성도들에게 이런 말도 합니다. "오늘 하나님의 얼굴을 구하여 하나님 앞에 나갔는데, 하나님과의 친밀한 교제는 전혀 못 누리고, 모든 것이 깜깜하고 졸기만 했습니까? 염려하지 마십시오. 내일 또 충분한 시간을 그렇게 하나님 앞에 서십시오. 내일도 역시 마찬가지면 어떻게 합니까? 낙심하거나 염려하지 마십시오. 모레 또 하나님을 구하여 하나님 앞에서 충분한 시간을 가지십시오. 그렇게 **지속적으로 충분한 시간을** 하나님을 구하여 기도로 나아가면 하나님과의 친밀한 교제가 반드시 열리게 될 것입니다."

자신의 '회막'을 만드십시오.

하나님과의 만남의 시간과 관련하여 예수님에게서 배울 수 있는 네 가지 요소에 대해서 살펴보았습니다. 이제 그 네 가지 요소를 토대로 자신의 '회막'을 만드십시오. 그리고 그곳에서 날마다 하나님의 얼굴을 구하여 나가십시오.

제가 여기서 말하는 '회막'이란 출애굽기 33장에 나오는 모세의 회막을 염두에 두고 한 말입니다. "[7]모세가 항상 장막을 취하여 진 밖에 쳐서 진과 멀리 떠나게 하고 회막이라 이름하니 여호와를 앙모하는 자는 다 진 바깥 회막으로 나아가며 [8]모세가 회막으로 나아갈 때에는 백성이 다 일어나 자기 장막 문에 서서 모세가 회막에 들어가기까지 바라보며 [9]모세가 회막에 들어갈 때에 구름 기둥이 내려 회막 문에 서며 여호와께서 모세와 말씀하시니 [10]모든 백성이 회막 문에 구름 기둥이 서 있는 것을 보고 다 일어나 각기 장막 문에 서서 예배하며 [11]사람이 자기의 친구와 이야기함 같이 여호와께서는 모세와 대면하여 말씀하시며 모세는 진으로 돌아오나 눈의 아들 젊은 수종자 여호수아는 회막을 떠나지 아니하리라"(출 33:7-11).

여기의 회막은 나중에 세워진 모세의 성막을 가리키는 것이 아닙니다. 이 회막은 모세가 성막을 짓기 전에 하나님과의 만남을 위해 세운 장막을 가리킵니다. 회막이라는 말은 '만남의 장소(Tent of Meeting)'라는 뜻입니다.

참고로 하나님은 나중에 모세에게 성막을 세우라고 하시면서 그 성막의 이름도 회막이라고 부르라고 하셨습니다. 그것을 보면 구약시대의 성막도 그것의 가장 핵심적인 기능이 하나님과의 만남이었던 것을 볼 수 있습니다. 그래서 하나님은 그 성막에 대해서 이렇게 말씀하셨습니다. "⁴²이는 너희가 대대로 여호와 앞 회막 문에서 늘 드릴 번제라 내가 거기서 너희와 만나고 네게 말하리라 ⁴³내가 거기서 이스라엘 자손을 만나리니 내 영광으로 말미암아 회막이 거룩하게 될지라 ⁴⁴내가 그 회막과 제단을 거룩하게 하며 아론과 그의 아들들도 거룩하게 하여 내게 제사장 직분을 행하게 하며 ⁴⁵내가 이스라엘 자손 중에 거하여 그들의 하나님이 되리니 ⁴⁶그들은 내가 그들의 하나님 여호와로서 그들 중에 거하려 그들을 애굽 땅에서 인도하여 낸 줄을 알리라 나는 그들의 하나님 여호와니라"(출 29:42-46). 여기의 회막은 성막을 가리킵니다.

다시 출애굽기 33장의 회막으로 돌아옵니다. 모세는 그 회막을 이스라엘의 진에서 멀리 떨어진 곳에 세웠습니다(7절). 그것은 한적한 곳에서 하나님을 찾기 위해서였습니다. 반면에 성막은 이스라엘 백성의 진 한 가운데 있었습니다.

회막은 하나님을 찾는 곳이었습니다. 그래서 모세는 자신이 날마다 그곳에 나가 하나님을 구했을 뿐 아니라, '여호와를 앙모하는 자'는 누구든지 그곳에 나가 하나님을 찾도록 했습니다(7절). 여기의 '여호와를 앙모하는 자'라는 말은 하나님을 찾는 자들, 하나님께 묻는 자들을 말합니다. 이처럼 회막은 하나님의 얼굴을 구하는 곳이었습니다.

그곳에서 모세는 놀라운 하나님과의 친밀한 교제를 누렸습니다. 그가 누린 하나님과의 친밀한 교제는 오늘날 우리들의 입장에서 보아도 참으로 흠모할 만한 것이었습니다(9-11절).

우리가 앞에서 살펴본 것처럼, 다윗에게 다윗의 장막이 있었다면 모세에게는 회막이 있었습니다. 둘 다 정확하게 같은 성격의 장막이었습니다. 그들은 그곳에서 집중적으로 하나님의 얼굴을 구했습니다. 그리고 그들은 둘 다 놀라운 하나님과의 친밀한 교제를 누렸습니다. 우리도 그렇게 되기를 간절히 소원합니다. 포도나무교회 지체들의 경우에는, 자신의 회막을 세워 그곳에서 하나님의 말씀을 묵상하며 하나님을 찾을 뿐 아니라, 교회의 다윗의 장막에 모여 함께 하나님의 얼굴을 구하고 이 세대와 이 나라를 위해 같이 중보기도할 수 있다면 그것은 정말 금상첨화가 될 것입니다.

---

1) 헨리 블랙가비, 『영적 리더십』(두란노), 252쪽.

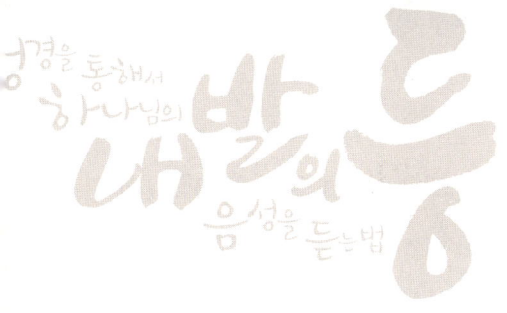

**9장
성경을
자세히 읽어야 합니다**

우리가 앞에서 살펴본 것처럼 당신의 회막에서 하나님의 얼굴을 집중적으로 구하되, 하나님과 하나님의 목적과 하나님의 길을 알기 위해 하나님의 말씀인 성경 앞에 서십시오.

하나님의 말씀 앞에 앉되 기도로 시작하십시오.

분주한 생각들을 내려놓고 잡다한 생각들을 비우고 하나님 앞에 앉으십시오. 하나님을 찾는 마음으로, 우리가 앞에서 살펴본 하나님의 얼굴을 구하는 자세로 하나님의 말씀 앞에 앉으십시오. 먼저 생각나는 죄들을 회개하십시오. 하나님 앞에서 하나님과의 관계를 가로막고 있는 것이 있으면 깨닫게 해달라고 기도하십시오. 그리고 하나님의 음성을 듣고자 하는 자세로 기도로 시작하십시오. "하나님 오늘도 저에게 말씀해 주십시오. 하나님과 하나님의 목적과 길을 저에게 알게 해주세요. 제가 순종하겠습니다."

이제 성경을 자세히 읽으십시오. 성경을 통해서 하나님의 음성을 듣기 위해 우리가 해야 할 일 중 하나는 성경을 자세히 읽는 것입니다. 저는 종종 기자가 사건을 취재하듯이 우리가 그렇게 상세하게 성경을 읽어야 한다고 주장합니다.

할 수 있는 분들은 영어 성경을 읽으면 이 점에서 더욱 도움이 되리라고 생각합니다. 영어 성경은 우리말 성경에 비해서 몇 가지 장점이 있습니다. 첫째, 시제가 명확합니다. 우리말 성경도 시제를 구분하여 사용하고 있기는 하지만, 영어만큼 정확하지 않습니다. 그리고 분명하지 않게 번역되어 있는 경우도 많습니다. 둘째, 단수와 복수의 구분이 명확합니다. 우리말의 특성 때문인지 몰라도, 우리말 성경에는 이 부분이 명확하지 않을 때가 많습니다. 셋째, 주어와 동사의 연결이 명확합니다. 우리가 사용하는 말을 자세히 살펴보면 발견하시겠지만, 우리는 매우 자주 주어를 생략합니다. 그래서 그런지 우리말 성경에서는 이 점을 염두에 두고 한참을 자세히 살펴보아야 주어와 동사의 연결이 정확하게 보일 때도 많습니다. 넷째, 신약성경의 경우에는 특히, 어순이 원어와 비슷합니다. 이와 같은 부분들은 별로 중요하지 않게 여겨질지 모르지만, 성경을 정확하게 이해하기 위해서 그리고 성경을 통해서 하나님께서 말씀하신 바를 정확하게 이해하기 위해서 이 부분들은 매우 중요한 요소들입니다.

저는 개인적으로 영어 성경을 읽으면서 소위 '대박'난 사람입니다. 제가 젊었을 때 하나님께서 어떤 계기를 통해 저에게 해외 선교에 대해서 말씀하셨습니다. 저는 해외 선교를 하려면 영어를 잘하는 것이 중요할 것 같아서 영어를 공부하기 시작했습니다. 고등학교 3학년 때 버스 안에서 영어 단어를 외우고 있던 저에게 어떤 분이 "학생, 영어 공부 하려면 영어 성경을 읽어봐."라고 했던 말이 생각이 나서 저는 영어 성경을 한 권 사서 시간이 나는 대로 그 성경을 읽기 시작했습니다. 그 당시 저는 상업고등학교를 졸업하고 한 은행에 취직해서 근무하고 있었는데, 일주일에 며칠씩 숙직을 하면서 잠자리에 들기 전에 3~4 시간, 새벽에 일찍 일어나서 2시간 정도 영어 성경을 읽었습니다. 그 당시 저는 영어 성경에 대해서 아는 바가 없어서 고어가 많은 킹 제임스 성경을 사서 읽었습니다. 저는 모르는 단어는 일일이 찾아가면서 단어 하나 하나까지 자세하게 살펴보았습니다. 단어와 단어의 연결, 단어와 구의 연결, 구와 문장의 연결 등도 상세하게 살펴보았습니다. 그렇게 읽다 보니까 처음에는 영어 성경 한 면을 읽는데 무려 두 시간 반이 걸렸습니다.

저는 처음에는 영어를 공부하기 위해 영어 성경을 읽기 시작했습니다. 그리고 그 면에 있어서도 당연히 많은 도움이 되었습니다. 그렇게 영어를 공부한 것과 수요일 저녁에 미국 선교사들이 예배드리는 교회에 가서 같이 예배드린 것으로 나중에 미국에 가서 대학과 대학원을 다닐 때 영어 때문에는 큰 지장이 없었으니까요.

그러나 그것보다 훨씬 더 큰 다른 유익들이 저에게 있었습니다. 우선 성경을 그렇게 자세하게 집중적으로 읽어가는 과정을 통해서, 자연스럽게 성경을 통해서 하나님의 음성을 듣는 것을 배우게 되었습니다. 그래서 그 당시 영적으로 정말 하나님의 도움이 절실하게 필요할 때 하나님께서 성경을 통해서 말씀하심으로써 제가 끝까지 하나님의 뜻을 붙잡고 승리할 수 있었습니다.

또 다른 하나는, 성경을 그렇게 자세히, 충분한 시간을 거의 매일 집중적으로 읽다 보니까 성경에서 많은 부분들이 깨달아졌습니다. 다시 말해서, 하나님의 길들이 보였습니다. 그 당시 저는 개척교회를 다니고 있었는데, 가끔 저녁 예배 시간에 장년들 앞에서 설교할 기회가 주어졌습니다. 그때 저는 성경을 읽으면서 보여진 하나님의 길들을 나누었습니다. 그런데 한 번은 설교를 마치고 내려왔더니 평소 때 늘 하나님의 은혜를 사모하던 한 여자 집사님이 저에게 우리나라의 한 유명한 목사님을 언급하면서, 자기는 우리나라에 제가 있으니까 그 목사님이 없어도 괜찮다고 말했습니다. 당연히 저는 그 말을 액면 그대로 받아들이지 않았습니다. 저는 지금도 전혀 그렇게 생각하지 않습니다. 제가 말하고자 하는 바는 그 당시 제 나이 겨우 20살 정도였는데, 성경을 자세하게 충분히 읽으면서 하나님의 길들이 보여졌고, 그것들을 나눈 것이 최소한 그분에게는 큰 감명이 되었던 것 같다는 것입니다.

그렇게 성경을 자세하게 집중적으로 읽어가는 과정을 통해서 저에게 주어진 또 하나의 유익은 '성경을 보는 눈'을 가지게 된 것 같습니다. 그로부터 수십 년이 지난 지금까지 그 당시 성경을 보면서 가지게 되었던 '성경을 보는 눈'이 저에게 도움이 됩니다. 그래서 오늘날 설교할 본문이 주어진 후에도 우리말 성경을 보면 무엇을 어떻게 전해야 할지가 잘 보이지 않을 때가 많은데, 영어 성경을 보면서 묵상하면 무엇을 어떻게 전할지가 선명하게 보여질 때가 매우 많습니다.

그럼 영어를 못하는 사람은 어떻게 합니까? 그런 분들은 우리나라 말로 번역된 여러 번역본들을 같이 참조하면 이 부분에서 어느 정도 도움을 받을 수 있을 것입니다.

아무튼 성경을 자세하게 읽는 것은 매우 중요하며, 또한 그것은 우리에게 매우 많은 유익을 줍니다. 특히 성경을 통해 하나님의 목적과 길을 발견하고, 성경을 통해서 하나님의 음성을 듣기 위해서는 성경을 자세하게 읽는 것이 더욱 중요합니다.

1. 각 단어를 주의 깊게 관찰하며 읽어야 합니다

우리는 성경을 읽을 때 모든 단어를 주의 깊게 관찰하며 읽어야 합니다. 때로는 단어 하나에서 하나님께서 말씀하시고자 하는 중요한 의미를 별견할 수 있습니다. 그리고 때로는 '그러나'와 같은 접속사 하나에서도 큰 의미를 발견할 수 있습니다.

한 예를 들어, 요한복음 5:30에서 예수님은 이렇게 말씀하셨습니다. "내가 아무 것도 스스로 할 수 없노라 듣는 대로 심판하노니 나는 나의 뜻대로 하려 하지 않고 나를 보내신 이의 뜻대로 하려 하므로 내 심판은 의로우니라." 그것을 영어 NIV 성경은 이렇게 번역하고 있습니다. "By myself I can do nothing; I judge only as I hear, and my judgment is just, for I seek not to please myself but him who sent me." NIV 성경에는 'for'(왜냐하면)라는 접속사가 나옵니다. 그것은 헬라어의 'hoti'라는 단어를 번역한 것입니다. 물론 우리말 성경에도 '하려 하므로'라는 단어 속에 그 의미가 담겨져 있습니다. 그러나 그 연결이 명확하게 보이지는 않는 것 같습니다.

그럼 왜 'for'(왜냐하면)라는 접속사가 이 구절에서 중요합니까? 이 구절의 NIV 번역을 직역하면 다음과 같습니다. "나는 스스로 아무것도 할 수 없다. 나는 듣는 대로 판단한다. 그런고로 내 판단이 옳다. 왜냐하면 나는 나 자신을 기쁘게 하기를 추구하지 않고, 나를 보내신 이를 기쁘게 하기를 추구하기 때문이다." 예수님은 요한복음 여러 곳에서 자기 스스로는 아무것도 할 수 없다고 말씀하셨습니다. 이 구절에서 예수님은 판단하는데 있어서도 혹은 심판하는데 있어서도 자기 스스로 아무것도 할 수 없다고 말씀하고 계십니다. 그리고 예수님은 자신이 듣는 대로, 즉 하나님께로부터 듣는 대로 판단(심판)하기 때문에 자신의 판단(심판)이 옳다고 말씀하십니다. 그러면서 예수님은 그러한 삶을 살 수 있는 원인으로써 자신은 자기 자신을 위해 살지 않고 하나님을 위해 사시기 때문이라고 말씀하십니다. 'for'(왜냐하면)라는 접속사가 바로 그 사실을 보여줍니다.

우리는 예수님은 하나님의 아들이시기 때문에 당연히 하나님께서는 예수님에게 하나님의 관점을 알려주셨을 것이고, 그래서 예수님은 하나님의 관점에서 판단하고 심판하실 수 있었을 것이라고 생각합니다. 그러면서 우리는 예수님과 같은 의미에서 하나님의 아들이 아니기 때문에 그러한 삶을 살지 못하는 것이 당연하다고 생각합니다. 그러나 이 구절에서 'for'(왜냐하면)라는 접속사가 전혀 그것이 아닌 것을 보여줍니다. 우리가 예수님처럼 하나님의 자원으로 사는 삶을 살지 못하는 이유는 우리가 전적으로 하나님을 위해 살지 못하기 때문입니다. 그리고 우리도 예수님처럼 우리 자신을 위해 살지 않고, 하나님을 위해 산다면 하나님의 자원으로 사는 삶을 더욱 잘 살 수 있게 될 것입니다. 이 모든 것을 우리는 'for'(왜냐하면)라는 접속사를 통해 알 수 있습니다.

2. 구와 절을 주의 깊게 관찰하며 읽어야 합니다

성경을 읽으면서 각 단어뿐 아니라, 구와 절을 주의 깊게 관찰하며 읽는 것이 매우 중요합니다. 우리는 성경을 읽으면서 단순히 그 구절의 내용을 파악하려고 하는 것이 아니라, 하나님께서 그 구절을 통해 나에게 말씀하시려고 하는 것이 무엇인가를 찾는다는 사실을 기억해야 합니다.

우리는 데살로니가전서 5:16-18의 구절을 잘 압니다.

"[16]항상 기뻐하라 [17]쉬지 말고 기도하라 [18]범사에 감사하라 이것이 그리스도 예수 안에서 너희를 향하신 하나님의 뜻이니라."

16절부터 18절까지 세 개의 명령문이 나옵니다. 그리고 18절의 '이것이'라는 단어가 단수입니다. 그 말은 이 세 개의 명령이 서로 깊이 연결된 하나라는 말입니다. 만약 이 세 개의 명령이 서로 아무런 연관 없는 각기 다른 명령이었다면, '이것이'라는 단어가 복수로 나왔을 것입니다.

그런 각도에서 이 구절을 이해한다면 우리는 이 구절에서 많은 것들을 볼 수 있습니다. 우선 우리는 이 세 가지가 서로 깊이 연관되어 있는 것을 볼 수 있습니다. 그래서 우리는 쉬지 말고 기도해야 범사에 감사하는 삶을 살 수 있습니다. 우리는 범사에 감사하는 삶을 살아야 항상 기뻐하는 삶을 살 수 있습니다. 또한 우리는 이 모든 것이 우리가 예수님 안에 거할 때 가능한 것을 알 수 있습니다. 예를 들어, 우리 기쁨의 요인이 예수 그리스도일 때, 우리는 항상 기뻐할 수 있습니다. 끝으로 우리는 우리가 이렇게 사는 것이 하나님의 뜻인 것을 알 수 있습니다. 성경에 하나님께서 말씀하신 것은 다 하나님의 뜻입니다. 그러나 이 부분은 하나님께서 구체적으로 하나님의 뜻이라고 말할 만큼 우리에게 대한 하나님의 중요한 뜻입니다. 우리가 이 삶을 살 때 우리에게는 놀라운 승리가 넘칠 것입니다.

우리는 성경 다른 곳에서도 이 세 가지 명령이 서로 밀접하게 연관되어 있으며, 사도 바울 자신이 먼저 이 삶을 살았던 것을 볼 수 있습니다. "[4]

주 안에서 항상 기뻐하라 내가 다시 말하노니 기뻐하라……⁶아무 것도 염려하지 말고 다만 모든 일에 기도와 간구로, 너희 구할 것을 감사함으로 하나님께 아뢰라 ⁷그리하면 모든 지각에 뛰어난 하나님의 평강이 그리스도 예수 안에서 너희 마음과 생각을 지키시리라"(빌 4:4, 6-7).

"근심하는 자 같으나 항상 기뻐하고……."(고후 6:10).

한 가지 예를 더 들어보겠습니다.

"⁹이로써 우리도 듣던 날부터 너희를 위하여 기도하기를 그치지 아니하고 구하노니 너희로 하여금 모든 신령한 지혜와 총명에 하나님의 뜻을 아는 것으로 채우게 하시고 ¹⁰주께 합당히 행하여 범사에 기쁘시게 하고 모든 선한 일에 열매를 맺게 하시며 하나님을 아는 것에 자라게 하시고 ¹¹그 영광의 힘을 좇아 모든 능력으로 능하게 하시며 기쁨으로 모든 견딤과 오래 참음에 이르게 하시고 ¹²우리로 하여금 빛 가운데서 성도의 기업의 부분을 얻기에 합당하게 하신 아버지께 감사하게 하시기를 원하노라"(골 1:9-12).

골로새서는 바울이 첫 번째로 로마 감옥에 갇혔을 때 옥중에서 쓴 네 개의 서신 중 하나입니다. 저는 개인적으로 사도 바울의 서신서들 중 옥중서신서들이 그 내용이 가장 깊지 않나 생각합니다. 그래서 성경을 묵상할 때, 때로는 한 구절을 가지고도 많은 시간이 소요될 만큼 묵상하고 살펴볼 부분들이 많습니다.

우선 위의 내용은 사도 바울이 골로새 교회를 위해 기도한 내용입니다. 당연히 이 기도는 단순히 그 당시 골로새 교회를 향한 사도 바울 개인의 기도일 뿐 아니라, 모든 교회와 성도를 향한 사도적인 기도이고, 동시에 모든 교회와 성도를 향한 하나님의 뜻이기도 합니다. 성경은 성령의 감동으로 쓰여졌기 때문입니다.

우리말 성경은 바울이 기도한 내용을 단순하게 죽 나열하고 있습니다. 그래서 그 기도의 전반적인 내용은 알 수 있지만, 각 구와 절의 연결에서 오는 바울의, 더 나아가 하나님의 의도를 아는 것이 많이 제한되어 있습니다. 저는 개인적으로 영어 NIV 성경이나 New English Translation이 원어의 이 부분을 잘 번역하고 있다고 생각합니다.

사도 바울은 골로새 교회를 위해서 기도하기를 쉬지 않았습니다. 사도 바울의 서신서마다 그 서선서를 받는 교회를 위한 그의 기도가 나옵니다. 우리는 그 부분만 합쳐보아도 그가 얼마나 교회들을 위해서 기도했는지를 알 수 있습니다. 그리고 교회들을 위해서 무엇을 기도했는지를 알 수 있습니다. 참으로 그는 기도하는 삶을 살았습니다. 저는 개인적으로 이러한 사실을 보면서 목회자로서 제가 얼마나 더 교회를 위해서 그리고 무엇을 기도해야 할지 보입니다. 그리고 사무엘의 말이 더 절박하게 와 닿습니다. "나는 너희를 위하여 기도하기를 쉬는 죄를 여호와 앞에 결단코 범하지 아니하고 선하고 의로운 길을 너희에게 가르칠 것인즉"(삼상 12:23).

골로새서에 나오는 사도 바울의 기도를 원어나 NIV 성경이 말하는 바와 같이 설명하면 다음과 같습니다. 우선 사도 바울은 본문에서 골로새 성도들을 위해서 기도하면서 하나님께서 모든 영적인 지혜와 총명으로 하나님의 뜻을 아는 것으로 그들을 채워주시도록 기도하고 있습니다. 바울이 그것을 위해서 기도하는 것은 그들로 하여금 주님께 합당한 삶을 살고 모든 면에서 주님을 기쁘게 하기 위함입니다. 그리고 사도 바울은 이어서 주님을 기쁘시게 하는 삶 네 가지를 언급하고 있습니다. 그것들은 모든 선한 일에 열매를 맺는 것, 하나님을 아는 지식에서 자라나는 것, 오래 참음과 큰 인내를 갖기 위해 하나님의 영광스러운 능력을 따라 모든 능력으로 강건해지는 것, 그리고 빛의 나라에서 성도들의 유업을 얻게 하신 아버지께 기쁨으로 감사하는 것.

이러한 연결 구조로 이 사도 바울의 기도를 볼 때, 우리는 바울이 여기에서 기도하는 내용이 무엇인가를 더욱 자세히 알 수 있습니다. 그리고 우리는 여기서 참으로 많은 중요한 내용들을 볼 수 있습니다.

그 몇 가지를 나열하면 다음과 같습니다. 우리의 삶에서 가장 중요한 것 중 하나는 하나님의 뜻을 아는 것으로 채워지는 것입니다. 하나님의 뜻을 알아야 주님께 합당한 삶을 살 수 있고, 하나님의 뜻을 알아야 주님을 기쁘게 할 수 있기 때문입니다. 우리가 소위 아무리 열심히 주님을 위해서 노력한다 할지라도 주님의 뜻을 알지 못하면, 우리는 주님을 기쁘게 하지 못할 것입니다. 그것은 '하나님 따로, 우리 따로'의 삶이 될 것입니다. 그리고 우리가 하나님의 뜻을 아는 것은 하나님께서 영적인 지혜와 총명을 통해서 우리에게 알게 해주셔야 합니다. 그래서 사도 바울은 무엇보다 골로새 성도들에게 주님의 뜻을 아는 것으로 채워주시도록 하나님께 기도하고 있습니다.

이 사도 바울의 기도에서 우리는 또한 하나님을 기쁘게 하는 삶이 어떤 것인가를 볼 수 있습니다. 하나님은 우리가 모든 선한 일에 열매를 맺는 것을 기뻐하십니다. 하나님은 우리가 하나님을 아는 지식에서 자라나는 것을 기뻐하십니다. 하나님은 우리가 하나님의 모든 능력으로 강건케 되는 것을 기뻐하십니다. 여기에서 말하는 하나님의 모든 능력으로 강건케 되는 것은 사도 바울이 에베소 교회를 위해서 기도할 때 말한, 성령의 능력으로 속사람이 강건케 되는 것을 말하는 것 같습니다(엡 3:16). 왜냐하면 모든 능력으로 강건케 되는 목적이 모든 어려운 환경 가운데서도 오래 참고 인내하기 위함이기 때문입니다. 하나님은 우리가 감사하는 것을 기뻐하십니다. 우리가 감사하는 이유는 하나님께서 우리에게 빛의 나라에서 모든 성도들과 함께 유업을 받게 하셨기 때문입니다.

그런데 우리는 이러한 하나님을 기쁘시게 하는 삶을 살기 위해서도 하나님의 뜻을 아는 것이 매우 중요한 것을 알 수 있습니다. 예를 들어, 우리가 모든 선한 일에 열매를 맺는 것을 하나님께서 기뻐하시는데, 그 삶을 살기 위해서는 하나님의 뜻을 아는 것이 핵심이기 때문입니다. 그 삶은 예수님께서 요한복음 15장에서 말씀하신 열매 맺는 삶과 정확하게 같은 삶입니다. 요한복음 15장에서 말씀하신 열매 맺는 삶을 살려면 우리가 하나님과의 친밀한 교제 가운데서 하나님의 행하심을 보고 그 일에 온 삶으로 동참해야 합니다. 주님을 아는 지식에서 자라나기 위해서도 하나님의 뜻을 아는 것이 중요합니다. 모세처럼 주님의 뜻과 의중을 알아 그 일에 주님과 함께 있을 때 우리는 주님을 더욱 알게 되기 때문입니다(출 33:13).

그 외에도 우리는 많은 것들을 이 구절에서 볼 수 있습니다.

이와 같이 우리가 성경을 읽을 때, 그 연결 구조 등을 포함하여 구와 절을 주의 깊게 관찰하며 자세하게 읽을 때, 성경이 말하는 많은 것들을 더욱 자세하고 상세하게 볼 수 있습니다. 그래서 우리는 성경을 통해서 하나님의 음성을 더욱 잘 들을 수 있게 되고, 또 하나님의 음성을 더욱 자세하게 들을 수 있게 됩니다.

3. 성경을 문맥에서 이해해야 합니다

하나님의 말씀을 올바로 이해하기 위해 가장 중요한 요소 중 하나는 그 단어나 구나 절의 의미를 문맥 안에서 이해하는 것입니다. 다시 말해서 그 성경구절에 나오는 단어나 구가 그 문맥 안에서 어떤 의미로 쓰여졌는지를 이해하는 것이 중요합니다. 문맥은 가장 작게는 그 성경 구절이 나오는 단락이고, 좀 더 크게는 그 장(예를 들면, 요한복음 15장), 더 크게는 그 책(예를 들면, 요한복음), 더 크게는 신약 혹은 구약, 그리고 가장 크게는 성경 전체가 될 수 있습니다.

성경을 문맥에서 해석하고 이해하는 것이 얼마나 중요한 것인지 한 예를 들어보겠습니다. 제가 한 번은 주일 예배 광고 시간에 오늘날 우리나라에 막대한 폐해를 가져오고 있는, 언론에도 많이 보도된 한 이단에 대해서 나누었습니다. 그들은 자기들의 목적을 위해서라면 속임수, 거짓 등을 전혀 개의치 않습니다. 심지어 제가 아는 교회에서는 한 여자가 미인계를 통해 그 교회의 장로에게 접근하여 불륜을 행하고, 그 장로로 하여금 아내와 이혼하고 자기와 결혼하게 만들었습니다. 그리고 그때부터 성도들을 포섭하기 시작하여 결국에는 그 교회의 성도 반 정도(50명)를 이끌고 그 이단 집단으로 갔습니다. 저는 그러한 실례들을 들면서 우리 지체들에게 "성경은 열매를 보고 나무를 판단하라고 했는데 그러한 일들은 절대로 성령께서 하시는 일이 아닙니다. 성경은 사탄을 거짓말하는 자의 아비로 표현하고 있습니다. 우리는 그 열매만 보아도 그 이단이 얼마나 심각한 적그리스도의 집단인가를 쉽게 알 수 있습니다."라고 말했습니다. 그랬더니 그 이단 집단에서 나와 우리 교회에서 신앙생활하고 있는 한 지체가 있는데, 그가 저에게 문자를 보내서 그 이단 집단은 로마서 3:7을 토대로 자기들의 목적을 위해서라면 어떤 거짓을 일삼아도 그것이 하나님 앞에서 죄가 아니라고 가르친다고 전해왔습니다.

로마서 3:7은 이렇게 말합니다. "그러나 나의 거짓말로 하나님의 참되심이 더 풍성하여 그의 영광이 되었다면 어찌 내가 죄인처럼 심판을 받으리요." 어떤 성도들은 이 구절을 볼 때, "어, 성경에 이런 구절도 있었구나."라고 생각할지 모르겠습니다. 그리고 혼돈 가운데 휩싸일지 모르겠습니다.

물론 성경 전체적으로 볼 때, 거짓은 분명하게 죄입니다. 성령은 진리의 영이며(요 14:17, 15:26, 16:13), 사탄은 거짓말하는 자의 아비입니다(요 8:44). 거룩하신 하나님은 하나님의 정당한 목적을 위해서도 절대로 불의한 방법을 사용하시지 않습니다.

그럼 이 구절은 뭡니까? 바로 여기에 성경을 문맥에서 이해해야 할 중요성이 있습니다. 이 구절만 따로 떼어서, 그것도 우리말 성경을 보면 마치 그 이단 집단이 말하는 것처럼 보입니다. 영어 성경들을 보면 이 구절만 따로 떼어서 보아도 전혀 그렇지 않습니다. 우리말 성경도 그 단락을 읽어보면 그 구절이 말하는 바가 무엇인지 분명하게 보입니다.

"¹그런즉 유대인의 나음이 무엇이며 할례의 유익이 무엇이냐 ²범사에 많으니 우선은 그들이 하나님의 말씀을 맡았음이니라 ³어떤 자들이 믿지 아니하였으면 어찌하리요 그 믿지 아니함이 하나님의 미쁘심을 폐하겠느냐 ⁴그럴 수 없느니라 사람은 다 거짓되되 오직 하나님은 참되시다 할지어다 기록된 바 주께서 주의 말씀에 의롭다 함을 얻으시고 판단 받으실 때에 이기려 하심이라 함과 같으니라 ⁵<u>그러나 우리 불의가 하나님의 의를 드러나게 하면 무슨 말 하리요 [내가 사람의 말하는 대로 말하노니] 진노를 내리시는 하나님이 불의하시냐 ⁶결코 그렇지 아니하니라 만일 그러하면 하나님께서 어찌 세상을 심판하시리요</u> ⁷그러나 나의 거짓말로 하나님의 참되심이 더 풍성하여 그의 영광이 되었다면 어찌 내가 죄인처럼 심판을 받으리요 ⁸또는 그러면 선을 이루기 위하여 악을 행하자 하지 않겠느냐 어떤 이들이 이렇게 비방하여 우리가 이런 말을 한다고 하니 그들은 정죄 받는 것이 마땅하니라 ⁹그러면 어떠하냐 우리는 나으냐 결코 아니라 유대인이나 헬라인이나 다 죄 아래에 있다고 우리가 이미 선언하였느니라"(롬 3:1-9).

4절에서 바울은 "하나님은 참되시다"고 말합니다. 그리고 5절과 6절을 보십시오. 바울은 세상적인 말을 한다고 하면서, 만약 우리 불의가 하나님의 의를 드러낸다면 어떻게 하겠느냐고 말합니다. 그러면서 그는 절대로 그럴 수 없다고 말합니다. 그는 더 나아가 그렇다면 하나님께서 어떻게 세상을 심판하시겠느냐고 말합니다. 그리고 이어서 7절과 8절을 읽어보면, 7절에 나오는 "나의 거짓말로 하나님의 참되심이 더 풍성하여 그의 영광이 되었다면 어찌 내가 죄인처럼 심판을 받으리요."라는 말과 8절에 나오는 "선을 이루기 위하여 악을 행하자."라는 말은 하나님의 뜻이 그렇다는 말이 아니라, 그 당시 사람들이 하는 말인 것을 명백하게 알 수 있습니다. 그래서 영어 성경들에서는 이 말들을 따옴표(" ")로 묶어서 번역하고 있습니다. 그리고 더 나아가 어떤 사람들은 바울이 그렇게 가르친다고 말을 퍼뜨렸던 것을 볼 수 있습니다. 그런데 이에 대해서 사도 바울은 단호하게 그러한 사람들은 정죄 받는 것이 마땅하다고 말합니다.

이렇게 볼 때 로마서 3:7절이 말하는 바는 절대로 그렇게 할 수 없다는 말인데, 그 이단 집단은 그 구절을 정반대로 자기들의 목적을 위해서라면 어떤 거짓도 정당화된다는 식으로 사용하고 있는 것을 볼 수 있습니다.

사실 이것이 사탄이 사용하는 수법입니다. 사탄은 예수님을 시험하면서 정확하게 동일한 수법을 사용했습니다. "⁵이에 마귀가 예수를 거룩한 성으로 데려다가 성전 꼭대기에 세우고 ⁶가로되 네가 만일 하나님의 아들이어든 뛰어내리라 <u>기록하였으되</u> 저가 너를 위하여 그 사자들을 명하시리니 저희가 손으로 너를 받들어 발이 돌에 부딪히지 않게 하리로다 하였느니라 ⁷예수께서 이르시되 또 기록되었으되 주 너의 하나님을 시험치 말라 하였느니라 하신대"(마 4:5-7).

사탄은 예수님을 시험하면서 성경을 인용했습니다. 그가 인용한 성경은 시편 91:11-12입니다. "¹¹저가 너를 위하여 그 사자들을 명하사 <u>네 모든 길에 너를 지키게 하심이라</u> ¹²저희가 그 손으로 너를 붙들어 발이 돌에 부딪히지 않게 하리로다"

그런데 이 두 구절을 대조해 보면 우리는 사탄이 성경을 인용하면서 일부를 뺀 것을 알 수 있습니다. 당연히 이 말은 우리가 성경을 인용할 때는 일부를 빼서는 절대 안 되고 항상 모든 절을 다 인용해야 된다는 말은 아닙니다. 그러나 사탄은 일부를 뺌으로써 그 구절이 말하는 바를 전혀 다른 의미로 왜곡시켰습니다.

시편 91:11-12의 문맥을 보면, 우리는 이 부분을 분명하게 알 수 있습니다. 시편 91편은 하나님과의 친밀한 교제 가운데 거하면서 하나님만을 신뢰하고 의지하는 하나님의 백성들(1-2, 9절)에 대한 하나님의 축복을 말하고 있는 구절입니다. 그 시편은 특히 그렇게 하나님 안에 거하며 하나님만을 의지하는 자들을 하나님께서 보호하실 것을 말하고 있습니다(3-8, 10-13절). 그리고 그러한 하나님의 보호 중의 하나가 바로 그들의 모든 인생 여정에서 하나님께서 때로는 하나님의 천사들을 보내셔서 그들을 지키시고 그들의 발을 붙드심으로 "발이 돌에 부딪히지 않게" 하시겠다는 것입니다. 이스라엘 백성들은 우리나라처럼 인생의 여정을 길을 가는 것으로 비유했습니다.

그런데 사탄은 예수님을 예루살렘 성전 꼭대기에 세우고 뛰어내리라고 시험하면서 시편 91:11-12을 인용하되 "네 모든 길에 너를 지키게 하심이라."라는 말을 빼고 인용함으로써, 그 구절이 마치 예수님이 성전에서 뛰어내리면 하나님께서 천사를 보내서 그 발을 붙들어 발이 돌에 부딪히지 않도록 지켜주시겠다고 약속하고 있는 것처럼 왜곡되게 사용한 것입니다. 그래서 사탄은 성경을 이용해서 교묘하게 예수님으로 하여금 하나님을 시험하도록 미혹했던 것입니다. 이와 같이 성경을 이용하되, 성경이 문맥에서 말하고 있는 바와 전혀 다르게 자기의 목적을 위해 성경을 왜곡되게 해석하고 이용하는 것이 바로 사탄의 수법입니다.

또한 같은 단어라고 할지라도 우리는 그 단어를 무조건 동일한 의미로 받아들여서는 안 됩니다. 그 단어가 나오는 문맥에서 그 단어가 무엇을 의미하는지를 살펴보아야 합니다. 그래야 성경을 올바로 이해할 수 있습니다.

이에 대한 한 좋은 예가 '세상'이라는 단어입니다. 다음의 구절들을 주의 깊게 읽어보십시오.

"하나님이 세상을 이처럼 사랑하사 독생자를 주셨으니 이는 그를 믿는 자마다 멸망하지 않고 영생을 얻게 하려 하심이라"(요 3:16).

"[15]이 세상이나 세상에 있는 것들을 사랑하지 말라 누구든지 세상을 사랑하면 아버지의 사랑이 그 안에 있지 아니하니 [16]이는 세상에 있는 모든 것이 육신의 정욕과 안목의 정욕과 이생의 자랑이니 다 아버지께로부터 온 것이 아니요 세상으로부터 온 것이라 [17]이 세상도, 그 정욕도 지나가되 오직 하나님의 뜻을 행하는 자는 영원히 거하느니라"(요일 2:15-17).

이 구절에 나오는 세상이라는 단어는 동일한 사도 요한에 의해 쓰여진 단어입니다. 그리고 이 단어는 원어로도 같은 단어입니다. 그런데 한 구절에서 세상은 하나님의 사랑의 대상이요, 다른 한 구절에서 세상은 하나님의 미움의 대상입니다. 그래서 여기에서 각각 세상이 무엇을 의미하는지를 알려면 그 문맥을 보아야 합니다. 그만큼 성경을 문맥 안에서 이해하는 것이 중요합니다. 문맥 안에서 이 단어를 이해할 때, 우리는 요한복음 3:16의 세상은 하나님의 피조물인, 하나님을 떠난 인류를 말하며, 요1서 2:15-17에 나오는 세상은 육신의 정욕과 안목의 정욕과 이생의 자랑으로 특징지어지는, 하나님이 없는 세속적인 가치가 다스리는 세계를 말합니다.

성경 구절을 통한 하나님의 음성을 듣는 데 있어서도 문맥이 중요합니다.

저는 성경 구절을 통해서 주신 하나님의 음성을 이해하는 데 있어서도 문맥이 매우 중요하다고 생각합니다. 이 부분에 있어서 몇 가지 예를 들어 설명하면 쉽게 이해될 것입니다.

얼마 전에 한 성도가 교회를 떠나면서 포도나무교회를 위해서 기도할 때 하나님께서 히브리서 13:10의 말씀을 주셨다면서 명절에 좋은 한우고기 한 세트를 선물로 전달해 왔습니다. "우리에게 제단이 있는데 장막에서 섬기는 자들은 그 제단에서 먹을 권한이 없나니." 물론 저는 그 성도에게 왜 저에게 고기를 보냈는지에 대해서 물어보지 않았기 때문에 그 성도가 그 구절을 어떻게 이해했는지 모릅니다.

그런데 하나님께서 만약 그러한 구절을 주셨다면 우리는 그 의미를 알기 위해서 그 구절을 문맥에서 잘 이해해야 합니다. "¹⁰우리에게 제단이 있는데 장막에서 섬기는 자들은 그 제단에서 먹을 권한이 없나니 ¹¹이는 죄를 위한 짐승의 피는 대제사장이 가지고 성소에 들어가고 그 육체는 영문 밖에서 불사름이라 ¹²그러므로 예수도 자기 피로써 백성을 거룩하게 하려고 성문 밖에서 고난을 받으셨느니라 ¹³그런즉 우리도 그의 치욕을 짊어지고 영문 밖으로 그에게 나아가자"(히 13:10-13). 11절을 보면 명백하게 알 수 있듯이, 10절에서 말하는 제단은 구약의 속죄제를 말합니다. 속죄일이 되면 대제사장은 희생 제물의 피를 가지고 성소에 들어갔고(레 16:14-15), 그 희생 제물은 영문 밖, 즉 이스라엘의 진 밖에서 불살랐습니다(레 16:27).

그렇다면 하나님께서 포도나무교회에 하시고자 하는 말씀은 무엇입니까? (물론 이 말은 그 성도가 받은 그 감동이 하나님께로부터 온 옳은 감동이라는 것을 가정하고 하는 말입니다) 저는 그 다음 구절들을 읽어보면 그 의미를 알 수 있다고 생각합니다. 11-12절은 구약의 속죄제는 그림자였고, 예수님께서 그 속죄제에 대한 완성으로 예루살렘 성문 밖에서 돌아가셨다고 말하고 있습니다. 우리는 여기서 영문(이스라엘의 진)과 성문(예루살렘 성문, 즉 당시 예루살렘)을 비슷한 의미로 사용하고 있는 것을 알 수 있습니다. 그러면서 13절은 우리도 예수님을 본받아 그의 치욕을 짊어지고 영문 밖으로 예수님께 나아가야 한다고 말하고 있습니다. 저는 개인적으로 이 구절이 우리가 그 당시 예루살렘으로 대변되어지는 제도화된 종교를 떠나('영문 밖으로') 오직 주님의 십자가의 공로만을 의지하는 삶이어야 한다는 것을 의미하는 것이라고 생각합니다. 그리고 그 삶은 예수님의 삶에서 볼 수 있듯이(그리고 사도 바울의 삶에서 볼 수 있듯이) 때로는 주님과의 올바른 관계 없이 그저 종교적인 모양만 가지고 있는 사람들로부터 조롱과 멸시를 당하는 삶입니다("그의 치욕을 짊어지고"). 그래서 그 성도에게 주신 감동이 맞다면, 하나님은 포도나무교회에게 이 삶을 더 살라는 의미로 주셨을 것입니다.

저의 개인적인 예를 하나 들겠습니다. 1999년 5월 19일 제가 성경을 읽는 중에 하나님께서 이사야 54:1-3의 말씀을 저에게 또렷하게 주셨습니다. "¹잉태치 못하며 생산치 못한 너는 노래할지어다 구로치 못한 너는 외쳐 노래할지어다 홀로 된 여인의 자식이 남편 있는 자의 자식보다 많음이니라 여호와의 말이니라 ²네 장막터를 넓히며 네 처소의 휘장을 아끼지 말고 널리 펴되 너의 줄을 길게 하며 너의 말뚝을 견고히 할지어다 ³이는 네가 좌우로 퍼지며 네 자손은 열방을 얻으며 황폐한 성읍들로 사람 살 곳이 되게 할 것임이니라." 그 때는 포도나무교회가 분당에 있을 당시였는데, 그 당시 우리는 하나님께서 여러 경로를 통해 말씀하셔서 우리가 입주하고 있던 상가 건물 지하 전체를 구입하기 위해 기도하고 있었습니다. 그래서 저는 하나님께서 그날 저에게 그 말씀을 주셨을 때, 하나님께서 그 지하를 우리에게 주시겠다는 것을 다시 한 번 확인해 주시는 것으로 이해했습니다. 그 구절의 2절을 보십시오.

그런데 저는 나중에 갈라디아서를 읽다가 그 구절이 십자가 복음의 유업과 관련 있는 구절이라는 사실을 발견하게 되었습니다. "²⁷기록된 바 잉태하지 못한 자여 즐거워하라 산고를 모르는 자여 소리 질러 외치라 이는 홀로 사는 자의 자녀가 남편 있는 자의 자녀보다 많음이라 하였으니 ²⁸형제들아 너희는 이삭과 같이 약속의 자녀라"(갈 4:27-28). 갈라디아서 4장에서 사도 바울은 아브라함의 두 아들인 이삭과 이스마엘을 십자가의 복음과 율법주의로 비유하고 있습니다. 그러면서 사도 바울은 이사야 54:1을 인용하면서 그 유업이 이삭의 무리, 즉 십자가의 복음 위에 선 자들에게 주어질 것이라고 말합니다. 그리고 이어서 그는 율법주의는 그 유업을 절대로 받을 수 없다고 말하면서, 그 당시 율법주의적인 잘못된 가치관으로 오염되어 있던 갈라디아 교회에게 이스마엘, 즉 율법주의적인 가치관을 그들에게서 철저하게 내어 쫓으라고 말합니다. "그러나 성경이 무엇을 말하느냐 여종과 그 아들을 내쫓으라 여종의 아들이 자유 있는 여자의 아들과 더불어 유업을 얻지 못하리라 하였느니라"(갈 4:30).

이 부분을 보게 되었을 때, 저는 하나님께서 그날 주신 그 구절의 의미가 무엇인지 알게 되었습니다. 저의 경우에는 포도나무교회가 세워지기 전부터 집중적으로 십자가의 복음에 기초한 삶을 살도록 하나님께서 저를 훈련시켜 오셨습니다. 그리고 포도나무교회가 세워지고 난 후, 그때까지 저와 우리 지체들은 집중적으로 십자가의 복음에 기초한 삶을 살기를 추구해왔습니다. 그러한 과정에서 많은 역경과 어려움도 있었지만, 우리는 오직 하나님만 의지하며 그렇게 해왔습니다. 그런데 그날 하나님은 그 구절을 저에게 주심으로써 십자가의 복음의 유업인, 이사야 하반부에 나오는 회복의 유업을 저와 포도나무교회에게 주시겠다고 약속하신 것입니다. 하나님은 실제로 그 시점 이후로 우리에게 열방을 열어가기 시작하셨습니다.

물론 그 회복의 유업 중에는 마치 바벨론 포로로 잡혀가 있던 이스라엘 백성들이 돌아와 예루살렘에서 장막터를 넓히고 처소의 휘장을 넓게 폈던 것처럼 교회의 장막터를 넓히는 것도 포함되어 있을 것입니다. 그래서 그날 하나님께서 그 구절을 저에게 주셨을 때 그 부분도 포함되어 있었을 것입니다. 하나님은 그 이후 얼마 되지 않아서 그 지하를 우리에게 주셨습니다.

두 가지 예에서 볼 수 있듯이, 저는 개인적으로 하나님께서 우리에게 성경 구절을 통해서 말씀하실 때에도 자기 처지와 생각을 따라 그것을 받아들일 것이 아니라, 문맥 안에서 그 구절을 이해하는 것을 포함해서 그 구절을 올바로 이해하는 것이 중요하고, 그래야 하나님께서 말씀하시고 하는 바를 더욱 올바로 이해할 수 있다고 생각합니다.

4. 당시의 정황을 생각하며 읽습니다

성경을 통해서 하나님의 음성을 듣기 위해서는 성경을 자세히 읽는 것이 중요한데, 저는 그 중 하나가 그 당시의 정황을 생각하면서 성경을 자세히 읽는 것이라고 생각합니다. 예를 들어, 저의 경우에는 성경을 읽으면서 그 당시 그 하나님의 말씀을 듣는 사람들의 입장에서는 그 말이 어떻게 들렸을까를 생각하면서 그 구절을 보면 하나님께서 그 구절을 통해 의도하신 바가 더 선명히 보여지는 경우가 많습니다.

우리는 앞에서 예레미야 시대의 이스라엘 백성들이나 예수님 시대의 종교지도자들이 성경을 통해서 하나님의 음성을 전혀 듣지 못했다는 사실을 구체적으로 예를 들면서 살펴보았습니다. 그런데 만약 그들이 성경을 읽을 때 그 하나님의 말씀을 들은 그 당시의 하나님의 백성들의 입장에서 그 말이 어떻게 들렸을지를 생각하면서 자세하게 읽었더라면 어떻게 되었을까요? 물론 결국에는 영적 분별력이 핵심이었겠지만,

무슨 말인지 앞에서 살펴본 이사야 1장을 다시 한 번 보십시오. "[10]너희 소돔의 관원들아 여호와의 말씀을 들을지어다 너희 고모라의 백성아 우리 하나님의 법에 귀를 기울일지어다 [11]여호와께서 말씀하시되 너희의 무수한 제물이 내게 무엇이 유익하뇨 나는 숫양의 번제와 살진 짐승의 기름에 배불렀고 나는 수송아지나 어린 양이나 숫염소의 피를 기뻐하지 아니하노라 [12]너희가 내 앞에 보이러 오니 이것을 누가 너희에게 요구하였느냐 내 마당만 밟을 뿐이니라 [13]헛된 제물을 다시 가져오지 말라 분향은 내가 가증히 여기는 바요 월삭과 안식일과 대회로 모이는 것도 그러하니 성회와 아울러 악을 행하는 것을 내가 견디지 못하겠노라 [14]내 마음이 너희의 월삭과 정한 절기를 싫어하나니 그것이 내게 무거운 짐이라 내가 지기에 곤비하였느니라 [15]너희가 손을 펼 때에 내가 내 눈을 너희에게서 가리고 너희가 많이 기도할지라도 내가 듣지 아니하리니 이는 너희의 손에 피가 가득함이라"(사 1:0-15).

우리가 이 구절을 그냥 읽으면 우리는 "아, 이사야 시대의 이스라엘 백성들의 신앙과 예배는 참으로 타락했었구나. 하나님께서 그들의 예배에 대해서 기술하고 있는 표현들을 보라. 하나님께서 그들의 예배를 얼마나 싫어하셨는가."라고 생각합니다. 그러면서 우리는 우리의 신앙이나 예배가 그들처럼 타락하지 않았다고 생각하기 때문에 그냥 넘어갑니다. 다시 말해서, 앞에서 살펴본 것처럼 우리는 하나님께서 이 구절들을 통해서 목이 터져라 외쳐도 그 음성을 전혀 듣지 못할 수 있습니다. 아마 바리새인들도 이 구절을 읽었을 때 그들은 그렇게 생각했을 것입니다. 그리고 그들은 그냥 지나쳤을 것입니다.

그런데 이 구절을 읽을 때, 이사야의 이 말이 그 당시 이스라엘 백성들에게 어떻게 들렸을지를 한 번 생각해 보십시오. 다시 말해서, 그 당시 이스라엘 백성들이 하고 있었던 일을 보십시오. 그리고 그들이 이 말을 들었을 때 어떻게 생각했을지를 한 번 생각해 보십시오. 그렇게 이 구절을 보면, 이미 앞에서 살펴본 것처럼, 우리는 그들이 정말 모든 예배와 절기를 잘 지키고, 정말 많은 제사와 희생을 하나님께 드렸던 것을 알 수 있습니다. 특히 우리는 그들이 성경에서 명령한 대로 그 모든 절기를 지키고 그 모든 희생을 드렸던 것을 알 수 있습니다. 그런데 하나님께서 그러한 그들에게 그들의 신앙과 예배에 대해서 그렇게 말씀하셨던 것입니다. 그렇다면 이사야의 이 말을 들은 그들은 어떻게 생각했겠습니까? 그들은 이 말을 전혀 받아들이지 않았을 것입니다. 그들은 이사야가 참다운 선지자가 아니라고 생각했을 것입니다. 자, 그렇다면 이제 우리는 왜 그러한 이스라엘 백성들에게 하나님께서 그렇게 말씀하셨는지를 찾아야 합니다. 그러한 과정을 통해서 우리는 하나님의 뜻을 발견할 수 있고, 또한 우리를 향한 하나님의 음성을 들을 수 있습니다.

10장
묵상이 **필수입니다**

성경을 통해서 하나님의 음성을 듣기 위해서는 묵상이 필수입니다. 그래서 성경도 묵상의 중요성을 강조하고 있습니다.

1. 묵상의 중요성

성경은 여러 곳에서 하나님의 말씀을 묵상하는 것의 중요성을 말하고 있습니다. 그 대표적인 한 구절이 여호수아 1장입니다. "⁵네 평생에 너를 능히 대적할 자가 없으리니 내가 모세와 함께 있었던 것 같이 너와 함께 있을 것임이니라 내가 너를 떠나지 아니하며 버리지 아니하리니 ⁶강하고 담대하라 너는 내가 그들의 조상에게 맹세하여 그들에게 주리라 한 땅을 이 백성에게 차지하게 하리라 ⁷오직 강하고 극히 담대하여 나의 종 모세가 네게 명령한 그 율법을 다 지켜 행하고 우로나 좌로나 치우치지 말라 그리하면 어디로 가든지 형통하리니 ⁸이 율법책을 네 입에서 떠나지 말게 하며 주야로 그것을 묵상하여 그 안에 기록된 대로 다 지켜 행하라 그리하면 네 길이 평탄하게 될 것이며 네가 형통하리라 ⁹내가 네게 명령한 것이 아니냐 강하고 담대하라 두려워하지 말며 놀라지 말라 네가 어디로 가든지 네 하나님 여호와가 너와 함께 하느니라 하시니라"(수 1:5-9).

이 구절은 하나님께서 가나안 정복을 앞두고 모세의 뒤를 이어 여호수아를 세우시면서 그에게 하신 말씀입니다. 그 당시 여호수아의 입장에서는 참으로 두려운 일이 아닐 수 없었습니다. 그는 그 훌륭한 지도자의 뒤를 이어서 이스라엘 백성들의 지도자가 되었습니다. 그 하나만으로도 그에게는 참으로 큰 부담이었을 것입니다. 뿐만 아니라, 그는 지도자로 세워지자마자 가나안 정복이라는 막중한 임무를 맡게 되었습니다. 그 상황에서 하나님은 여호수아에게 무엇보다 말씀에 의한 삶을 살라고 명령하셨습니다. 그리고 그가 그렇게 하면 하나님께서 모세와 함께 하셨던 것처럼 항상 그와 함께 하실 것이고, 그로 하여금 하나님께서 그의 조상들에게 약속하신 그 모든 유업을 차지하게 하겠다고 약속하셨습니다. 그런데 하나님께서 그에게 명령하신 말씀에 의한 삶의 한 중요한 부분이 바로 하나님의 말씀을 묵상하는 것이었습니다. 하나님의 말씀을 따라 사는 삶, 그리고 그것을 위해 하나님의 말씀을 묵상하는 것은 그만큼 중요합니다. 그것은 하나님께서 우리의 삶 속에 늘 함께 하시는 비결이고, 우리가 하나님의 유업을 받는 비결이기도 합니다.

그래서 시편 1편의 기자도 복 있는 사람의 한 특징이 하나님의 말씀을 묵상하는 것이라고 말했습니다. "¹복 있는 사람은 악인들의 꾀를 따르지 아니하며 죄인들의 길에 서지 아니하며 오만한 자들의 자리에 앉지 아니하고 ²오직 여호와의 율법을 즐거워하여 그의 율법을 주야로 <u>묵상하는도다</u> ³그는 시냇가에 심은 나무가 철을 따라 열매를 맺으며 그 잎사귀가 마르지 아니함 같으니 그가 하는 모든 일이 다 형통하리로다 ⁴악인들은 그렇지 아니함이여 오직 바람에 나는 겨와 같도다 ⁵그러므로 악인들은 심판을 견디지 못하며 죄인들이 의인들의 모임에 들지 못하리로다 ⁶무릇 의인들의 길은 여호와께서 인정하시나 악인들의 길은 망하리로다"(시 1:1-6). 저는 최근에 어떤 신문에서 한 농부가 포도나무 한 그루에서 2천 송이의 포도 열매가 맺히도록 재배하는데 성공했다는 기사를 읽고 난 후, 성경에서 말하는 내용이 더욱 실감났습니다. 시편 1편이 말하는 삶이 얼마나 복된 삶입니까. 그런데 그 삶을 위한 한 핵심이 바로 하나님의 말씀을 따라 사는 삶이고, 그 삶의 한 중요한 부분이 하나님의 말씀을 묵상하는 것입니다.

우리는 앞에서 시편 119편 기자의 자세에 대해서 살펴보았습니다. 그는 참으로 하나님의 말씀을 사랑하고, 하나님의 말씀을 따라 산 사람이었습니다. 그리고 그것을 위해 하나님의 말씀을 깊이 묵상한 사람이었습니다. 우리가 잘 아는 대로, 시편 119편 전체가 바로 하나님의 말씀에 관한 시편입니다. 그런데 성경에서 하나님의 말씀을 묵상하는 것에 대해서 가장 많이 말하고 있는 성경이 바로 시편 119편입니다. 그만큼 하나님의 말씀을 묵상하는 것은 중요합니다. 몇 구절을 살펴보면 다음과 같습니다. 개역개정 성경에 '읊조리다'라고 번역된 단어는 바로 묵상을 의미합니다. "¹⁴내가 모든 재물을 즐거워함 같이 주의 증거들의 도를 즐거워하였나이다 ¹⁵내가 주의 법도들을 작은 소리로 읊조리며 주의 길들에 주의하며 ¹⁶주의 율례들을 즐거워하며 주의 말씀을 잊지 아니하리이다."(시 119:14-16)

"²³고관들도 앉아서 나를 비방하였사오나 주의 종은 주의 율례들을 작은 소리로 읊조렸나이다 ²⁴주의 증거들은 나의 즐거움이요 나의 충고자니이다."(시 119:23-24)

"⁴⁷내가 사랑하는 주의 계명들을 스스로 즐거워하며 ⁴⁸또 내가 사랑하는 주의 계명들을 향하여 내 손을 들고 주의 율례들을 작은 소리로 읊조리리이다."(시 119:47-48)

"⁷⁷주의 긍휼히 여기심이 내게 임하사 내가 살게 하소서 주의 법은 나의 즐거움이니이라 ⁷⁸교만한 자들이 거짓으로 나를 엎드러뜨렸으니 그들이 수치를 당하게 하소서 나는 주의 법도들을 작은 소리로 읊조리리이다."(시 119:77-78)

"⁹⁷내가 주의 법을 어찌 그리 사랑하는지요 내가 그것을 종일 작은 소리로 읊조리나이다 ⁹⁸주의 계명들이 항상 나와 함께 하므로 그것들이 나를 원수보다 지혜롭게 하나이다 ⁹⁹내가 주의 증거들을 늘 읊조리므로 나의 명철함이 나의 모든 스승보다 나으며 ¹⁰⁰주의 법도들을 지키므로 나의 명철함이 노인보다 나으니이다."(시 119:97-100)

"¹⁴⁷내가 날이 밝기 전에 부르짖으며 주의 말씀을 바랐사오며 ¹⁴⁸주의 말씀을 조용히 읊조리려고 내가 새벽녘에 눈을 떴나이다."(시 119:147-148)

그래서 성경에 나오는 귀한 하나님의 사람들은 늘 하나님의 말씀을 묵상했습니다. 그 중 대표적인 한 예가 다윗입니다. 시편 63편은 다윗의 시입니다. 그는 무엇보다 하나님을 찾고 갈망했습니다. 그의 시편을 보면 그가 얼마나 큰 갈망으로 하나님을 찾았는지를 볼 수 있습니다. 그리고 그는 시편 119편 기자와 똑같이 그렇게 하나님을 찾는 한 부분으로 하나님의 말씀을 묵상했습니다. "[1]하나님이여 주는 나의 하나님이시라 내가 간절히 주를 찾되 물이 없어 마르고 황폐한 땅에서 내 영혼이 주를 갈망하며 내 육체가 주를 앙모하나이다 [2]내가 주의 권능과 영광을 보기 위하여 이와 같이 성소에서 주를 바라보았나이다 [3]주의 인자하심이 생명보다 나으므로 내 입술이 주를 찬양할 것이라 [4]이러므로 나의 평생에 주를 송축하며 주의 이름으로 말미암아 나의 손을 들리이다 [5]골수와 기름진 것을 먹음과 같이 나의 영혼이 만족할 것이라 나의 입이 기쁜 입술로 주를 찬송하되 [6]내가 나의 침상에서 주를 기억하며 새벽에 주의 말씀을 작은 소리로 읊조릴 때에 하오리니 [7]주는 나의 도움이 되셨음이라 내가 주의 날개 그늘에서 즐겁게 부르리이다 [8]나의 영혼이 주를 가까이 따르니 주의 오른손이 나를 붙드시거니와 [9]나의 영혼을 찾아 멸하려 하는 그들은 땅 깊은 곳에 들어가며 [10]칼의 세력에 넘겨져 승냥이의 먹이가 되리이다 [11]왕은 하나님을 즐거워하리니 주께 맹세한 자마다 자랑할 것이나 거짓말하는 자의 입은 막히리로다"(시 63:1-11).

2. 어떤 구절을 묵상할 것인가?

성경과 기도로 하나님 앞에 나가, 하나님의 말씀을 읽고 묵상하되 어떤 성경구절을 묵상할 것인가? 이 점이 많은 성도들이 가장 궁금해 하는 것 중 하나입니다.

우선 어떤 성경을 읽을 것인가?

어떤 구절을 묵상할 것인가를 살펴보기에 앞서 우선 어떤 성경을 읽을 것인가를 살펴보는 것이 필요합니다.

하나님께서 특별한 감동을 주실 때까지 기다렸다가, 하나님께서 감동을 주시면 그 성경을 읽는 것은 바람직한 자세가 아닙니다. 만약 그렇게 성경을 읽는다면, 평생 동안 성경을 몇 구절 못 읽을 것입니다. 물론 앞으로 살펴보겠지만, 때로는 하나님께서 어떤 성경을 읽도록 구체적으로 감동을 주실 수 있습니다. 그러나 그것은 오히려 예외적인 것입니다. 혹은 "하나님, 오늘의 말씀을 주세요."라고 기도하고 눈을 감고 성경을 펼쳐서 손가락을 그 위에 올려놓고, 눈을 떠서 그 손가락이 가리키는 구절을 읽는 식도 바람직하지 못합니다.

성경을 차례대로 읽는 것이 좋습니다. 특히 신앙이 어린 사람일수록 더욱 그렇습니다. 구약성경보다는 신약성경부터 읽으십시오. 그리고 나서 구약성경을 읽으십시오. 예수님을 처음 믿은 사람이면, 요한복음을 가장 먼저 읽고, 그 다음 마태복음부터 차례대로 신약성경을 읽는 것도 좋은 방법 중 하나입니다. 또 한 가지 좋은 방법은 성경 읽기표에 나오는 순서대로 성경을 죽 읽어가는 것입니다. 오늘날 일 년에 한 차례씩 성경 전체를 읽도록 도와주는 성경 읽기표를 쉽게 구할 수 있습니다.

이렇게 성경을 차례대로 죽 읽어가다 보면, 때로는 하나님께서 성경의 어떤 부분을 읽도록 특별하게 인도하시기도 합니다. 그러면 그 부분을 읽으십시오. 얼마 전 제 마음 속에 신앙의 본질 차원에서 역대하를 죽 살펴보는 것이 중요할 것 같은 마음과 그것을 위한 바람이 생겼습니다. 그래서 저는 그 부분을 죽 읽었습니다. 그리고 이어서 역대상과 연관된 열왕기상하를 읽었습니다. 그 과정을 통해서 하나님께서 참으로 귀한 많은 것들을 보이셨습니다. 그리고 그것을 27차 십자가와 성령 컨퍼런스의 목회자 컨퍼런스를 통해서 나누었습니다. 저는 지금도 그 속에 오늘날 우리들을 향한 참으로 소중한 하나님의 말씀이 들어 있다고 확신합니다.

또 한 번은 느헤미야를 읽으면서 영적 전쟁에 대해서 더 알기 원하는 마음이 주어졌습니다. 느헤미야서는 영적 전쟁의 교과서와 같은 책이라는 사실을 그 전에도 알고 있었습니다. 그리고 과거에도 그 관점에서 그 책을 본 적이 있었습니다. 그러나 이번에 그 부분을 더욱 알기 원하는 마음의 부담이 주어졌습니다. 저는 느헤미야서를 자세하게 죽 읽었습니다. 그리고 이어서 에스라서를 읽었습니다. 이 경우에도 하나님께서 귀한 것들을 보이셨습니다. 그 중 하나가 바로 조직의 필요성과 중요성이었습니다. 그것이 계기가 되어서 결국 새물결선교회 실업인선교회와 교수선교회에 대한 하나님의 뜻을 발견하고, 그 선교회들을 출범하게 되었습니다.

하나님은 때로는 어떤 책(예를 들어 갈라디아서와 같은)을 읽고자 하는 간절한 열망을 주시기도 하고, 어떤 때는 필요에 의해 어떤 부분을 살펴보아야 할 것을 보이기도 하고, 또 때로는 어떤 책이나 주제에 대해 구체적으로 감동을 주심으로써 우리를 그렇게 인도하십니다.

그러나 언급한 것처럼 이러한 하나님의 구체적인 인도를 따르는 것은 오히려 예외적인 것입니다. 보편적으로 성경을 차례대로 전체적으로 읽는 것이 좋습니다. 그리고 그렇게 하면서 하나님께서 필요에 따라 구체적으로 인도하시면 그 부분에 순종하면 됩니다.

어떤 구절을 묵상할 것인가?

성경을 차례대로 읽어갑니다. 그리고 성경을 자세하게 읽습니다. 성경은 기자가 사건을 취재하듯이 그렇게 자세하게 읽는 것이 좋습니다. 이렇게 성경을 읽다보면, 성경을 읽는 중에 많은 것들이 보여집니다. 그러면 그것들을 기록하는 것이 중요합니다. 저는 과거에는 그것들을 성경 여백에다 썼습니다. 지금은 성경을 컴퓨터 워드에 복사해서 그것을 읽으면서 보여지는 것들을 바로 그 아래에 워드로 칩니다. 아무튼 방법은 여러 가지가 있겠지만, 기록하는 것이 매우 중요합니다.

이렇게 성경을 읽어가면서 우리는 하나님께서 주시는 구절들을 묵상합니다. 그럼 어떤 구절들을 묵상할 것인가? 다음은 하나님께서 성경을 통해 우리에게 말씀하시기 위해 우리에게 어떤 구절들을 묵상할 것인지를 알리시는 몇 가지 방법입니다. 당연히 이것들은 하나님께서 사용하시는 방법들을 다 망라한 것이 아닙니다. 그 일부일 뿐입니다.

어떤 때는 하나님께서 어떤 구절에 관심을 집중하게 하십니다. 어떤 때는 어떤 구절이나 단어를 넘어가지 못하게 하십니다. 어떤 때는 어떤 구절에, 그것이 무엇인지 아직 정확하게 다 알지 못하지만, 매우 소중한 부분이 있는 것을 느끼게 하십니다. 뭔가 보석과 같은 소중한 것을 발견한 느낌이라고 할까. 어떤 때는 반복적으로 어떤 부분이 보이게 하십니다. 어떤 때는 어떤 구절이나 단어가 마음에 깊이 와 닿게 하십니다. 심지어 어떤 때는 어떤 구절이나 단어를 볼 때에 반복적으로 거슬리게 하십니다. 어떤 때는 구체적인 성경 책이나 구절을 생각나게 하시면서 읽으라고 감동을 주실 때도 있습니다. 그리고 어떤 때는 하나님과의 친밀함과 같은 어떤 주제에 대해서 부담을 주시면서 그 부분에 대해서 집중적으로 연구하게 하실 때가 있습니다. 결국 가장 중요한 것은 하나님의 인도를 받는 것입니다. 저의 경험으로는 제가 하나님의 얼굴을 집중적으로 구할 때, 많은 경우 하나님께서 이렇게 인도해 가셨습니다.

이에 대한 한 좋은 예가 마르틴 루터의 예입니다.

나는 바울의 로마서를 이해하고 <u>싶은 마음이 간절했다</u>. '하나님의 의'라는 한 표현이 <u>나에게 방해가 되었다</u>. 나는 하나님은 의로우신 분으로서 공의로 불의한 자를 심판하시는 것을 하나님의 의라고 여겼다. 나는 나무랄 데 없는 수도사였지만, 하나님 앞에 서면 양심이 괴로운 죄인이었다. 나는 나의 공로로 그분을 달랠 수 있다는 확신이 없었다. 그것이 내 상황이었다. 그래서 나는 의로운 진노의 하나님을 사랑하지 않았다. 오히려 나는 그분을 미워했고, 그분에게 늘 불평했다. 그럼에도 불구하고 나는 사랑하는 바울에게 매달렸고, 그가 의미한 바를 알고자 하는 큰 갈망이 있었다.

나는 밤낮으로 연구하고 묵상했다. 그러던 중 하나님의 의와 "의인은 믿음으로 말미암아 살리라"는 말씀의 연관성이 보였다. 그때 나는 하나님의 의란, 하나님의 은혜와 순전한 자비로 인하여 믿음을 통해 우리를 의롭게 하시는 그 의임을 깨달았다. 거기서 나는 다시 태어난 것처럼 느꼈고, 낙원으로 문을 열고 들어간 것처럼 느꼈다. 성경 전체가 새로운 의미로 다가왔다. 과거에 '하나님의 의'는 나를 증오로 가득 차게 했었는데, 지금은 그 말이 나에게 더 큰 사랑 안에서 표현할 수 없을 정도로 달콤하게 느껴졌다. 바울의 이 구절이 나에게 천국의 문이 되었다.[1]

3. 묵상을 위해서는 해당 구절을 여러 번 읽는 것도 때로는 필요합니다

이제 묵상할 구절이 정해지면, 이제 그 구절을 여러 번 읽는 것도 필요합니다. 첫 번째는 전체적인 윤곽을 파악하기 위해, 두 번째나 그 이상은 그 구절을 자세하게 살피기 위해, 마지막으로 하나님께서 보이신 부분들을 정리하기 위해. 이 마지막 부분도 매우 중요한 부분입니다. 이 마지막 부분을 하지 않으면 '보석'들을 놓칠 수 있습니다. 보석도 꿰어야 아름다운 목걸이가 되는 것처럼 하나님께서 보이신 소중한 부분들을 전체적으로 잘 정리하는 것이 중요합니다. 이렇게 정리하면서 하나님께서 보다 더 구체적으로 많은 것들을 보이시고 알리실 수 있습니다. 저는 개인적으로 설교도 이렇게 준비합니다.

저는 목사지만, 부끄럽게도 성경을 읽으면서 밤을 센 적은 한 번밖에 없습니다. 그날 저녁 교회에서 요한복음을 읽어가고 있었습니다. 몇 장을 읽어가고 있는데, 갑자기 예수님께서 어떻게 사역을 감당하셨는지, 그리고 성경이 말하는 사역이 어떤 것인지 눈앞에 선명히 보이기 시작했습니다. 저는 처음으로 다시 돌아가서 그 관점에서 요한복음을 처음부터 다시 읽어가며 정리하기 시작했습니다. 그렇게 요한복음 전체를 읽고 정리했더니 새벽기도시간이 되었습니다. 그 과정을 통해서 하나님은 저에게 성경이 말하는 사역이 어떤 것인가를 선명하게 보여주셨습니다. 나중에 저는 헨리 블랙가비 목사도 『하나님을 경험하는 삶』이라는 책에서 정확하게 같은 것을 말하고 있는 것을 알게 되었습니다.

4. 관련 구절들을 살펴봅니다

해당 구절을 묵상하면서 한 가지 도움이 되는 것은 관련 구절들을 살펴보는 것입니다. 그렇게 할 때 하나님께서 성경을 통해 말씀하시고자 하는 바를 보다 충분하고 온전하게 이해할 수 있습니다. 관련 구절들을 찾는 데 있어서 우리에게 도움을 주는 두 가지 좋은 자료는 관주 성경과 주제별 성경입니다. 빌리 그래엄 목사의 경우에도 그분이 성경 다음으로 가장 많이 보는 책이 주제별 성경이라고 말한 것을 한 책에서 읽은 적이 있습니다. 그분이 즐겨보았던 주제별 성경은 Nave's Topical Bible이었는데, 오늘날 우리는 그 책의 어플을 무료로 받을 수 있습니다.

우리가 어떤 구절을 묵상하면서, 관주 성경이나 주제별 성경을 통해서 다른 관련 구절들을 찾아 묵상하고, 심지어 그 구절들과 연관된 또 다른 구절들을 찾아 묵상하다 보면 많은 시간이 걸릴 수 있습니다. 그렇게 하다 보면, 성경을 읽으면서 진도를 많이 나가지 못할 수 있습니다. 어떤 때는 몇 구절밖에 못 읽을 수 있습니다. 그러나 그렇게 하면서 놀라운 하나님의 뜻이 우리에게 보여집니다. 그리고 우리에게 기쁨이 넘칩니다.

성경을 묵상하면서 관주 성경이나 주제별 성경을 통해서 관련 구절들을 찾아 함께 묵상하는 것은 전문적인 신학 교육을 받은 사람만이 할 수 있는 어려운 일이 아닙니다. 그것은 모든 성도들이 할 수 있는 쉬운 일입니다. 저는 20대 초반에 제가 다니던 조그만 교회에서 장년들에게 설교한 적이 몇 번 있었습니다. 저는 그 당시 하나님께서 주신 말씀을 묵상하면서, 관주 성경 등을 통해 관련 구절들을 찾아 서로 비교하고 대조하면서 함께 묵상했습니다. 그때 하나님께서 많은 것들을 보이셨고, 저는 그것들을 설교 시간에 나누었습니다. 그러자 설교 시간을 통해 하나님께서 귀하게 함께 하셨습니다. 오늘날보다 자료가 훨씬 적은 그 시대에, 아직 어떤 신학적인 훈련도 받지 않은 20대 초반의 제가 할 수 있었다면, 이 책을 읽는 거의 모든 여러분들은 다 할 수 있습니다.

한 가지 지나가면서 언급하고자 합니다. 어떤 성도들은 자기들이 영적으로 자라지 못하는 이유를 목회자에게만 돌리는 경향이 있습니다. "우리 목사님이 하나님의 길을 올바로 전하지 않으니까, 우리 목사님이 우리를 올바로 인도해 주지 못하니까 내 신앙이 자라지 않는다. 그래서 나는 행복하지 못하다." 물론 목회자의 역할이 중요합니다. 그리고 만약 목회자가 하나님의 백성들을 하나님의 길로 올바로 인도하지 못한다면, 그는 그 책임을 하나님 앞에서 받을 것입니다. 그러나 우리는 사무엘이 엘리 제사장 밑에서 자랐다는 사실을 기억해야 합니다. 우리 자신이 하나님의 말씀인 성경을 묵상하며, 시편 119편의 기자처럼 하나님의 길을 알기를 간절히 구하고, 하나님의 길을 깨닫는 대로 삶을 조정하여 순종하는 삶을 살면 우리는 놀라운 승리하는 삶을 살게 될 것입니다. 특히 오늘날은 얼마나 많은 좋은 자료들이 우리 곁에 있습니까. 그러므로 혹시 당신이 영적으로 성숙하지 못하는 것을 목회자의 탓으로 돌리고 있었다면 지금부터라도 그 죄를 회개하고 하나님의 말씀 앞에 서기를 바랍니다.

관주 성경과 주제별 성경에 추가해서 관련 구절들을 찾는데 있어서 우리에게 도움을 주는 좋은 자료가 컴퓨터의 성경 프로그램들입니다. 성경 프로그램들에서 관련 검색어를 검색하면 성경 전체에서 그 단어가 나오는 구절들을 한눈에 볼 수 있습니다. 요즘은 구태여 돈을 주고 사지 않더라도 무료로 다운 받을 수 있는 성경 프로그램들도 많이 있습니다. 저는 그 중에서 '내 사랑하는 책'이라는 무료 성경 프로그램을 자주 애용합니다. 얼마 전 설교를 준비하다가, 마음을 다하여 주님을 찾을 것을 말하는 성경 구절들을 찾기 위해 '마음을 다'라는 단어를 입력하고 검색을 했습니다. 컴퓨터는 지시한 대로만 하기 때문에 '마음을 다하여'라고 입력하면 '마음을 다하고', '마음을 다하며' 등 많은 부분이 검색이 되지 않기 때문에 '마음을 다'까지만 입력하고 검색을 눌렀습니다. 저는 그 결과를 보고 너무 놀랐습니다. 왜냐하면 성경은 우리가 하나님께 하는 모든 것을 마음을 다하여 하라고 말하고 있었기 때문입니다. 하나님을 사랑하는 것도, 하나님께 예배하는 것도, 하나님께 순종하는 것도, 하나님을 찾는 것도 모두 마음을 다하여 하라고 성경은 말하고 있습니다. 저는 그 구절들을 읽으면서 하나님을 경외하는 두려움이라고 할 수 있는 마음이 들었습니다. 한 부분에서 하나님의 뜻이 선명히 보였습니다. 만약 제가 '온 마음'이라고 입력하고 검색을 눌렀다면, 그 구절들에 추가로 같은 내용의 많은 구절들을 보았을 것입니다.

물론 관주 성경이나 주제별 성경을 가지고 관련 구절들을 살펴볼 때에도, 성경에서 검색된 구절들을 살펴볼 때에도 우리가 앞 장에서 살펴본 것처럼 문맥에서 각 구절을 해석해야 합니다. 관주에 나와 있는 모든 구절이 다 자동적으로 같은 것을 의미하는 것은 아닙니다. 우리는 각 구절이 그 문맥에서 무엇을 의미하는지, 그것이 같은 것을 의미하는지 혹은 다른 것을 의미하는지 살펴보아야 합니다. 그리고 그것들을 참조해야 합니다.

5. 필요에 따라 주석도 참조합니다

하나님의 말씀을 묵상함에 있어서 그 구절의 역사적인 배경이나 그 구절이 말하는 뜻을 보다 잘 이해하기 위해서 필요에 따라 주석을 참조하는 것도 도움이 됩니다. 저는 개인적으로 '나의 사랑하는 책'에 나오는 주석들이 간단하지만 때로는 매우 유용한 것을 봅니다. 물론 시중에는 많은 좋은 주석들이 나와 있습니다. 주석들을 선택함에 있어서 목회자의 도움을 받으면 좋을 것입니다.

주석을 참조함에 있어서 우리가 반드시 기억해야 할 것은 주석은 성경이 아니라, 그 주석을 쓴 학자의 의견이라는 사실입니다. 그 학자가 나름대로 그 분야에서 전문적인 지식을 가지고 있는 것은 사실입니다. 그럼에도 불구하고 그 학자의 의견이 가장 옳다는 보장이 없습니다. 그리고 그 의견이 그 구절에 대한 유일한 해석이 아닙니다. 그러므로 우리는 주석을 보되, 그것을 참조하는 수준에서 보면 됩니다. 저는 개인적으로 어떤 구절의 역사적인 배경이나 그 구절에 대한 다양한 학자들의 의견을 보기 원할 때, 주석을 찾습니다.

제가 신학교에서 공부할 때, 한 교수께서 스코필드 성경에 대해서 말한 것이 생각납니다. 스코필드 성경은 세대주의적 전천년설의 관점에서 주석을 달아놓은 성경입니다. 그 교수는 그 성경을 읽는 성도들이 성경과 그 성경에 나오는 주석을 서로 구분하지 못해서, 다시 말해서 그 주석이 성경에 대한 가장 올바른 해석인 것처럼 받아들임으로써 성경적으로 그렇게 타당하지 않은 세대주의적 전천년설이 교회에 널리 퍼지게 되었다는 것이었습니다.

---

1) Roland Bainton, 『Here I Stand』(A Mentor Book), 49-50쪽.

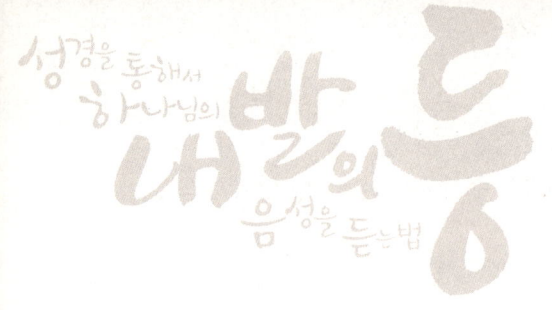

**11장
하나님의
음성을 들어야 합니다**

우리가 살펴본 것처럼 하나님의 말씀을 묵상하는 것은 단순한 성경공부가 아닙니다. 성경은 단순히 우리가 정복해야 할 연구서가 아닙니다. 우리는 성경을 통해서 하나님의 음성을 들어야 합니다.

사전 지식을 내려놓아야 합니다.

성경을 통해서 하나님의 음성을 들어야하기 때문에, 성경을 읽으면서 우선 우리가 앞에서 살펴본 대로 시편 119편 기자의 자세로 하나님의 말씀 앞에 서는 것이 중요합니다. 하나님은 하나님의 뜻을 행하고자 하는 자에게 말씀하십니다. "여호와께서 임하여 서서 전과 같이 사무엘아 사무엘아 부르시는지라 사무엘이 이르되 말씀하옵소서 주의 종이 듣겠나이다 하니"(삼상 3:10).

그리고 그 구절에 대한 사전 지식을 내려놓는 것이 중요합니다. 아무리 익숙한 구절이라도 이미 알고 있다는 선입견을 내려놓고, 그 구절을 처음 대하는 것처럼 성경을 통해서 하나님의 음성을 듣고자 해서 하나님의 말씀을 묵상할 때, 성령께서 하나님의 더욱 놀라운 길을 보이실 것입니다. 특히 하나님은 똑같은 구절을 통해서도 그때그때 다른 말씀을 우리에게 하실 수 있고, 또 그렇게 하시는 분입니다. 하나님께서 똑같은 분문이나 내용의 설교를 가지고 각기 다른 부분을 청중들에게 말씀하시는 것처럼 말입니다.

1. 깨닫게 하신 것이 하나님께서 말씀하신 것입니다

우리가 앞에서 살펴본 대로 깨닫게 하신 것이 하나님께서 우리에게 말씀하신 것입니다.

성령으로 하지 않고는 우리가 하나님의 진리를 깨달을 수 없습니다.

성령은 곧 진리의 영이십니다. 그분이 우리를 진리 가운데로 인도하십니다. 또한 우리가 성령으로 말미암지 않고는 하나님의 진리를 깨달을 수 없습니다.

"¹⁶내가 아버지께 구하겠으니 그가 또 다른 보혜사를 너희에게 주사 영원토록 너희와 함께 있게 하리니 ¹⁷그는 진리의 영이라 세상은 능히 그를 받지 못하나니 이는 그를 보지도 못하고 알지도 못함이라 그러나 너희는 그를 아나니 그는 너희와 함께 거하심이요 또 너희 속에 계시겠음이라."(요 14:16-17)

"보혜사 곧 아버지께서 내 이름으로 보내실 성령 그가 너희에게 모든 것을 가르치고 내가 너희에게 말한 모든 것을 생각나게 하리라."(요 14:26)

"내가 아버지께로부터 너희에게 보낼 보혜사 곧 아버지께로부터 나오시는 진리의 성령이 오실 때에 그가 나를 증언하실 것이요."(요 15:26)

"그러나 진리의 성령이 오시면 그가 너희를 모든 진리 가운데로 인도하시리니 그가 스스로 말하지 않고 오직 들은 것을 말하며 장래 일을 너희에게 알리시리라."(요 16:13)

"[9]기록된 바 하나님이 자기를 사랑하는 자들을 위하여 예비하신 모든 것은 눈으로 보지 못하고 귀로 듣지 못하고 사람의 마음으로 생각하지도 못하였다 함과 같으니라 [10]오직 하나님이 성령으로 이것을 우리에게 보이셨으니 성령은 모든 것 곧 하나님의 깊은 것까지도 통달하시느니라 [11]사람의 일을 사람의 속에 있는 영 외에 누가 알리요 이와 같이 하나님의 일도 하나님의 영 외에는 아무도 알지 못하느니라."(고전 2:9-11)

깨달은 것이 곧 하나님과의 만남입니다.

우리는 앞에서 헨리 블랙가비 목사의 하나님의 경험하는 삶의 실체 4번째 원리를 가지고 성경을 통해서 하나님의 음성을 듣는다는 것이 무슨 뜻인지를 살펴보았습니다. 하나님께서 성령에 의해 우리의 마음눈을 밝히심으로 성경을 통해 하나님 자신과 하나님의 목적과 하나님의 길을 깨닫게 하신 것이 하나님께서 말씀하신 것입니다. 영적인 진리를 깨닫는 것 자체가 하나님과의 만남입니다. 하나님의 영이 가르쳐주시지 않는 한 우리는 하나님의 목적과 길을 이해할 수 없습니다. 하나님이 성경의 구절들을 통해서 영적인 진리를 당신에게 계시하셨다면, 하나님은 당신 안에서 일하고 계신 것입니다. 우리가 앞에서 살펴본 대로 루터의 경우에도 그랬습니다.

최근에 성경을 묵상하면서 똑같은 내용이 반복적으로 보여졌습니다. 그리고 그것들이 서로 연결되어졌습니다. 그것은 다름이 아니라, 리더들이 하나님 앞에 나가 하나님의 임재 가운데서 하나님을 예배하고 나와 하나님의 백성들을 축복했고, 하나님은 그들의 기도를 들으셨다는 것입니다. 거기다가 그 즈음에 한 성도가 저에게 사업에 대해 상담을 하러 와서 그를 위해 기도해주었는데, 기도하는 중에 하나님께서 저에게 지체들의 사업이나 가정을 위해 더욱 기도하지 못한 것을 책망하셨습니다. 그러면서 그것이 하나님께서 성경을 통해 저에게 보이신 부분들과 연결되면서, 하나님께서 말씀하시는 것이 더욱 뚜렷해졌습니다. 그 이후로 저는 십일조가 많지 않은 지체들이 많은 것을 보면서 하나님께서 그들의 삶에 더욱 은혜를 부어달라고 기도합니다. 온전한 십일조를 드리지 않아서 십일조가 적은 성도도 있겠지만, 보다 근본적으로 저들의 수입이 적어서 십일조가 적은 경우가 훨씬 많을 것이기 때문입니다. 제 느낌인지 모르지만, 그 이후로 성도들의 십일조도 조금씩이나마 나아지는 것 같았습니다. 물론 저는 리더들이 하나님의 백성들을 위해서 축복한 내용이 그들의 경제적인 부분만이 아니라는 것, 그리고 그것이 가장 우선적인 부분도 아니라는 것을 압니다. 특히 성경에 나오는 리더들은 하나님의 임재 가운데서 하나님께 예배하고 난 다음에 그 상태에서 하나님의 백성들을 축복했습니다. 오늘날의 축도가 그 의미를 담은 것 같습니다. 그러나 오늘날 축도는 하나의 순서에 불과하게 이해되는 경우가 많은 것 같습니다. 하나님께서 그렇게 말씀하신 후 저는 우리의 예배가 더욱 하나님의 임재 가운데서 하나님을 진정으로 예배하는 예배가 되기를 추구합니다. 물론 예배는 그 자체가 목적입니다. 그리고 하나님께서 말씀하신 부분과 관련해 하나님께서 어떻게 인도하시는지 더욱 주시해 보고 있습니다.

리더들이 하나님의 임재 가운데서 하나님을 예배하고 난 다음 하나님의 백성들을 축복하는 몇 구절을 보면 다음과 같습니다. "[23]모세와 아론이 회막에 들어갔다가 나와서 백성에게 축복하매 여호와의 영광이 온 백성에게 나타나며 [24]불이 여호와 앞에서 나와 제단 위의 번제물과 기름을 사른지라 온 백성이 이를 보고 소리 지르며 엎드렸더라"(레 9:23-24).

"[14]다윗이 여호와 앞에서 힘을 다하여 춤을 추는데 그 때에 다윗이 베 에봇을 입었더라 [15]다윗과 온 이스라엘 족속이 즐거이 환호하며 나팔을 불고 여호와의 궤를 메어오니라……. [17]여호와의 궤를 메고 들어가서 다윗이 그것을 위하여 친 장막 가운데 그 준비한 자리에 그것을 두매 다윗이 번제와 화목제를 여호와 앞에 드리니라 [18]다윗이 번제와 화목제 드리기를 마치고 만군의 여호와의 이름으로 백성에게 축복하고……. [20]다윗이 자기의 가족에게 축복하러 돌아오매…….”(삼하 7:14-15, 17-18, 20).

"[10]제사장이 성소에서 나올 때에 구름이 여호와의 성전에 가득하매 [11]제사장이 그 구름으로 말미암아 능히 서서 섬기지 못하였으니 이는 여호와의 영광이 여호와의 성전에 가득함이었더라 [12]그 때에 솔로몬이 이르되 여호와께서 캄캄한 데 계시겠다 말씀하셨사오나 [13]내가 참으로 주를 위하여 계실 성전을 건축하였사오니 주께서 영원히 계실 처소로소이다 하고 [14]얼굴을 돌이켜 이스라엘의 온 회중을 위하여 축복하니 그 때에 이스라엘의 온 회중이 서 있더라"(왕상 8:10-14).

"[21]예루살렘에 모인 이스라엘 자손이 크게 즐거워하며 칠 일 동안 무교절을 지켰고 레위 사람들과 제사장들은 날마다 여호와를 칭송하며 큰 소리 나는 악기를 울려 여호와를 찬양하였으며……. [26]예루살렘에 큰 기쁨이 있었으니 이스라엘 왕 다윗의 아들 솔로몬 때로부터 이러한 기쁨이 예루살렘에 없었더라 [27]그 때에 제사장들과 레위 사람들이 일어나서 백성을 위하여 축복하였으니 그 소리가 하늘에 들리고 그 기도가 여호와의 거룩한 처소 하늘에 이르렀더라"(대하 30:21, 26-27).

우리는 앞에서 성경에서 말하는 깨닫는 것은 단순히 새로운 성경적인 지식을 발견하는 것이나 우리의 지혜로 새로운 진리를 깨닫는 것을 의미하는 것이 아니라, 성령께서 우리의 마음눈을 밝히셔서 우리로 하여금 하나님의 길을 알게 하시는 것을 말한다는 것을 살펴보았습니다. 그것은 하나님께서 성령에 의해 우리들에게 하나님의 진리를 <u>머리로 아는 것</u>이 아니라, <u>가슴으로 알게 하시는 것</u>입니다. 이 차이를 이해하는 것은 매우 중요합니다.

어떤 때는 하나님의 길이 죽 '다운로드'되는 경우가 있습니다.

저의 경우, 어떤 때는 오늘날 컴퓨터에서 정보를 다운로드 받듯이, 해당 성경 구절들이 생각나면서 여러 하나님의 길 혹은 진리들이 '다운로드'되는 경우가 있습니다. 다시 말해서, 성경에 나오는 진리들이 구슬을 꿰는 것처럼 서로 연결되고, 이해되고, 깨달아지는 경우가 있습니다. 특히 하나님의 얼굴을 집중적으로 그리고 지속적으로 구하면서, 하나님 임재 가운데 머물 때, 그러한 일이 일어나는 경우가 있습니다. 저는 그것이 가르침의 은사의 한 부분이 아닌가 생각합니다.

이처럼 하나님께서 성경을 통해 우리에게 하나님 자신과 하나님의 목적과 길을 깨닫게 하실 때, 그것이 하나님께서 우리에게 말씀하신 것입니다. 우리는 별도로 어떤 음성이나 환상을 따로 듣거나 볼 필요가 없습니다. 하나님께서 성령님을 통해 우리에게 하나님의 것들을 보여주신 것 그 자체가 하나님께서 이미 우리에게 말씀하신 것이기 때문입니다.

2. 하나님께서 말씀하셨다는 것을 '그냥' 압니다

하나님께서 성경을 통해서 우리에게 말씀하시는 또 한 가지 방법은 당신이 하나님께서 그 구절을 가지고 당신에게 말씀하셨다는 것을 '그냥' 아는 것입니다.

하나님께서 우리에게 말씀하실 때, 그 특징 중 하나는 우리가 하나님께서 말씀하셨다는 것을 '그냥' 아는 것입니다. 그러니까 이 말은 우리가 하나님의 음성이라고 생각하는 모든 것이 다 하나님의 음성이라는 말은 아닙니다. 논리적으로 "A는 B이다."라고 말할 때, 그 말은 "B는 A이다."라는 말은 아닙니다. 예를 들어, 제 아내는 여자입니다. 그러나 그 말은 여자는 제 아내라는 말은 아닙니다. 그렇다면 그 말은 큰일 날 소리입니다. 마찬가지로 하나님께서 우리에게 말씀하실 때, 우리는 그냥 그것이 하나님의 음성인 것을 압니다. 하나님의 영이 우리 영으로 더불어 그것을 증거하시기 때문입니다. 그러나 이 말은 우리가 하나님의 음성이라고 생각하는 모든 것이 다 하나님의 음성이라는 말은 결코 아닙니다. 하나님의 음성은 그 외에도 다른 많은 특징들을 가지고 있는데, 진정한 하나님의 음성은 그 모든 특징에 다 부합합니다.[1]

그래서 성경을 묵상하면서 때로는 하나님께서 그 구절을 우리에게 주신 것을 우리가 그냥 알게 됩니다. 당연히 그 진위나 내용에 대해서는 하나님과의 관계에서 그리고 여러 경로를 통해 분별해야 합니다. 하나님의 음성을 듣는 데 있어서 항상 가장 중요한 것 중 하나는 분별입니다.[2] 제가 여기서 말하고자 하는 바는 하나님께서 성경을 통해서 우리에게 말씀하시는 방법 중 하나가 하나님께서 그 구절을 우리에게 주셨다는 것을 그냥 아는 것이라는 점입니다. 제가 앞에서 언급했습니다만, 하나님께서 저에게 이사야 54:1-3을 주셨을 때, 저는 그날 하나님께서 저에게 그 구절을 주셨다는 것을 그냥 알았습니다. 물론 하나님께서 말씀하시는 진정한 의미는 나중에 깨닫게 되었지만 말입니다.

3. 하나님의 음성을 구체적으로 들어야 합니다

1) 하나님께서 말씀하시는 바가 무엇인지를 알아야 합니다.

우리는 묵상을 통해서 하나님의 음성을 들어야 합니다. 그런데 하나님께서 말씀하시는 바가 무엇인지 분명히 알아야 합니다. 그래서 하나님의 음성을 듣는 것은 하나님께서 말씀하시는 바를 분명하게 이해할 때까지 하나님께 더욱 구체적으로 묻고 계속해서 하나님 앞에서 기다리는 것을 포함합니다. 하나님께서 우리에게 말씀하실 때, 우리는 하나님께서 우리에게 말씀하신 내용이 정확하게 무엇인지, 그리고 그에 대한 반응으로 우리가 어떻게 하기를 원하시는지를 정확하게 이해할 때까지 지속적으로 하나님을 찾고, 하나님 앞에서 기다려야 합니다.

2) 그 반응으로 우리가 어떻게 하기 원하는지를 알아야 합니다.

하나님께서 말씀하신 내용을 알았으면 이제 우리가 그 반응으로 우리가 어떻게 하기를 원하시는지 하나님께 물어야 합니다. 여기서 중요한 것은 하나님께서 말씀하신 바에 대한 우리의 각오와 결단을 말하는 것이 아니라는 사실입니다. 우리의 결단과 각오로는 충분하지 않습니다. 그것으로는 하나님의 뜻을 이룰 수 없습니다. 우리는 하나님께서 우리에게 말씀하신 것에 대한 반응으로 우리가 어떻게 하기를 원하시는지 하나님께 묻고 그 응답을 기다려야 합니다. 예를 들어, 묵상을 통해 하나님께서 어떤 하나님의 목적을 우리에게 보이셨다면, 우리는 그에 대한 반응으로 우리가 그 일에 어떻게 동참하기를 하나님께서 원하시는지 하나님께 물어야 합니다. 하나님께서 우리에게 하나님의 길을 보이셨다면, 우리가 그에 대한 반응으로 어떻게 삶을 조정하여 하나님의 길에 순종하기 원하시는지 하나님께 물어야 합니다.

3) 기도로 하나님 앞에 나가십시오.

하나님께서 말씀하신 바가 무엇인지 그리고 그에 대한 반응으로 우리가 어떻게 하기를 원하시는지를 발견했으면 이제 무엇보다 기도로 하나님 앞으로 나가십시오. 하나님께서 말씀하신 것을 기도로 바꾸십시오. 하나님께 나아가 하나님께서 말씀해 주신 것에 대해서 감사하고, 하나님께서 말씀하신 대로 행할 수 있는 은혜를 부어주시도록 하나님께 기도하십시오.

---

1) 이 부분에 있어서 좀 더 상세히 알기 원하시면, 저의 책 『하나님의 음성 듣는 것』(도서출판 새물결)을 참조하십시오.
2) 같은 책 참조.

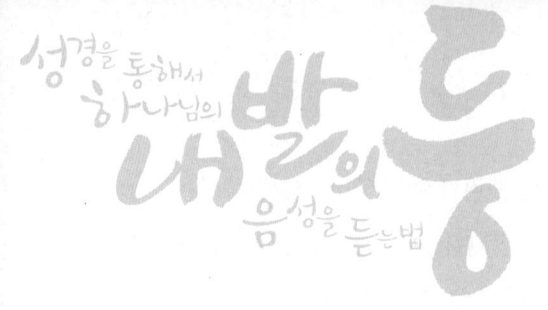

12장
묵상 노트에 기록하십시오

이제 하나님께서 말씀하신 것을 묵상 노트에 기록하는 것이 중요합니다.

1. 기록의 중요성

하나님께서 우리에게 어떤 부분을 말씀하셨다면, 그것은 천지를 창조하신 만군의 여호와께서 우리에게 말씀하신 것입니다. 그러므로 그것을 잘 기록해야 합니다. 다음은 하나님께서 말씀하신 것을 반드시 기록해야 할 몇 가지 중요성을 나열한 것입니다.

1) 기록하지 않으면 잊어버립니다.

저는 설교를 준비할 때에도 우리가 여기서 살펴보고 있는 과정을 통해서 준비합니다. 그 과정은 하나님의 말씀을 전하는 지체들, 예를 들면 중고등부 교사와 같은 지체들을 위해 부록에 따로 정리하였습니다.

설교를 준비하는데 있어서도 가장 중요한 부분 중 하나는 하나님께서 말씀하신 부분을, 다시 말해 하나님께서 보이신 부분들을 기록하는 것입니다. 모든 목회자들이 그렇듯이 당연히 저도 하나님께서 그날 그 청중들에게 무슨 말씀을 전하기 원하시는지를 발견하기 위해 하나님 앞에 섭니다. 그리고 하나님께서 무엇을 설교하기 원하시는지 보이시면 그 내용을 기록할 뿐만 아니라, 그 때의 느껴졌던 하나님의 마음, 강조점 등을 상세하게 적습니다. 주변에 마땅히 기록할만한 종이가 없으면 이면지든, 신문지든 아무데라도 적습니다. 심지어 어떤 때는 화장지에 적을 때도 있습니다. 왜냐하면 그 당시 바로 그것을 적지 않으면 하나님께서 주신 부분을 잊어버리기 때문입니다.

설교를 보다 구체적으로 준비할 때가 되면, 그 종이에 적힌 내용을 보면서 하나님 앞에 나가 보다 구체적인 하나님의 인도를 받습니다. 그런데 그 종이에 적힌 내용이 별 내용이 없더라도 그것을 가지고, 그 토대 위에서 하나님의 인도를 구할 때, 하나님의 인도가 더 분명해집니다. 반면에 하나님께서 말씀하셨던 부분을 망각하고 하나님 앞에 서면 저의 경우에는 방향을 잃습니다. 무엇을 어떻게 해야 할지 전혀 모릅니다. 그래서 우리 집에서는 제 글씨가 쓰여 있는 종이는 그것이 어떤 종이든지 제 승인 없이 버리지 않는 것이 불문율로 되어 있습니다.

하나님께서 말씀하신 것을 반드시 기록해야 할 필요성에 대한 한 가지 재미있는 일화를 말씀드리겠습니다. 저는 심방을 갈 때, 대부분의 경우에 하나님께서 그 가정을 위해 무슨 말씀을 전하기 원하시는지 하나님의 인도를 받아 성경구절과 전할 말씀을 준비합니다. 그리고 그렇게 하나님께서 주신 말씀을 전하면, 수없이 많은 경우에 그 말씀이 그 가정에 꼭 필요한 말씀인 것을 경험합니다. 오래전 일입니다. 한 번은 어느 가정에 심방을 가기로 되어 있었습니다. 저는 그 가정에 무슨 말씀을 전할지 하나님을 찾으면서 하나님의 인도를 구했습니다. 하나님께서 성경에 나오는 어떤 구절을 생각나게 하시면서, 그 구절을 가지고 어떤 부분을 전하라는 마음을 주셨습니다. 저는 그것을 바로 적었어야 했습니다. 그러나 상황이 여의치 않아 잠깐 뒤로 미뤘습니다. 저는 이내 그것을 잊어버렸고, 심방 시간이 다 되어 가는데도 전혀 기억이 나지 않았습니다. 한 시간 가량 운전을 하고 가면서도 저는 계속해서 하나님께 회개하며, 앞으로는 잘 적겠다고 약속하며, 생각나게 해달라고 기도했습니다. 저는 어찌할 바를 몰랐습니다. 다행히 그 집의 문을 열고 들어가는 순간 하나님께서 모든 것을 생각나게 해주셨습니다. 그래서 그날도 심방을 잘 할 수 있었습니다. 그 뒤로는 더욱더 철저하게 하나님께서 말씀하실 때 잘 적습니다.

성경을 통해 하나님의 음성을 들을 때도 마찬가지입니다. 그것을 반드시 적어야 합니다. 하나님께서 말씀하신 것, 즉 깨닫게 하신 것을 내용뿐 아니라, 그 당시 느껴졌던 하나님의 마음, 자기 속에 있던 감격이나 다른 감정 등을 비교적 상세하게 적는 것이 좋습니다.

2) 기록함으로써 하나님께서 말씀하신 것을 상기할 수 있습니다.

하나님께서 우리에게 말씀하셨을 때, 우리는 그것을 항상 기억할 수 있을 것이라고 생각합니다. 물론 어떤 부분은 오랜 시간이 지나도 선명하게 기억나기도 합니다. 그러나 우리는 많은 경우 며칠이 지나면 그것을 망각합니다. 인간은 망각의 동물입니다. 특히 우리가 하나님께서 말씀하신 내용의 일부를 기억하고 있을지 모르지만, 대부분의 경우에 있어서 내용 외에 많은 부수적인 부분들을 다 망각합니다. 그런데 말씀드린 것처럼, 하나님의 보다 구체적인 인도를 받는 데 있어서 그 하나하나의 부분들이 매우 소중합니다.

하나님께서 말씀하신 것을 기록해야 할 중요한 목적 중 하나는 하나님께서 말씀하신 것을 상기하기 위한 것입니다. 성경에 보면, 하나님께서 여러 절기들을 세우십니다. 그런데 그 절기들의 가장 주된 목적 중 하나는 하나님께서 행하신 것을 <u>기억하게 하기 위한 것</u>입니다. 그와 같이 하나님께서 행하신 것, 하나님께서 말씀하신 것을 기억하는 것이 중요합니다. 그래서 반드시 기록해야 합니다. 기록하였을 때, 시간이 지난 이후에도 하나님의 명령을 상기할 수 있고, 그것을 행했는지 그렇지 못했는지를 점검할 수 있습니다.

3) 말씀하신 것을 살펴봄으로써 하나님께서 행하시는 것을 볼 수 있습니다.

하나님께서 말씀하신 것들을 정리하고, 그것들을 뒤돌아 살펴보고, 그것들을 연결해 볼 때, 우리는 하나님께서 우리 주위에서 행하고 계신 일이 무엇인지 알 수 있을 것입니다. 그래서 묵상 노트를 통해서 우리는 우리를 향한 하나님의 구체적인 인도하심을 한눈에 볼 수 있을 것입니다.

조나단 에드워즈가 말하기를 어느 시대건 하나님께 쓰임 받으려면 하나님의 행하심을 주시하여 보고 그 일에 온 삶으로 동참해야 한다고 했습니다. 그는 하나님의 행하심을 주시하여 보기 위해 TV나 라디오가 없던 그 시대에 큰 항구에 나가 외국에서 들어오는 배에 다가가서 들어오는 사람들에게 그 지역의 소식을 묻곤 했다고 합니다. 그만큼 그는 하나님의 행하심을 보기를 갈망했습니다. 하나님께서 그러한 은혜를 저에게 더욱 주시기를 간절히 소원합니다. 그런데 우리는 하나님께서 우리에게 말씀하시는 바를 종합해 봄으로써 하나님의 행하심을 주시하여 볼 수 있습니다. 그리고 그 일에 동참할 수 있습니다. 왜냐하면 하나님께서 성경을 통해서 하나님의 의중을 우리에게 알리시되, 다양한 구절들을 통해 같은 연장선상에서 우리에게 알리실 것이기 때문입니다. 저의 경우에는 하나님께서 다양한 시점에 다양한 구절들을 통해서 말씀하시되, 많은 구절들이 회복과 부흥에 관한 것들이었습니다.

따라서 때로는 하나님께서 말씀하신 것들을 서로 연결해 봄으로써, 우리를 향한 하나님의 부르심을 발견하는 데도 많은 도움이 될 것입니다.

더 나아가 우리는 하나님께서 말씀하신 바가 우리 삶 속에서 성취되고 이루어지는 것을 보면서, 우리의 삶에서 살아 계신 하나님을 개인적으로 경험하게 될 것입니다. 그래서 하나님께 감사를 드리고, 하나님을 더욱 개인적으로 친밀하게 알아갈 것입니다.

4) 말씀하신 바를 주야로 기억하고, 늘 영적으로 깨어 있을 수 있습니다.

우리는 하나님께서 말씀하신 것들을 기록하고 그것들을 살펴봄으로써, 하나님께서 말씀하신 것들을 기억하고, 그 일에 영적으로 깨어 있을 수 있습니다. 저는 이 부분 또한 성경을 통해서 하나님의 음성을 듣는 것과 관련하여 매우 중요한 부분이라고 생각합니다.

하나님께서 말씀하신 바에 우리가 경각심을 가지고 영적으로 깨어 있어야 우리는 하나님께서 말씀하신 바와 관련하여 우리 주변에서 어떤 일이 일어나고 있는지를 주시하여 볼 수 있습니다. 그리고 하나님께서 행하시고 계신 일에 우리가 온 삶으로 동참할 수 있습니다.

더 나아가 우리는 그렇게 영적으로 깨어 있어야 하나님께서 보이신 하나님의 계획과 뜻과 약속이 성취되도록 하나님께 간절히 기도할 수 있습니다. 그래서 성경을 통해 하나님의 음성을 듣는 것은 중보기도로 이어집니다. 우리가 우리의 삶에서 하나님과 동행하는 삶을 살려면 이 부분 또한 매우 중요한 부분입니다.

늘 마음에 품고 주시하여 보는 것의 중요성

헨리 블랙가비 목사는 그의 책 『하나님을 경험하는 삶』에서 이렇게 말합니다. *"성경을 읽는 것은 제게 얼마나 흥분되는 기대의 시간인지 모릅니다. 하나님의 영은 하나님의 마음을 아십니다. 그분은 하나님이*

제 인생에서 어떤 일을 하실 준비가 되었는지 알고 계십니다. 그리고 하나님의 영은 하나님과 그분의 목적들과 길들에 대한 저의 이해를 열어 주시기 시작합니다. 저는 이것을 아주 심각하게 받아들입니다. 다음은 하나님이 그분의 말씀을 통해서 진리를 계시하실 때 제가 응답하는 방법입니다.

저는 그 성경 말씀을 적습니다. 그리고 그것을 놓고 묵상합니다. <u>저는 제 자신이 그 말씀의 뜻 가운데에 푹 빠지게 되도록 노력합니다. 저는 저의 인생을 그 진리, 곧 하나님께로 조정합니다. 저는 하나님께 동의하고 하나님이 계시하신 방법대로 일하시도록 하기 위해 필요한 모든 일에 착수합니다. 그리고 저는 하나님이 그날 종일 그 진리를 저의 삶에 사용하시도록 주목하며 온 신경을 곤두세웁니다.</u> 하나님이 당신에게 진리를 계시하시도록 당신도 제가 밟는 그 과정을 따라 하실 수 있을 것입니다."[1]

2012년 12월 17일 저녁 교회 바인 바이블 아카데미에서 성도들에게 하나님을 경험하는 삶을 강의하고 있었습니다. 이 부분을 살펴보고 있었는데, 갑자기 성령께서 저에게 이 자세가 부족한 것을 강력하게 비추셨습니다. 강의를 듣고 있던 성도들은 몰랐을지 모르지만, 저는 계속 강의를 진행할 수 없을 정도였습니다. 특히 위에서 밑줄 친 부분이 저에게 부족한 것을 강력하게 비추셨습니다.

예를 들어, 26차와 27차 목회자 컨퍼런스를 통해 하나님께서 이 시대와 관련한 매우 중요한 부분들을 말씀하셨습니다. 이제 우리들이 해야 할 일은 이렇습니다. 우리 각자는 그 설교들을 다시 들으면서 그것들을 정리하고, 그 정리한 것들을 가지고 성경 구절들을 살펴보면서 하나님께서 말씀하고 계신 것들이 무엇인지 알기를 간절히 추구해야 합니다. 그리고 하나님께서 말씀하신 것들이 보여지는 대로 그것에 맞추어 회개하고 삶을 조정해야 합니다. 또한 하나님께서 말씀하신 것들을 늘 마음에 품고, 하나님께서 약속하신 하나님의 부흥과 관련하여 우리 주변에서 어떻게 일하시는지를 주시하여 보고, 하나님의 행하심에 동참하여야 합니다. 더 나아가 우리 각자는 하나님께서 약속하신 바가 이루어지도록 하나님께 간절히 기도하는 삶을 살아야 합니다. 그렇게 할 때, 우리는 우리의 삶에서 실질적으로 하나님과 동행하는 삶을 살게 될 것입니다. 그리고 우리는 하나님께서 말씀하신 바가 우리의 삶 속에서 실제적으로 이루어지는 것을 경험하게 될 것입니다. 저는 우리 지체들에게 꼭 그렇게 하라고 권면합니다.

다른 한 예를 들어보겠습니다. 얼마 전 역대하 6장을 묵상하면서, 하나님의 더 큰 능력의 역사에 대한 하나님의 뜻이 보여졌습니다. "[29]한 사람이나 혹 주의 온 백성 이스라엘이 다 각각 자기의 마음에 재앙과 고통을 깨닫고 이 성전을 향하여 손을 펴고 무슨 기도나 무슨 간구를 하거든 [30]주는 계신 곳 하늘에서 들으시며 사유하시되 각 사람의 마음을 아시오니 그의 모든 행위대로 갚으시옵소서 주만 홀로 사람의 마음을 아심이니이다 [31]그리하시면 그들이 주께서 우리 조상들에게 주신 땅에서 사는 동안에 항상 주를 경외하며 주의 길로 걸어가리이다 [32]주의 백성

이스라엘에 속하지 않은 이방인에게 대하여도 그들이 주의 큰 이름과 능한 손과 펴신 팔을 위하여 먼 지방에서 와서 이 성전을 향하여 기도하거든 ³³주는 계신 곳 하늘에서 들으시고 모든 이방인이 주께 부르짖는 대로 이루사 땅의 만민이 주의 이름을 알고 주의 백성 이스라엘처럼 경외하게 하시오며 또 내가 건축한 이 성전을 주의 이름으로 일컫는 줄을 알게 하옵소서"(대하 6:29-33).

이 내용은 솔로몬이 예루살렘 성전을 하나님께 봉헌하면서 하나님께 드린 기도 중에 나온 내용입니다. 32절을 읽는데, 이방인들이 왜 하나님께 나오는가가 선명히 보여졌습니다. 그들은 하나님의 큰 이름을 인하여, 다시 말해서 하나님의 놀라운 성품을 인하여, 그리고 하나님의 능한 손과 펴신 팔을 인하여, 다시 말해서, 하나님의 능력의 놀라운 역사들을 인하여 하나님께 나옵니다. 우리말 성경에 '위하여'라고 번역된 말을 영어 NIV 성경은 '인하여(because of)'라고 번역하고 있습니다. 이것이 오늘날 우리들에게도 절실하게 필요합니다. 이 둘의 조화가 필수입니다. 이 말씀은 하나님께서 여호수아 4장에서 하신 말씀과 정확하게 일치됩니다. "²³너희의 하나님 여호와께서 요단 물을 너희 앞에서 마르게 하사 너희를 건너게 하신 것이 너희의 하나님 여호와께서 우리 앞에 홍해를 말리시고 우리를 건너게 하심과 같았나니 ²⁴이는 땅의 모든 백성에게 여호와의 손이 강하신 것을 알게 하며 너희가 너희의 하나님 여호와를 항상 경외하게 하려 하심이라 하라"(수 4:23-24).

이것이 저에게 선명히 보여졌을 때, "하나님, 우리 가운데서 바로 그 일을 더욱 행해주세요."라는 기도와 함께, 그 말이 하나님께서 얼마 전에 아침 묵상 시간에 주셨던 감동과 연결이 되었습니다. 지난번 인도네시아 사역을 갔을 때, 숙소로 사용하고 있던 정재교 선교사 사택 게스트룸에서 새벽에 일어나 기도하는데, 갑자기 하나님께서 "왜 치유를 위해 기도하지 않느냐? 하나님은 기도를 들으시는 분인데......."라는 감동과 함께 야고보서 5장을 생각나게 하셨습니다. 그날이 정확하게 2013년 4월 4일이었습니다.

또한 역대하 6장을 통한 하나님의 음성은 작년에 창세기를 읽으면서 말씀하셨던 것과도 연결되었습니다. 아브라함은 하나님을 알되, 죽은 자를 살리시는 전능하신 하나님을 알고 신뢰했기 때문에, 그의 몸과 그의 아내의 몸이 아이 낳는 데 있어서는 이미 죽은 것을 알고도 믿음이 연약해지지 않고 하나님의 믿음으로 신뢰할 수 있었습니다. 그리고 그것이 의로 여겨져서 그는 하나님의 놀라운 역사를 경험했습니다. "[17]기록된 바 내가 너를 많은 민족의 조상으로 세웠다 하심과 같으니 그가 믿은 바 하나님은 죽은 자를 살리시며 없는 것을 있는 것으로 부르시는 이시니라 [18]아브라함이 바랄 수 없는 중에 바라고 믿었으니 이는 네 후손이 이같으리라 하신 말씀대로 많은 민족의 조상이 되게 하려 하심이라 [19]그가 백 세나 되어 자기 몸이 죽은 것 같고 사라의 태가 죽은 것 같음을 알고도 믿음이 약하여지지 아니하고 [20]믿음이 없어 하나님의 약속을 의심하지 않고 믿음으로 견고하여져서 하나님께 영광을 돌리며 [21]약속하신 그것을 또한 능히 이루실 줄을 확신하였으니 [22]그러므로 그것이 그에게 의로 여겨졌느니라"(롬 4:17-21).

그런데 창세기 17장 1절을 읽으면서, 그가 하나님을 그렇게 알 수 있었던 것은 하나님께서 그에게 전능하신 하나님으로서의 자신을 계시하셨기 때문이라는 사실이 선명히 보여졌습니다. "아브람이 구십구 세 때에 여호와께서 아브람에게 나타나서 그에게 이르시되 나는 전능한 하나님이라 너는 내 앞에서 행하여 완전하라"(창 17:1).

사실 아브라함이 항상 로마서 4장이 말하는 믿음을 가지고 있지 않았습니다. 만약 그랬더라면 이스마엘은 이 땅에 태어나지도 않았을 것이고, 오늘날의 중동 문제도 없을 것입니다. 그가 그러한 믿음을 가질 수 있었던 것은 그의 나이 99세에 하나님께서 그에게 전능하신 하나님으로서 자신을 계시해주셨기 때문입니다. 이 사실이 보여지면서, 그 당시 저에게 하나님께서 언제라도 전능의 하나님 그리고 치유의 하나님으로서의 자신의 모습을 우리 가운데 나타내시면 우리 가운데 더 놀라운 역사들이 나타날 것이 선명히 보여졌습니다.

이렇게 하나님께서 저에게 말씀하셨을 때, 제가 할 일은 우선 그것들을 기록하고 기억하는 것입니다. 그리고 그것들을 늘 마음에 품고 제 주위에서 그와 관련하여 하나님의 행하심을 주시하여 보는 것입니다. 당연히 하나님께서 행하시는 것이 보이면 삶을 조정하여 그 일에 동참해야 하겠지요. 뿐만 아니라, 이 일을 늘 마음에 품고 하나님의 약속하신 바가 더욱 나타나도록 하나님께 기도하는 것도 해야 할 일입니다. 그래서 사실 저는 주일 예배 시간에 설 때에도 이 부분과 관련해서 하나님께서 어떻게 하시나 더욱 주시하여 보고 있습니다. 그리고 하나님께서 더 놀라운 일을 우리 가운데서 행하시기를 간절히 바라고 있고, 하나님의 인도하심에 더욱 민감하기 위해 노력하고 있습니다. 하나님의 행하실 일을 기대합니다. 어쩌면 여러분이 나중에 이 책을 읽을 때쯤에는 하나님께서 우리 가운데서 이 일과 관련하여 더 놀라운 일을 행하고 계실지 모르겠습니다.

2. 무엇을 기록할 것인가?

그럼 무엇을 기록해야 합니까? 여러분 각자에게 가장 좋은 방법으로 기록하면 좋을 것입니다. 노트를 사서 경건 일기나 묵상 노트로 사용해도 되고, 컴퓨터로 작업하는 것이 편한 분들은 워드로 작업해서 그것을 프린트해서 묶어도 좋을 것입니다.

각자에게 가장 좋은 방법으로 하되, 다음의 내용들을 포함하면 도움이 될 것이라고 생각합니다.

1. 날짜
2. 묵상한 성경구절
3. 하나님께서 말씀하신 것이 무엇인가?
    1) 하나님 자신에 관해서
    2) 하나님의 목적에 관해서
    3) 하나님의 길(방법)에 관해서
4. 그에 대한 반응으로 하나님은 내가 무엇을 하기를 원하시는가?
5. 그것을 위한 나의 기도

6. 그것을 위해 내 삶에서 필요한 조정
7. 하나님께서 말씀하신 바를 순종한 날짜와 내용
8. 하나님께서 이루신 일과 날짜

몇 가지 주의할 점은 다음과 같습니다. 4번은 하나님께서 말씀하신 바에 대한 내 결단을 쓰는 것이 아니고, 하나님께서 말씀하신 것에 대한 반응으로 내가 어떻게 하기를 원하시는지 하나님께서 말씀하신 것을 쓰는 것입니다. 그렇게 하려면 하나님께서 어떤 부분을 보이셨을 때, 하나님께 기도로 나가서 "하나님, 하나님께서 말씀하신 것에 대한 반응으로 제가 어떻게 하기를 원하십니까?"라고 묻고 하나님 앞에서 기다리십시오. 한 번 그렇게 해보십시오. 하나님은 당신이 생각하는 것보다 훨씬 더 많이 당신에게 말씀하기를 원하십니다. 그리고 이러한 과정을 통해서 당신은 하나님과의 보다 친밀한 관계를 가꾸게 될 것입니다.

5번은 이제 하나님께서 말씀하신 바가 무엇인지 그리고 그에 대한 반응으로 당신이 어떻게 하기를 원하시는지를 발견했으면 무엇보다 먼저 기도로 하나님 앞으로 나가는 것을 말합니다. 하나님께서 말씀하신 것을 기도로 바꾸십시오. 하나님께 나아가 하나님께서 말씀해 주신 것에 대해서 감사하고, 하나님께서 말씀하신 대로 행할 수 있는 은혜를 부어주시도록 하나님께 기도하십시오.

6번은 하나님께서 말씀하신 바에 맞추어 당신의 삶 속에서 해야 할 조정을 기록하는 것입니다. 하나님이 당신의 삶 속에서 일하시도록, 당신의 개인, 가정, 교회, 혹은 직장 생활에서 당신이 어떤 조정을 할 필요가 있는지 알아보십시오. 당신 눈에 보이는 조정을 기록할 뿐 아니라, 이 경우에도 하나님께 묻고, 하나님 앞에서 기다린다면 당신이 미처 생각하지 못하는 부분까지 하나님의 귀한 인도를 당신은 경험하게 될 것입니다.

---

1) 헨리 블랙가비, 『하나님을 경험하는 삶』(요단출판사), 144쪽.

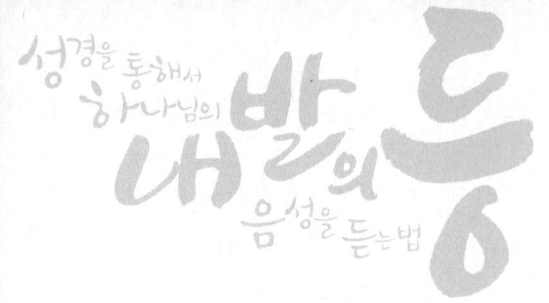

13장
조정과 순종

하나님께서 말씀하시는 바를 정확하게 이해하였으면, 우리는 그것에 맞추어 우리의 삶을 조정해야 합니다. 그리고 하나님께서 말씀하신 바를 순종해야 합니다. 하나님은 단순히 우리와 농담하기 위해 말씀하시지 않습니다. 하나님은 목적을 가지고 우리에게 말씀하십니다. 즉, 하나님은 우리에게 하나님과의 더욱 깊은 친밀한 관계로 나오라고, 그리고 하나님을 신뢰하고 따라오라고 하나님 자신의 성품을 계시하십니다. 하나님은 우리에게 그 일에 동참하라고 하나님의 목적과 의중을 계시하십니다. 하나님은 우리에게 그 길에 순종하라고 하나님의 길을 계시하십니다.

그런데 하나님께서 우리에게 하나님을 계시하심으로써 이미 말씀하셨음에도 불구하고, 우리는 자주 그 하나님의 말씀에 맞추어 우리의 삶을 조정하고 순종하려고 하지는 않고, 더 많은 하나님의 음성을 들으려고 노력하는 경향이 있습니다. 그것은 어리석은 행동입니다.

1. 두 가지 행동 : 조정과 순종

하나님께서 우리에게 말씀하시면, 다시 말해 하나님께서 우리에게 하나님의 뜻을 보이시면, 우리는 하나님께 반응해야 합니다.

우선 우리는 여기서 우리의 반응은 어떠한 상태나 어떠한 위치로의 반응이 아니라, 보다 근본적으로 인격체이신 하나님께로의 반응이라는 사실을 기억해야 합니다. 우리는 진리에 반응해야 합니다. 그런데 성경에서 말하는 진리는 몇 가지 추상적인 사실이나 개념이 아니라, 근본적으로 인격체입니다. "예수께서 이르시되 내가 곧 길이요 진리요 생명이니 나로 말미암지 않고는 아버지께로 올 자가 없느니라"(요 14:6).

아울러 우리가 하나님께 반응하려면 반드시 행동이 뒤따라야 합니다. 행동이 없는 반응은 있을 수 없습니다. 우리의 행동이 하나님께 대한 우리의 진정한 믿음을 드러냅니다. 바꿔 말하면 하나님께 대한 우리의 믿음은 반드시 행동을 수반합니다. 행동이 없는 우리의 믿음도 있을 수 없습니다. 문제는 적지 않은 성도들은 하나님께 믿음으로 반응하기 원하지만, 행동은 원치 않습니다. 그러나 그것은 있을 수 없는 일입니다.

하나님께 대한 모든 행동은, 그것이 조정이건 순종이건, 반드시 대가가 따릅니다. 대가 없는 행동은 있을 수 없습니다. 어떤 행동은 더 큰 대가를 요구합니다. 히브리서 11장은 구약의 하나님의 사람들이 어떻게 하나님께 믿음으로 순종하는 삶을 살았는가를 기록하고 있는 장입니다. 그 장을 한 번 읽어 보십시오. 그리고 그들이 하나님의 말씀에 반응하기 위해 치른 대가가 어떤 것이었는지를 살펴보십시오. 이것은 신약에 나오는 하나님의 사람들의 경우에도 마찬가지였습니다.

바로 이 부분이 많은 성도들에게 걸림이 되는 부분입니다. 그들은 하나님께 순종하기 원합니다. 하나님과 동행하는 삶을 살기 원합니다. 그러나 그들은 대가 지불을 하기는 꺼려합니다. 그것은 모순입니다. 대가 지불이 없는 행동은 있을 수 없습니다. 반면에 하나님을 사랑하는 사람들은 대가 지불을 부담으로 여기지 않습니다. 오히려 그것을 특권으로 여깁니다.

이처럼 하나님께서 말씀하시면 우리는 하나님께 행동으로 반응해야 하는데, 헨리 블랙가비 목사는 그 반응의 행동을 크게 두 가지로 나누었습니다. 우리는 일반적으로 하나님께서 말씀하시면, 그것에 대해 순종해야 한다고 생각합니다. 그러나 블랙가비 목사는 그것을 조정과 순종, 둘로 나누었습니다. 그러면서 그는 조정이 먼저 있어야 순종이 가능하며, 조정이 없으면 순종이 가능하지 않다고 말합니다. 저는 그가 이 부분을 참 잘 정리하고 있다고 생각합니다.

그럼 조정과 순종의 차이는 무엇입니까? 한마디로 말하면, 조정은 하나님께서 말씀하신 바에 맞추어 삶을 조정하는 것을 말하고, 순종은 하나님의 구체적인 인도에 순종하는 것을 말합니다. 말씀드린 대로 조정이 먼저 있어야 그 다음 순종이 가능합니다.

헨리 블랙가비 목사는 말합니다. "*하나님께서 당신에게 말씀을 통해 그분이 무엇을 하시려는지를 계시하실 때, 그것은 바로 당신의 인생을 그분께로 조정하라는 하나님의 초청입니다. 당신이 그분과 그분의 목적과 방법에 당신의 인생을 조정하고 나면, 당신은 순종해야 하는 위치에 놓이게 됩니다. 조정은 순종할 수 있도록 당신을 준비시킵니다. 당신은 평상시대로 삶을 영위하거나, 당신이 있던 그 자리에 머물러 있으면서, 동시에 하나님과 동행할 수 없습니다. 이것은 성경 전체를 볼 때 사실입니다.*"[1]

2. 조정

조정은 하나님께서 말씀하신 바에 맞추어 삶을 조정하는 것입니다. 쉽게 이해할 수 있도록 한 가지 예를 들겠습니다. 하나님께서 제가 고등학교 3학년 때 저를 주의 종으로 부르셨습니다. 하루는 학교에 다녀와 목욕탕에 가서 목욕하고, 옷을 다 새로 갈아입고, 우리 형제들이 쓰던 방 안에 동생 중 한 명이 만들어서 걸어 놓은 십자가 앞에 무릎을 꿇고 앉았습니다. 그때 주님께서 저를 복음 사역을 위한 주의 종으로 부르셨습니다. 하나님께서 말씀하신 방법은 지금 생각나지 않지만, 저는 그 사실을 또렷하게 알 수 있었습니다. 저는 주님의 부르심에 반응하여 제 삶을 주의 종으로서 하나님께 영원히 드렸습니다. 저는 곧바로 다니던 학교를 중단하고 신학교에 가지 않았습니다. 또한 다니던 학교를 중단하고 사역의 길로 나가지도 않았습니다. 그것들은 제가 나중에 하나님의 인도에 따라 한 일들이었습니다. 다시 말해서, 순종은 제가 나중에 한 일이었습니다. 그러나 그날 저의 인생은 하나님의 말씀을 따라 그분께로 영원히 조정되었습니다. 그날 이후로 저는 하나님의 부르심을 의심한 적이 없습니다. 모든 일이 그 하나님의 부르심에 맞추어 조정되었습니다. 심지어 고등학교를 졸업하고 직장에서 근무하면서도 저는 그 직장에 계속 있을 것이라고 전혀 생각하지 않았습니다. 그래서 저는 맡겨진 일은 충실히 하되, 나머지 모든 시간은 하나님의 부르심을 따라 그분의 인도에 순종하는 일을 위해 준비하는 일에 사용하였습니다. 그리고 하나님께서 인도하시면 아무 때라도 순종할 준비가 되어 있었습니다.

한 가지, 우리의 반응이 인격체이신 하나님께로 향한 것인 것처럼, 조정 또한 인격체이신 하나님께로 향한 것입니다. 예를 들어, 하나님께서 저를 주의 종으로 부르셨을 때 저는 주의 종이 되는 것으로 제 삶을 조정한 것이 아니었습니다. 다시 말해서, 이제 저는 주의 종이 되는 목표를 세우고, 제가 할 수 있는 모든 면에서 그 일을 위해 준비하고, 그것을 위해 기도하고, 그 목표를 바라보고 열심히 살아간 것이 아니었습니다. 저는 저를 주의 종으로 부르신 하나님께로 제 삶을 조정했습니다. 이 두 말은 매우 비슷한 말 같지만, 전혀 다른 말입니다. 첫 번째 말은 하나님의 인도를 따라 결정한 일일지 모르지만, 자기가 세운 목표를 따라 자기의 최선을 다해 계획을 세우고, 자기의 힘을 다해 그 목표를 이루는 자기 중심적인 삶이고, 두 번째 말은 하나님의 목적을 위해 삶이 드려지는 가운데 하나님과의 친밀한 교제 가운데서 하나님의 인도에 따라 순종하는 삶을 말합니다. 오늘날 하나님께서 주신 비전을 좇는다고 말하면서, 제가 설명한 대로 자기 중심적으로 그 비전을 좇아 사는 사람들이 적지 않습니다. 참으로 안타까운 일입니다. 그것은 하나님과 동행하는 삶이 아닙니다. 그리고 그런 방법으로 하나님의 뜻이 이루어지지 않습니다. 성경에 나오는 하나님의 사람들이 그렇게 살지 않았습니다.

조정은 하나님께 동의하는 것을 포함합니다.

조정은 우리 삶의 모든 영역을 포함합니다. 우리의 환경, 우리의 인간 관계, 우리의 사고 방식, 우리가 선호하는 것, 우리의 행동, 우리가 우리의 시간과 물질을 투자하는 것뿐 아니라, 우리의 개인 생활, 가정 생활, 교회 생활, 직장 생활 등 모든 면에서 하나님께서 말씀하신 바에 따라 우리의 삶을 조정하는 것을 포함합니다.

그런데 조정에는 하나님께 동의하는 것도 포함합니다. 다시 말해서, 조정에는 회개가 포함됩니다. 회개의 첫 단계는 하나님께 동의하는 것입니다. 즉, 자기의 삶에 대한 하나님의 관점에 동의하는 것입니다.

성경을 통해서 하나님의 음성을 듣는 것에 대한 간단하지만 좋은 예가 『하나님을 경험하는 삶』에 나옵니다.

"다음은 하나님이 그 분의 말씀을 당신의 일상 생활에 사용하시는

예 중의 하나입니다. 당신이 매일 읽는 말씀의 차례가 시편 37편에 이르렀다고 가정해 봅시다. 당신은 전에 시편 37편을 수차례 읽은 바 있습니다. 읽어가던 중 21절에 이르게 되었습니다. '악인은 꾸고 갚지 아니하나…….' 당신은 그 구절에 마음이 쏠립니다. 당신은 그 구절을 다시 읽습니다. 그리고 당신이 갚지 못한 빚을 기억해 냅니다. 당신은 그 말씀이 당신에게 해당이 됨을 깨닫습니다.

성령님이 방금 그 말씀을 통해서 당신에게 말씀하신 것입니다. 당신은 진리에 맞부딪쳤습니다. 당신은 이제 빚을 지고 갚지 않는 사람이 하나님의 눈에는 악인이라는 사실을 깨닫습니다. 성령님은 이 구절이 적용되는 당신 삶의 특정한 사건에 당신의 관점을 집중시키셨습니다. 그 분은 당신의 죄를 깨닫게 해주시는 분입니다. 그 분만이 이런 일을 하실 수 있습니다. 하나님이 방금 성령님으로 그 분의 말씀을 통해서 당신에게 말씀하신 것입니다. 하나님은 당신의 인생에서 하나님과의 사랑의 관계에 장애물이 될 만한 어떤 것도 원치 않으십니다.

(중략)

하나님이 성경을 통해서 일단 말씀하시고 나서 당신이 그것에 대해 어떻게 반응하느냐가 중요합니다. 당신은 그 진리로 당신의 인생을 조정시켜야 합니다. 그런 경우에 당신은 이렇게 조정해야 합니다.

- 당신은 그 진리에 동의해야 합니다. 꾸고 갚지 않는 자는 하나님이 보시기에 악인입니다.

- 당신은 당신의 기억에 떠오른 사건에 그 진리가 특수하게 적용된

다는 것에 동의해야 합니다. 이것이 죄를 고백하는 것입니다. 당신의 죄에 대해서 하나님과 동의하는 것입니다.

이렇게 함으로써 당신은 꾸는 것과 갚는 것에 대한 당신의 이해를 하나님의 뜻으로 조정한 것입니다. 하나님과 동의하기 위해서 당신은 당신이 이해하고 있던 것을 하나님의 뜻에 합치하도록 바꾸어야 합니다. 이것은 조정을 요구합니다."[2]

하나님께서 말씀하신 그때가 바로 우리의 삶을 조정할 때입니다.

하나님은 하나님의 때에 우리에게 말씀하십니다. 그러므로 하나님께서 말씀하실 때가, 다시 말해서 하나님께서 하나님의 뜻과 길과 의중을 보이실 때가 바로 우리가 우리의 삶을 그 말씀에 맞추어 하나님께로 조정할 때입니다. 어떤 경우에는 순종이 조정 한참 후에 올 수 있습니다. 그러나 어떤 경우든지 조정은 하나님께서 말씀하신 바로 그 시점에 있어야 합니다. 이 점은 매우 중요한 부분입니다.

50대인 한 성도가 저에게 와서 하나님께서 자기가 20대였을 때 자기를 선교사로 부르셨다고 말한다고 가정하십시다. 그 말을 듣는 저는 마음이 매우 안타까울 것입니다. 이런 일이 일어날 때, 많은 사람들은 삶을 조정하지 않고 환경이 열리기를 기다립니다. 그리고 환경이 열리면 그때 가서 순종하려고 생각합니다. 그도 그랬던 것 같습니다. 그는 하나님께서 말씀하셨을 당시 하나님의 말씀을 따라 그의 삶을 온전히 하나님께로 조정해야 했습니다. 그 일로 삶이 온전히 드려지고, 하나님의 인도를 따라 언어 공부 등 그 일을 위해 준비해야 했습니다. 그랬더라면 하나님께서 그의 길을 인도하셨을 것이고, 그가 하나님의 인도에 순종하였더라면 하나님의 뜻이 그를 통해서 이루어졌을 것입니다. 그런데 그는 하나님께서 말씀하셨을 때 그의 삶을 전혀 조정하지 않았기 때문에, 나중에 하나님께서 그를 인도할 수 없었습니다. 왜냐하면 만약 나중에 하나님께서 그에게 길을 여셨다 할지라도, 그것이 그에게 전혀 보여지지 않았을 수도 있고, 그가 그것을 보았다 할지라도 순종할 수 있는 자리에 전혀 있지 않았을 것이기 때문입니다. 이것이 조정이 먼저 있어야 순종이 가능하다는 말입니다.

그 외에도 많은 경우에 하나님께서 말씀하신 그때에 하나님께로 삶을 조정하지 않으면 하나님의 뜻을 놓칠 수 있습니다. 예를 들어 하나님께서 당신에게 어떤 사람을 생각나게 하시면서 그 사람에게 전화를 걸어 보고 싶은 마음을 주셨다고 하십시다. 곧바로 하나님의 말씀을 따라 당신의 삶을 조정하여 순종하지 않고, 당신이 계획한 모든 일, 당신에게 필요한 모든 일을 다 한 후에 나중에 시간이 났을 때 그 사람에게 전화를 건다면 하나님께서 당신을 통해 그 사람의 인생에서 하시고자 하는 일을 완전히 놓쳐버릴 수 있습니다.

3. 순종

하나님께서 말씀하신 바에 따라 삶을 하나님께 조정하였으면 이제 하나님의 인도를 따라 순종해야 합니다.

하나님께서 말씀하신 바에 따라 삶이 조정되었다 할지라도 순종하지 않으면 조정은 아무런 의미가 없습니다.

위에서 인용한 하나님을 경험하는 삶에 나오는 예를 계속 들어보십시오. 헨리 블랙가비 목사는 하나님께서 말씀하신 바에 따라 삶을 조정해야 할 것에(이 경우에는 회개) 대해 말하고 난 후 다음과 같이 말합니다.

"이것으로 당신이 해야 할 일이 모두 끝이 났습니까? 아니지요. 하나님과 동의 하는 것만으로는 부족합니다. 당신의 빚을 갚기 전까지 당신은 하나님의 눈에는 악인으로 머물러 있을 것입니다. 여기가 순종이 들어와야 할 자리입니다. 빚을 갚음으로 당신은 하나님의 뜻에 순종하는 것입니다.

이제 당신은 하나님과 보다 더 온전한 관계를 경험할 수 있게 되었습니다. 항상 계시된 진리를 하나님에 대한 당신의 이해와 하나님과 당신과의 관계에 묶어 놓으십시오" [3]

포도나무교회의 한 지체는 하나님께서 이 동일한 부분을 비쳐주셔서 많은 손해를 감당하면서도 가족들에 대한 빚을 청산했다고 합니다.

저의 부르심에 대한 부분도 마찬가지였습니다. 하나님께서 저를 주의 종으로 부르셨을 때 저는 저의 삶을 하나님께로 조정했습니다. 그러나 그것이 끝이 아니었습니다. 그렇게 삶을 하나님께로 조정하고 하나님의 인도를 따라 가는 과정에서 하나님은 선교에 대한 부분을 말씀하셨습니다. 그래서 저는 그때부터 영어를 공부하기 시작했습니다. 선교를 하려면 영어가 필수인 것은 너무나 당연한 이야기였기 때문입니다. 그러던 중 하나님께서 유학을 말씀하셨습니다. 그 당시 상황에서 제가 유학 가는 것은 불가능했지만, 저는 그 일을 위해 기도하기 시작했고, 다시 한 번 그 일로 하나님께 저를 걸었습니다. 하나님께서 길을 여셨고, 저는 다니던 직장을 사임하고 하나님의 인도에 순종함으로 오직 믿음으로 미국 유학의 길에 오르게 되었습니다. 이 모든 순종은 하나님께서 부르셨을 때 삶을 조정했기 때문에 가능했습니다. 또한 순종을 통해 조정이 완성되었습니다.

순종하지 않는 삶으로 하나님과 동행하는 삶을 살 수 없습니다.

너무나 당연한 말이지만 순종하지 않는 삶으로 하나님과 동행하는 삶을 살 수 없습니다. 성경 전체가 이 부분을 명백하게 보여주지만, 두 구절만 보아도 우리는 이 점을 선명하게 볼 수 있습니다.

하나는 예수님께서 마태복음 7장에서 드신 반석 위에 집을 지은 사람과 모래 위에 집을 지은 사람에 대한 비유입니다. "[26]나의 이 말을 듣고 행하지 아니하는 자는 그 집을 모래 위에 지은 어리석은 사람 같으리니 [27]비가 내리고 창수가 나고 바람이 불어 그 집에 부딪치매 무너져 그 무너짐이 심하니라"(마 7:26-27). 우리가 잘 아는 바와 같이, 이 비유에서 두 사람의 공통점은 그들 모두 예수님의 말씀을 들었다는 것입니다. 일부에서는 모래 위에 집을 지은 사람은 하나님의 말씀을 듣지 않은 자라고 잘못 생각합니다. 그러나 그렇지 않습니다. 성경이 명백하게 보여주듯이 두 사람 모두 예수님의 말씀을 들었습니다. 차이점은 하나는 그 말씀을 듣고 행했고, 다시 말하면 순종했고, 다른 하나는 그 말씀을 들었지만 순종하지 않았다는 것입니다.

오늘날 모래 위에다 집을 짓는 사람은 거의 없습니다. 그것이 얼마나 어리석은 일이며 자원 낭비라는 것을 알기 때문입니다. 그런데 하나님의 음성을 듣고 순종하지 않는 사람이 그와 같습니다. 또한 모래 위에 지은 집도 보통 때는 그대로 서 있을 수 있습니다. 문제는 "비가 내리고 창수가 나고 바람이 불" 때입니다. 그때는 그 집이 완전히 무너집니다. 마찬가지로 순종하지 않는 사람도 보통 때는 순종하는 사람과 외부적으로 별 차이 없이 신앙생활 할 수 있습니다. 주일이면 교회에 가고, 교회에서 여러 가지 모양으로 봉사하고, 십일조를 드리고, 식사하기 전에는 꼭 기도할 수 있습니다. 문제는 그의 인생에 "비가 내리고 창수가 나고 바람이 불" 때입니다. 그러면 그러한 신앙생활은 와르르 무너질 것입니다. 그의 형식적인 신앙생활이 그의 삶에 어떠한 도움도 되지 못할 것입니다. 그는 실질적으로 하나님과 동행하는 삶을 살고 있지 않기 때문입니다. 예수님은 특히 이 비유를 산상수훈을 마치시면서 마태복음 7장에서 말씀하셨습니다. 마태복음 7장은 우리의 신앙은 삶이라는 것을 강조하고 있는 장입니다. 그래서 순종하는 삶이 없이는 하나님과 동행하는 삶이 될 수 없습니다.

다른 한 구절은 야고보서 1장입니다. "[22]너희는 말씀을 행하는 자가 되고 듣기만 하여 자신을 속이는 자가 되지 말라 ²³누구든지 말씀을 듣고 행하지 아니하면 그는 거울로 자기의 생긴 얼굴을 보는 사람과 같아서 ²⁴제 자신을 보고 가서 그 모습이 어떠했는지를 곧 잊어버리거니와 ²⁵자유롭게 하는 온전한 율법을 들여다보고 있는 자는 듣고 잊어버리는 자가 아니요 실천하는 자니 이 사람은 그 행하는 일에 복을 받으리라"(약 1:22-25).

이 구절도 하나님의 말씀을 듣고 순종하지 않은 자에 대해서 말하고 있습니다. 다시 말해서, 이 구절도 마태복음 7장과 마찬가지로 하나님의 말씀을 듣지 않은 자에 대한 구절이 아니라는 말입니다. 이 구절은 하나님의 말씀을 듣고 행치 않는 자를 스스로 속이는 자라고 말하고 있습니다. 우리의 삶에서 가장 억울한 일 중 하나가 다른 사람에게 속임을 당하는 것입니다. 하물며 속임을 당하되 자기 자신에게 속임을 당하면 그것은 얼마나 더 어리석고 억울한 일입니까.

특히 이 구절은 하나님의 말씀을 듣고 순종하지 않는 자를 거울을 보고 자기의 심각한 영적인 상태를 보고 돌아서서 이내 그것을 잊어버리는 사람에 비유하고 있습니다. 하나님께서 말씀을 통해 우리의 심각한 영적인 상태를 비쳐주실 때 우리는 절대로 그냥 넘어가서는 안 됩니다. 그런데 오늘날 우리는 그렇게 하는 경향이 많이 있습니다. 우리는 하나님께서 말씀을 통해 심각한 우리의 영적 상태를 비쳐주실 때 큰 충격을 받습니다. 우리는 하나님 앞에서 회개하면서 이제 돌이켜 하나님께서 원하시는 대로 순종하는 삶을 살겠다고 마음먹습니다. 그러나 우리는 많은 경우 돌아서서 그것을 잊어버립니다. 그러다가 나중에 또 다시 그 부분이 비쳐지면, 우리는 똑같이 회개하고 이제 돌이키겠다고 결단합니다. 문제는 또 다시 돌아서서 그것을 잊어버린다는 것입니다. 우리는 절대로 이렇게 해서는 안 됩니다. 하나님께서 포도나무교회에서 몇 주일에 걸쳐서 주일 예배 시간을 통해 이 부분을 우리에게 말씀하신 적이 있습니다. 이것이 바로 야고보서 1장이 말하는 삶입니다. 만약 이런 일을 계속하게 되면 우리는 결국 바리새인들처럼 되어서 깨닫지 못하게 되고, 따라서 돌이킬 수 없게 될 것입니다. "[14]이사야의 예언이 그들에게 이루어졌으니 일렀으되 너희가 듣기는 들어도 깨닫지 못할 것이요 보기는 보아도 알지 못하리라 [15]이 백성들의 마음이 완악하여져서 그 귀는 듣기에 둔하고 눈은 감았으니 이는 눈으로 보고 귀로 듣고 마음으로 깨달아 돌이켜 내게 고침을 받을까 두려워함이라 하였느니라"(마 13:14-15).

순종에 문제가 있다면 하나님과의 사랑의 관계에 문제가 있는 것입니다.

만약에 순종에 문제가 있다면 그것은 하나님과의 사랑의 관계에 문제가 있다는 것을 의미합니다. 하나님께 대한 순종과 하나님과의 사랑의 관계는 서로 깊이 연관되어 있습니다. "[15]너희가 나를 사랑하면 나의 계명을 지키리라.......[21]나의 계명을 지키는 자라야 나를 사랑하는 자니 나를 사랑하는 자는 내 아버지께 사랑을 받을 것이요 나도 그를 사랑하여 그에게 나를 나타내리라.......[23]예수께서 대답하여 이르시되 사람이 나를 사랑하면 내 말을 지키리니 내 아버지께서 그를 사랑하실 것이요 우리가 그에게 가서 거처를 그와 함께 하리라 [24]나를 사랑하지 아니하는 자는 내 말을 지키지 아니하나니 너희가 듣는 말은 내 말이 아니요 나를 보내신 아버지의 말씀이니라"(요 14:15, 21, 23-24). 그러므로 순종이 어려우면 하나님과의 사랑의 관계에 문제가 생겼다는 것을 인식하고, 하나님의 얼굴을 집중적으로 구하며 하나님을 존재를 다해 사랑하기를 추구해야 합니다. 만약 그렇지 않으면 야고보서 1장이 말하는 스스로 속이는 자가 됩니다.

하나님께서 하나님의 목적을 알리시면 하나님을 사랑하는 사람들은 그들의 삶을 조정하여 그 하나님의 목적에 동참합니다. 하나님께서 하나님의 길을 보이시면 그들은 그 길에 순종합니다. 그들은 하나님을 사랑하기 때문에 기꺼이 그렇게 하기를 기뻐합니다. 물론 조정과 마찬가지로, 순종하기 위해서도 대가가 따릅니다. 때로는 많은 대가가 따를 수 있습니다. 성경에 나오는 하나님의 사람들이 하나님의 말씀에 순종하기 위해서 치른 대가를 생각해 보십시오. 예수님은 하나님의 명령에 순종하기 위하여 삼위일체 하나님의 본체 되신 분이 영원히 인간이 되시기를 선택하셔서 종의 형체로 이 땅에 오실 뿐 아니라, 십자가에서 못박혀 돌아가셨습니다. 그러나 하나님을 사랑하는 사람들은 그 대가를 부담이나 짐으로 여기지 않습니다. 그들은 오히려 하나님의 일에 동참할 수 있다는 것을 감사하며 특권으로 여깁니다.

우리가 이렇게 날마다 하나님의 음성을 듣고 순종하는 삶을 살 때, 우리는 우리의 삶에서 살아계신 하나님을 경험하게 될 것입니다. 하나님의 놀라운 뜻이 우리의 삶 속에 그리고 우리의 삶을 통해 성취되는 것을 경험하게 됩니다. 이것보다 더 기쁘고 보람 있는 일은 세상에 없습니다.

---

1) 헨리 블랙가비, 『하나님을 경험하는 삶』(요단출판사), 216쪽.
2) 같은 책, 145쪽 중간에서 146쪽 위.
3) 같은 책, 146쪽.

14장
**중보기도와
하나님의 행하심을 주시하여 보는 것**

성경을 통해서 하나님의 음성을 듣는 것이 중요합니다. 그리고 하나님의 음성을 들었으면 그것을 기록하고, 말씀하신 하나님께 삶을 조정하고 순종하는 것이 중요합니다. 그런데 여기서 우리가 살펴보아야 할 매우 중요한 한 가지가 더 있다고 저는 생각합니다. 그것은 하나님께서 보이신 하나님의 뜻과 의중을 마음에 품고 그 뜻이 이루어지도록 간절히 기도할 뿐 아니라, 그 일과 관련해 하나님께서 무슨 일을 행하시는지 그것을 우리 주변에서 주시하여 보는 것입니다.

1. 중보기도

우리가 앞에서 살펴본 것처럼 하나님께서 말씀하신 것을 마음에 품고, 그것을 위해 기도하는 것이 매우 중요합니다.

하나님의 뜻과 의중을 보이시면, 우리는 그 뜻이 이루어지도록 기도해야 합니다. 저는 이것을 중보기도라 부릅니다. 물론 이것을 중보기도라 부를 필요가 없습니다. 왜냐하면 이것이 성경에서 말하는 기도이기 때문입니다. 성경에 나오는 하나님의 사람들이 드렸던 기도가 바로 이러한 기도였습니다. 그러나 오늘날 너무나 많은 경우에 기도를 그저 자기 목적과 필요를 위해 하나님의 도움을 구하여 줄기차게 부르짖는 것으로 생각하기 때문에 저는 이것을 중보기도라고 부릅니다.

하나님의 약속과 중보기도

특히 우리가 하나님께서 성경을 통해 보이신 하나님의 뜻을 붙잡고 기도하는 것은 하나님의 약속을 붙잡고 하는 기도입니다. 그렇기 때문에 그 기도는 더욱 응답될 것입니다.

성경에 보면 하나님의 약속과 중보기도는 밀접한 관계를 가지고 있습니다. 우선 중보기도는 하나님의 약속을 붙잡고 그 하나님의 뜻이 이루어지도록 하나님께 간절히 구하는 기도입니다. 이것을 가장 잘 볼 수 있는 구절 중 하나가 이사야 62장입니다. "⁶예루살렘이여 내가 너의 성벽 위에 파수꾼을 세우고 그들로 하여금 주야로 계속 잠잠하지 않게 하였느니라 너희 여호와로 기억하시게 하는 자들아 너희는 쉬지 말며 ⁷또 여호와께서 예루살렘을 세워 세상에서 찬송을 받게 하시기까지 그로 쉬지 못하시게 하라"(사 62:6-7). **여기의 파수꾼은 중보기도자를 가리킵니다. 구**

약에서 파수꾼은 일반적으로 선지자를 가리킵니다. 그러나 이 구절에서 파수꾼은 하나님의 말씀을 받아서 사람들에게 전하는 사람, 즉 선지자가 아닙니다. 그는 밤낮으로 하나님께 하나님의 약속을 상기시키는 자입니다. 다시 말해서, 하나님의 약속을 붙잡고 그 약속이 이루어지도록 밤낮으로 하나님께 기도하는 자입니다. 특히 이사야 62:1-5에서 하나님은 바벨론 포로로 잡혀갈 유다 백성들을 회복시키실 것을 약속하고 계십니다. 그러면서 6-7절에서 하나님은 이제 그 약속을 붙잡고 그 약속이 이루어질 때까지 밤낮으로 하나님께 간구할 파수꾼(중보기도자)을 세우실 것을 말씀하고 있습니다.

그래서 성경에 나오는 하나님의 사람들은 하나님의 약속을 붙잡고 하나님께 기도했습니다. 이에 대한 대표적인 예가 엘리야의 기도입니다. 야고보서 5장은 엘리야의 기도를 우리의 기도에 대한 하나의 대표적인 예로 제시하고 있습니다(17-18절). 그런데 엘리야는 하나님의 약속을 붙잡고 기도했습니다. 비가 오기를 위해서 간절히 기도하는 엘리야의 모습에서 우리는 이 부분을 잘 볼 수 있습니다. 비가 오지 아니한 지 3년이 지났을 때 하나님께서 엘리야에게 임하셔서 비를 보내시겠다고 말씀하셨습니다. "많은 날이 지나고 제삼년에 여호와의 말씀이 엘리야에게 임하여 이르시되 너는 가서 아합에게 보이라 내가 비를 지면에 내리리라"(왕상 18:1). 또한 엘리야는 바알과 아세라를 섬기는 이방 선지자 850명을 처단하고 난 후에 다가오는 '비 소리'를 들었습니다. "엘리야가 아합에게 이르되 올라가서 먹고 마시소서 큰 비 소리가 있나이다"(41절). 그리고 엘리야는 그 하나님의 약속과 뜻이 이루어지도록 간절히 기도했습니다.

"⁴²아합이 먹고 마시러 올라가니라 엘리야가 갈멜 산 꼭대기로 올라가서 땅에 꿇어 엎드려 그의 얼굴을 무릎 사이에 넣고 ⁴³그의 사환에게 이르되 올라가 바다쪽을 바라보라 그가 올라가 바라보고 말하되 아무것도 없나이다 이르되 일곱 번까지 다시 가라 ⁴⁴일곱 번째 이르러서는 그가 말하되 바다에서 사람의 손 만한 작은 구름이 일어나나이다 이르되 올라가 아합에게 말하기를 비에 막히지 아니하도록 마차를 갖추고 내려가소서 하라 하니라"(42-44절).

대표적인 중보기도의 사람들인 모세나 느헤미야의 경우에도 마찬가지였습니다. "¹¹모세가 그의 하나님 여호와께 구하여 이르되 여호와여 어찌하여 그 큰 권능과 강한 손으로 애굽 땅에서 인도하여 내신 주의 백성에게 진노하시나이까 ¹²어찌하여 애굽 사람들이 이르기를 여호와가 자기의 백성을 산에서 죽이고 지면에서 진멸하려는 악한 의도로 인도해 내었다고 말하게 하시려 하나이까 주의 맹렬한 노를 그치시고 뜻을 돌이키사 주의 백성에게 이 화를 내리지 마옵소서 ¹³주의 종 아브라함과 이삭과 이스라엘을 기억하소서 주께서 그들을 위하여 주를 가리켜 맹세하여 이르시기를 내가 너희의 자손을 하늘의 별처럼 많게 하고 내가 허락한 이 온 땅을 너희의 자손에게 주어 영원한 기업이 되게 하리라 하셨나이다 ¹⁴여호와께서 뜻을 돌이키사 말씀하신 화를 그 백성에게 내리지 아니하시니라"(출 32:11-14).

"⁸옛적에 주께서 주의 종 모세에게 명령하여 이르시되 만일 너희가 범죄하면 내가 너희를 여러 나라 가운데에 흩을 것이요 ⁹만일 내게로 돌아와 내 계명을 지켜 행하면 너희 쫓긴 자가 하늘 끝에 있을지라도 내가 거기서부터 그들을 모아 내 이름을 두려고 택한 곳에 돌아오게 하리라 하신 말씀을 이제 청하건대 기억하옵소서 10이들은 주께서 일찍이 큰 권능과 강한 손으로 구속하신 주의 종들이요 주의 백성이니이다"(느 1:8-10).

그리고 하나님은 하나님의 백성들의 그러한 기도를 들으십니다. 하나님은 무엇보다 하나님의 뜻에 따라 드리는 기도를 응답하십니다. "14그를 향하여 우리가 가진 바 담대함이 이것이니 그의 뜻대로 무엇을 구하면 들으심이라 15우리가 무엇이든지 구하는 바를 들으시는 줄을 안즉 우리가 그에게 구한 그것을 얻은 줄을 또한 아느니라"(요1서 5:14-15). 그러므로 하나님은 하나님의 약속을 붙잡고 간구하는 하나님의 백성들의 기도를 들으십니다. 대표적으로 성경이 우리의 기도에 대한 모델로 제시하고 있는 엘리야의 경우에서도 우리는 이 점을 잘 볼 수 있습니다. 엘리야가 그렇게 하나님의 약속을 붙잡고 기도했을 때 하나님은 그의 기도를 놀랍게 응답하셨습니다. "44일곱 번째 이르러서는 그가 말하되 바다에서 사람의 손 만한 작은 구름이 일어나나이다 이르되 올라가 아합에게 말하기를 비에 막히지 아니하도록 마차를 갖추고 내려가소서 하라 하니라 45조금 후에 구름과 바람이 일어나서 하늘이 캄캄해지며 큰 비가 내리는지라 아합이 마차를 타고 이스르엘로 가니"(왕상 18:44-45). 이것을 두고 야고보서는 이렇게 말합니다. "17엘리야는 우리와 성정이 같은 사람이로되 그가 비가 오지 않기를 간절히 기도한즉 삼 년 육 개월 동안 땅에 비가 오지 아니하고 18다시 기도하니 하늘이 비를 주고 땅이 열매를 맺었느니라"(약 5:17-18).

특히 하나님은 하나님의 뜻을 이루실 때가 되었을 때 하나님의 사람들로 하여금 그 하나님의 뜻을 붙들고 기도하게 하기 위해서 그들에게 하나님의 계획과 뜻을 보이십니다. 그리고 그들의 기도를 들으시고 역사하십니다.[1] 정확하게 이사야 62:6-7에서 말씀하신 것처럼 그렇게 하십니다.

우리는 기도의 사람 다니엘의 삶에서 이 부분을 잘 볼 수 있습니다. 하나님은 성경을 통해서 하나님의 뜻을 다니엘에게 알리셨습니다. "[1]메대 족속 아하수에로의 아들 다리오가 갈대아 나라 왕으로 세움을 받던 첫 해 [2]곧 그 통치 원년에 나 다니엘이 책을 통해 여호와께서 말씀으로 선지자 예레미야에게 알려 주신 그 연수를 깨달았나니 곧 예루살렘의 황폐함이 칠십 년만에 그치리라 하신 것이니라"(단 9:1-2). 그러자 다니엘은 그 하나님의 약속을 붙잡고 하나님의 뜻이 이루어지도록 간절히 기도합니다. "[3]내가 금식하며 베옷을 입고 재를 덮어쓰고 주 하나님께 기도하며 간구하기를 결심하고 [4]내 하나님 여호와께 기도하며 자복하여 이르기를 크시고 두려워할 주 하나님, 주를 사랑하고 주의 계명을 지키는 자를 위하여 언약을 지키시고 그에게 인자를 베푸시는 이시여 [5]우리는 이미 범죄하여 패역하며 행악하며 반역하여 주의 법도와 규례를 떠났사오며......"(3-5절). 그리고 하나님은 그의 기도에 응답하셨습니다. "[21]곧 내가 기도할 때에 이전에 환상 중에 본 그 사람 가브리엘이 빨리 날아서 저녁 제사를 드릴 때 즈음에 내게 이르더니 [22]내게 가르치며 내게 말하여 이르되 다니엘아 내가 이제 네게 지혜와 총명을 주려고 왔느니라"(21-22절). 역사적으로 보면 다니엘이 예레미야서를 통해 유다 백성의 회복에 관한 하나님의 뜻을 깨달은 것이 "다리오가 갈대아 나라 왕으로 세움을 받던 첫 해," 즉 B.C. 538년이었는데, 이스라엘의 고토 귀환이 고레스 원년인 B.C. 536년에 이루어졌습니다. 이 얼마나 놀라운 하나님의 역사입니까.

솔로몬의 좋은 예

하나님의 말씀을 묵상하면서 하나님께서 우리에게 하나님의 뜻을 보이시고, 하나님의 계획을 알리시면 우리는 그것에 맞추어 우리의 삶을 조정하고 순종할 뿐 아니라, 그 하나님의 뜻이 이루어지도록 하나님께 기도해야 합니다. 시편 119편 기자가 그렇게 했습니다. 그리고 우리가 살펴본 대로 다니엘이 그렇게 했습니다. 그런데 솔로몬에게서 우리는 한 가지를 더 배우고자 합니다. 물론 솔로몬의 그 자세는 당연히 다니엘 등 다른 하나님의 사람들 속에도 있었습니다. 그것은 하나님께서 보이신 하나님의 약속을 따라 살면서, 다시 말해서 그 일에 삶을 드리면서, 그 약속이 성취되도록 하나님께 기도하는 것입니다.

우리가 앞에서도 살펴본 것처럼 솔로몬은 좋게 시작한 사람이었습니다. 그래서 그의 사역 초기에서 우리는 이 귀한 자세를 솔로몬에게서 배울 수 있습니다. 우선 우리는 솔로몬이 하나님의 약속을 붙잡고 기도했던 것을 볼 수 있습니다. 그의 기도의 대표적인 예가 역대하 6장에 나오는데, 거기서 우리는 이 점을 볼 수 있습니다. "[16]이스라엘의 하나님 여호와여 주께서 주의 종 내 아버지 다윗에게 말씀하시기를 네 자손이 그들의 행위를 삼가서 네가 내 앞에서 행한 것 같이 내 율법대로 행하기만 하면 네게로부터 나서 이스라엘 왕위에 앉을 사람이 내 앞에서 끊어지지 아니하리라 하셨사오니 이제 다윗을 위하여 그 허락하신 말씀을 지키시옵소서 17그런즉 이스라엘 하나님 여호와여 원하건대 주는 주의 종 다윗에게 하신 말씀이 확실하게 하옵소서"(대하 6:16-17).

그리고 하나님은 솔로몬의 그러한 기도를 놀랍게 응답하셨습니다. "1솔로몬이 기도를 마치매 불이 하늘에서부터 내려와서 그 번제물과 제물들을 사르고 여호와의 영광이 그 성전에 가득하니 2여호와의 영광이 여호와의 전에 가득하므로 제사장들이 여호와의 전으로 능히 들어가지 못하였고 3이스라엘 모든 자손은 불이 내리는 것과 여호와의 영광이 성전 위에 있는 것을 보고 돌을 깐 땅에 엎드려 경배하며 여호와께 감사하여 이르되 선하시도다 그의 인자하심이 영원하도다 하니라"(대하 7:1-3).

"12밤에 여호와께서 솔로몬에게 나타나사 그에게 이르시되 내가 이미 네 기도를 듣고 이 곳을 택하여 내게 제사하는 성전을 삼았으니 13혹 내가 하늘을 닫고 비를 내리지 아니하거나 혹 메뚜기들에게 토산을 먹게 하거나 혹 전염병이 내 백성 가운데에 유행하게 할 때에 14내 이름으로 일컫는 내 백성이 그들의 악한 길에서 떠나 스스로 낮추고 기도하여 내 얼굴을 찾으면 내가 하늘에서 듣고 그들의 죄를 사하고 그들의 땅을 고칠지라 15이제 이 곳에서 하는 기도에 내가 눈을 들고 귀를 기울이리니 16이는 내가 이미 이 성전을 택하고 거룩하게 하여 내 이름을 여기에 영원히 있게 하였음이라 내 눈과 내 마음이 항상 여기에 있으리라"(대하 7:12-16). **특히 우리는 솔로몬이 역대하 6장에서 기도한 내용을 보면, 하나님께서 어떻게 그의 기도에 정확하게 그대로 응답하셨는가를 알 수 있습니다.** "41여호와 하나님이여 일어나 들어가사 주의 능력의 궤와 함께 주의 평안한 처소에 계시옵소서 여호와 하나님이여 원하옵건대 주의 제사장들에게 구원을 입게 하시고 또 주의 성도들에게 은혜를 기뻐하게 하옵소서 ⁴²여호와 하나님이여 주의 기름 부음 받은 자에게서 얼굴을 돌리지 마시옵고 주의 종 다윗에게 베푸신 은총을 기억하옵소서 하였더라"(대하 6:41-42).

그런데 여기서 제가 말하고자 하는 바를 이해하려면 이 시점까지의 배경을 살펴볼 필요가 있습니다. 솔로몬이 하나님의 약속을 붙잡고 기도했는데, 역대하 6:16-17 등 역대하 6장에서 반복적으로 나오는, 솔로몬의 기도 배후에 있는 하나님의 언약 혹은 약속은 사무엘하 7장에서 하나님께서 다윗에게 주신 약속입니다. "⁸그러므로 이제 내 종 다윗에게 이와 같이 말하라 만군의 여호와께서 이와 같이 말씀하시기를 내가 너를 목장 곧 양을 따르는 데에서 데려다가 내 백성 이스라엘의 주권자로 삼고 ⁹네가 가는 모든 곳에서 내가 너와 함께 있어 네 모든 원수를 네 앞에서 멸하였은즉 땅에서 위대한 자들의 이름 같이 네 이름을 위대하게 만들어 주리라 ¹⁰내가 또 내 백성 이스라엘을 위하여 한 곳을 정하여 그를 심고 그를 거주하게 하고 다시 옮기지 못하게 하며 악한 종류로 전과 같이 그들을 해하지 못하게 하여 ¹¹전에 내가 사사에게 명령하여 내 백성 이스라엘을 다스리던 때와 같지 아니하게 하고 너를 모든 원수에게서 벗어나 편히 쉬게 하리라 여호와가 또 네게 이르노니 여호와가 너를 위하여 집을 짓고 ¹²네 수한이 차서 네 조상들과 함께 누울 때에 내가 네 몸에서 날 네 씨를 네 뒤에 세워 그의 나라를 견고하게 하리라 ¹³그는 내 이름을 위하여 집을 건축할 것이요 나는 그의 나라 왕위를 영원히 견고하게 하리라 ¹⁴나는 그에게 아버지가 되고 그는 내게 아들이 되리니 그가 만일 죄를 범하면 내가 사람의 매와 인생의 채찍으로 징계하려니와 [15]내가 네 앞에서 물러나게 한 사울에게서 내 은총을 빼앗은 것처럼 그에게서 빼앗지는 아니하리라 [16]네 집과 네 나라가 내 앞에서 영원히 보전되고 네 왕위가 영원히 견고하리라 하셨다 하라 [17]나단이 이 모든 말씀들과 이 모든 계시대로 다윗에게 말하니라"(삼하 7:8-17). 동일한 언약이 역대상 17:7-15에 기록되어 있습니다.

하나님께서 나단을 통해 다윗에게 주신 이 언약은 단순한 하나님의 약속이 아니었습니다. 그것은 다윗 왕조에게 주신 하나님의 언약의 근간이었습니다. 그래서 유윤종 박사는 이 언약에 대해 이렇게 말합니다. "*이 언약은 다윗 왕조에 관한 신학적 헌장과 같다. 이 언약으로 인하여 다윗은 하나님의 아들이 되고, 야훼는 다윗의 하나님이 된다(삼하 7:14). 이스라엘에게 적용되었던 '아들'이라는 용어는 다윗에게 적용된다. 그리하여 다윗 언약은 이스라엘과 맺었던 시내산 언약의 구조에 놓이게 된다. 야훼와 이스라엘이 맺었던 모세 언약은 이제 야훼와 다윗의 언약으로 변경되면서 다윗 왕조는 이스라엘을 짊어지게 된다. 이스라엘의 운명은 다윗 왕조의 운명과 동일시 된다.*" 이 언약과 관련된 중요한 한 핵심은 성전 건축이었습니다. 그리고 하나님은 이 언약이 그리고 성전 건축이 솔로몬을 통해서 성취될 것이라고 말씀하셨습니다.

하나님의 모든 언약이 그렇듯이, 이 언약의 경우에도 그것이 성취되기 위해서는 하나님의 백성이 하나님과 친밀한 교제 가운데서 하나님과 동행하는 삶을 사는 것이 필수였습니다. 다시 말해서 신앙의 본질 가운데 거하는 것이 필수입니다. 역대상 28장에서 다윗이 그의 왕조의 모든 리더들을 예루살렘으로 불러 모아놓고 솔로몬과 리더들에게 성전 건축을 당부하면서 하는 말을 보아도 그 부분을 확실히 알 수 있습니다. 다윗은 그곳에서 하나님께서 사무엘하 7장에서 그에게 주신 언약을 언급합니다. "⁴그러나 이스라엘 하나님 여호와께서 전에 나를 내 부친의 온 집에서 택하여 영원히 이스라엘 왕이 되게 하셨나니 곧 하나님이 유다 지파를 택하사 머리를 삼으시고 유다의 가문에서 내 부친의 집을 택하시고 내 부친의 아들들 중에서 나를 기뻐하사 온 이스라엘의 왕을 삼으셨느니라 ⁵여호와께서 내게 여러 아들을 주시고 그 모든 아들 중에서 내 아들 솔로몬을 택하사 여호와의 나라 왕 위에 앉혀 이스라엘을 다스리게 하려 하실새 ⁶내게 이르시기를 네 아들 솔로몬 그가 내 성전을 건축하고 내 여러 뜰을 만들리니 이는 내가 그를 택하여 내 아들로 삼고 나는 그의 아버지가 될 것임이라 ⁷그가 만일 나의 계명과 법도를 힘써 준행하기를 오늘과 같이 하면 내가 그의 나라를 영원히 견고하게 하리라 하셨느니라"(대상 28:4-7). 그러면서 그는 이어서 이렇게 말합니다. "이제 너희는 온 이스라엘 곧 여호와의 회중이 보는 데에서와 우리 하나님이 들으시는 데에서 너희 하나님 여호와의 모든 계명을 구하여 지키기로 하라 그리하면 너희가 이 아름다운 땅을 누리고 너희 후손에게 끼쳐 영원한 기업이 되게 하리라"(대상 28:8). 계속해서 다윗은 이제 솔로몬 개인에게 당부하는데, 거기에 보면 이 부분이 더욱 선명합니다. "내 아들 솔로몬아 너는 네 아버지의 하나님을 알고 온전한 마음과 기쁜 뜻으로 섬길지어다 여호와께서는 모든 마음을 감찰하사 모든 의도를 아시나니 네가 만일 그를 찾으면 만날 것이요 만일 네가 그를 버리면 그가 너를 영원히 버리시리라"(대상 28:9).

우리가 앞에서 살펴본 대로, 솔로몬은 그의 초기에는 하나님과 친밀한 교제 가운데 하나님과 동행하는 사람이었습니다. 그는 하나님을 알았고, 하나님을 경외하는 자였습니다. 그는 하나님의 마음을 가진 자였습니다. 그리고 솔로몬은 그 시대에 하나님께서 행하고 계신 일에 온 힘으로 동참했습니다. 성전 건축은 하나님께서 다윗에게 주신 언약의 한 핵심적인 부분이었으며, 솔로몬은 그 일에 그의 온 삶으로 동참했습니다. 그리고 솔로몬은 그 성전을 완성하고, 그것을 하나님께 봉헌하면서, 하나님께서 다윗에게 주신, 더 나아가 유다 왕조에게 주신 하나님의 약속을 붙잡고 역대하 6장에서 그렇게 하나님께 기도했던 것입니다. 그리고 하나님은 그의 기도를 그렇게 놀랍게 응답하셨던 것입니다.

<u>이렇게 볼 때, 솔로몬의 기도는 하나님께서 주신 언약의 근간을 붙들고, 그것에 합한 삶을 살고, 그 일에 온 삶으로 동참하면서, 그 약속이 이루어지도록 하나님께 간구한 기도였습니다. 그리고 하나님은 그 기도에 놀랍게 응답하셨습니다.</u>

이 점이 우리가 솔로몬으로부터 배울 수 있는 한 가지 중요한 부분입니다. 솔로몬처럼 우리도 하나님께서 하나님의 놀라운 전반적인 계획과 관련해서 이 시대에 행하시고 계시는 근본적인 일이 무엇인가를 발견하고, 하나님과의 친밀한 교제 가운데서 하나님과 동행하는 삶을 살면서, 그리고 동시에 그 일에 온 삶으로 동참하면서, 그 하나님의 약속을 붙잡고, 그 하나님의 뜻이 이 시대에 이루어지도록 간절히 기도해야 합니다. 그러면 하나님께서 그 기도에 놀랍게 응답하실 것입니다. 이것이 성

경을 통해서 하나님의 음성을 듣는 것의 한 중요한 부분입니다.

2. 하나님의 행하심을 주시하여 보는 것

우리는 앞에서 하나님께서 말씀하신 것을 기록하는 것의 중요성에 대해 살펴보면서, 그 중 하나가 하나님께서 말씀하신 것들을 살펴보고 그것들을 서로 연결해 봄으로써 하나님의 행하심을 볼 수 있다고 말씀드렸습니다. 그 말의 뜻은 우리가 그 과정을 통해서 이 시대를 향한 하나님의 비전과 목적 그리고 우리를 향한 하나님의 부르심 등을 알 수 있다는 말입니다. 그리고 우리는 또한 하나님께서 말씀하신 것을 늘 마음에 품고 하나님의 행하심을 주시하여 보는 것의 중요성에 대해서도 살펴보았습니다. 이 부분은 참으로 중요한 부분입니다.

뿐만 아니라, 우리는 하나님께서 보이신 하나님의 뜻을 붙잡고, 그 뜻이 이루어지도록 하나님께 간구하였으면 이제 하나님께서 어떻게 역사하시는지 하나님의 행하심을 주시하여 보아야 합니다.

여기서는 하나님의 행하심을 주시하여 보는 방법을 좀 더 구체적으로 살펴보고자 합니다. 이것을 잘 다루고 있는 책이 헨리 블랙가비 목사의 『하나님을 경험하는 삶』입니다. 그것을 요약하면 다음과 같습니다. 좀 더 자세한 내용은 『하나님을 경험하는 삶』이나 저의 책 『하나님의 음성을 듣는 것』을 참조하시기 바랍니다. 다음은 저의 책 『하나님의 음성을 듣는 것』에 나오는 해당 부분을 옮겨 놓은 것입니다.

1) 기도한다.
2) 경각심을 가지고 주시하여 본다.
3) 연관 지어 본다.
4) 하나님의 뜻을 분별한다.
5) 하나님의 뜻으로 삶을 조정한다.

1) 기도한다.

우리는 앞에서 우리가 하나님의 말씀을 통해서 하나님의 뜻과 의중을 발견하였으면, 그 일에 우리의 삶을 조정하여 동참할 뿐 아니라, 그 하나님의 뜻이 이루어지도록 하나님께 기도해야 할 것을 살펴보았습니다.

하나님께서 보이신 뜻을 따라 드리는 기도는 참으로 중요합니다. 하나님은 하나님의 뜻을 따라 드리는 기도를 반드시 응답하시기 때문입니다. 그래서 하나님의 말씀을 통해 성령에 의해 보이신 하나님의 뜻을 따라 드리는 기도는 그 기도가 이미 응답된 것이나 마찬가지입니다. 그것은 마치 하나님께서 우리에게 주실 것을 미리 준비해 놓으시고, 그것을 우리에게 구하게 하는 것과 똑같습니다.

2) 경각심을 가지고 주시하여 본다.

많은 사람들은 기도하고 난 후에도, 하나님께서 그 기도를 응답하셔서 실제로 환경을 움직이실 것을 신뢰하고 환경을 주시하여 보지 않습니다. 그들은 그저 "하나님께서 어느 날 응답하시겠지." 라는 막연한 생각을 가지고 있습니다.

우리가 하나님의 뜻을 따라 구할 때, 하나님은 우리의 기도를 반드시 응답하십니다. 그러므로 우리는 기도하면서, 하나님께서 어떻게 환경을 통해서 역사하시는지를 영적인 경각심을 가지고 주시하여 보아야 합니다.

포도나무교회 개척 초기의 일이었습니다. 우리 가족이 기독교 어린이 뮤지컬을 볼 수 있는 기회가 있었습니다. 참 좋은 시간이었습니다. 아이들이 하나님을 찬양하는 모습이 너무나 아름다웠고, 그 시간을 통해 청중들에게도 참 귀한 하나님의 은혜가 부어졌습니다. 그 일 이후 하나님께서 제 아내를 통해서 우리 교회에서도 그러한 팀이 만들어질 수 있도록 기도하게 하셨습니다. 그 기도를 시작한 지 얼마 되지 않아서 한 자매가 포도나무교회에 등록하였습니다. 그 자매는 제가 아는 목사가 섬기는 교회에 다녔던 자매였습니다. 저는 그 자매가 제 친구 목사의 교회에서 왔다는 이유로 그 자매를 따뜻하게 맞이하지 못했습니다. 제가 그 자매를 데려온 것도 아니고, 그 자매는 그 교회에서 나온 지 벌써 몇 개월이 되었음에도 불구하고, 저는 그렇게 잘못 행동했습니다. 그 자매는 다시 얼마 후에 포도나무교회를 떠났습니다. 그런데 그 자매가 교회를 떠난 후 곧바로 어린이 뮤지컬 팀을 위한 기도가 중단되었습니다. 나중에 알게 되었는데, 그 자매가 바로 그 일을 감당할 수 있는 자매였습니다. 하나님께서 우리에게 기도하도록 인도하시고, 환경을 통해 그 기도에 응답하셨는데도 불구하고, 환경을 주시하여 보지 못함으로써 하나님의 역사를 놓친 것입니다.

3) 연관 지어 본다.

세 번째 단계는 기도하고 난 후 영적인 경각심을 가지고 환경을 주시하여 보면서, 환경에서 일어난 일들을 기도와 연관 지어 보는 것입니다. 공항에서 우연히 만난 사람, 교회에 우연히 찾아온 사람, 알고 있는 사람에게서 우연히 걸려온 전화 등 환경에서 일어나는 여러 가지 일들을 기도와 연관 지어 보는 것입니다. 우리들 중 많은 사람들은 우리 주위에서 일어나는 일들과 기도를 연관 지어 보는 일에 훈련이 되어 있지 않습니다. 그래서 우리는 하나님을 경험할 수 있는 많은 좋은 기회들을 놓칠 수 있습니다.

지금부터 수년 전쯤 일입니다. 서울의 큰 교회에서 방송선교위원장을 하셨던 성도가 포도나무교회에 오게 되었습니다. 그 즈음에 하나님께서 포도나무교회 방송선교에 관한 하나님의 보다 광범위한 계획을 기도 시간에 저에게 알리셨습니다. 그때 저는 그 하나님의 계획과 관련하여 환경을 주시하여 보기 시작했습니다. 그러면서 하나님의 계획과 그를 연관 지어 보게 되었습니다. 그리고 하나님의 뜻을 분별하기 시작했습니다. 그 후 저는 그를 방송선교위원장으로 임명했고, 지금 하나님은 방송선교의 새로운 지평을 놀랍게 열어가고 계십니다. 만약 제가 하나님의 뜻과 관련하여 환경을 주시하여 보지 않았더라면, 그리고 그 하나님의 뜻과 그 즈음에 교회에 더해진 그를 연관 지어 보지 않았더라면, 저는 그를 절대로 방송선교위원장에 임명하지 않았을 것입니다. 왜냐하면, 그 당시 저는 그에 대해서 개인적으로 별로 아는 바가 없었고, 또 저는 잘 모르는 사람에게 중책을 맡기지 않기 때문입니다. 그러나 저는 환경을 통해 하나님의 음성을 들음으로써 하나님의 뜻을 알게 되었고, 그에 대해 좀 더 알아볼 수 있는 기회를 가졌고, 그를 그 직책에 임명할 수 있게 되었습니다. 그리고 하나님은 그 일을 통해 놀라운 하나님의 계획을 이루어가기 시작하셨습니다.

4) 하나님의 뜻을 분별한다.

기도하고 난 후 만나는 모든 사람들이 다 하나님의 뜻을 이루기 위해 보내진 사람들은 아닙니다. 또한 기도하고 난 후 우리 환경에서 일어나는 모든 일들이 다 그 하나님의 뜻을 이루기 위해서 일어나는 일들은 아닙니다. 그러므로 우리는 그 하나하나를 우리의 기도와 연관 지어 볼 뿐 아니라, 하나님과의 관계에서 그 사람들과 일들에 관한 하나님의 뜻을 분별해야 합니다. 그리고 하나님의 뜻을 분별하기 위해서 우리 각자는 항상 하나님과의 친밀한 교제 가운데 머물러 있어야 합니다.

5) 하나님의 뜻으로 우리의 삶을 조정한다.

이 과정을 통해 하나님의 뜻이 분별되었으면, 이제 우리는 삶을 조정하여 하나님의 뜻에 동참해야 합니다. 그리고 그렇게 하기 위해서는 당연히 대가가 따를 것입니다. 어떤 때는 큰 대가가 따를 수도 있습니다. 그러나 우리는 하나님을 사랑하기 때문에 기꺼이 그 대가를 지불하고 하나님의 뜻에 맞추어 우리의 삶을 조정합니다. 다음은 『하나님을 경험하는 삶』에 나오는 한 예입니다.

"우리 교회를 우연히 방문하신 분이 계셨습니다. 그는 우리 교회 게

시판 아래쪽에 쓰여 있는 '우리 교회의 카일(Kyle) 선교를 위해 기도하십시오. 프린스 알버트(Prince Albert) 선교를 위해 기도하십시오. 러브(Love) 선교를 위해 기도하십시오. 레지나(Regina) 선교를 위해 기도하십시오. 블레인 레이크(Blain Lake) 선교를 위해 기도하십시오.' 등의 문구를 보았습니다. 그는 그것이 무슨 뜻인지를 물었습니다.

저는 우리 교회가 서약한 바에 대하여 설명하였습니다. 하나님이 성경공부반이나 교회를 원하는 사람을 보여주시기만 하면 우리 교회는 반응을 보일 것입니다. 그는 물었습니다. '그렇다면 제가 당신들에게 우리 마을에 와서 침례교회를 세우는 일을 도와달라고 하면, 거기에 반응을 보이겠다는 말씀입니까?' 저는 그렇다고 대답했고, 그는 울기 시작했습니다. 그는 우리 교회로부터 약 120킬로미터쯤 떨어진 리로이(Leroy)라는 곳에서 건축일을 하는 사람이었습니다. 그는 사람들에게 리로이에 침례교회를 세우자고 24년 동안을 탄원하고 다녔다고 말했습니다. 그를 도와주기를 원하는 사람은 아무도 없었습니다. 그는 우리에게 혹시 와서 도와줄 수 있겠느냐고 물었습니다.

우리는 리로이에 교회를 설립했습니다. 우리는 메인 스트리트에 두 구획의 터를 샀습니다. 그는 너무나도 감격한 나머지 학교 건물을 사서 그 터로 옮겼습니다. 그는 지금 평신도 목회자로 리로이를 포함한 그 일대에서 사역하고 있습니다. 그의 두 아들은 모두 하나님의 복음의 사역자로 부르심에 응하였습니다.

우리 교회는 하나님만이 할 수 있는 일에 익숙해져 있었습니다. 하나님이 어디서 일하고 계신지 우리에게 보여주시면, 우리는 그것이 우리를 초청하시는 것이라는 것을 즉각 알았습니다. 많은 경우 우리가 하나님의 일에 동참하지 못하는 이유는 우리가 그만큼 하나님의 일에 참여하기에 헌신되어 있지 않기 때문입니다....

한 낯선 사람이 당신 교회에 방문하는 것이 얼마나 큰 의미를 줄 수 있는지 누가 알 수 있습니까? 그 사람이 처한 곳에서 하나님이 어떤 역사를 하고 계신지 질문하여 보십시오. 그러면 당신은 당신의 인생이 하나님의 도구가 되기 위해서 어떤 조정을 필요로 하는지 알게 될 것입니다. 하나님은 그로써 하나님이 원하시는 일을 하실 수 있습니다. 하나님이 움직이고 계심을 보기 시작하면 당신의 인생을 조정하고 반응을 보이십시오."[2]

우리가 살펴본 바와 같은 과정들을 통해서 하나님의 말씀을 묵상하고, 하나님의 뜻을 발견하여 순종하는 삶을 통해서 우리는 우리의 삶에서 실질적으로 하나님과 동행하면서 놀라운 하나님의 뜻을 위해 쓰임 받고 살아계신 하나님을 경험하게 될 것입니다.

---

1) 이 부분을 위해 저의 책 『부흥을 위한 중보기도』(도서출판 새물결)를 참조하십시오.
2) 헨리 블랙가비, 『하나님을 경험하는 삶』(요단출판사), 117쪽.

부록
성경을 통한
하나님의 음성과 설교

성경을 통해서 하나님의 음성을 듣는 것에 대한 책을 마치면서, 여기서 제가 어떻게 설교를 준비하는지 그 과정을 간단히 살펴보고자 합니다. 성경을 통한 하나님의 음성과 밀접하게 관련된 한 가지가 설교입니다. 설교는 하나님께서 성경을 통해서 회중들에게 말씀하시는 것을 전하는 것이기 때문입니다. 당연히 설교에 대해서 전반적으로 살펴보는 것은 여기서 간단하게 할 수 있는 내용이 아닙니다. 제가 이 부분을 살펴보는 이유는 크게 두 가지입니다. 첫째는 교회에서 소그룹 리더, 주일학교나 중고등부 교사, 혹은 목회자 등 하나님의 말씀을 전하는 사람들에게 조금이라도 도움이 되기 위해서입니다. 둘째는 그 보다 오히려 모든 독자들이 성경을 통해서 하나님의 음성을 듣는 것을 조금이라도 더 잘 이해할 수 있도록 도움이 되기 위해서입니다.

1. 설교는 그 시점에서 청중들을 향한 하나님의 말씀을 전하는 것입니다.

설교와 관련해서 우리가 살펴볼 수 있는 좋은 성경 구절 중 하나가 예레미야 23장입니다.

"[16]만군의 여호와께서 이와 같이 말씀하시되 너희에게 예언하는 선지자들의 말을 듣지 말라 그들은 너희에게 헛된 것을 가르치나니 그들이 말한 묵시는 자기 마음으로 말미암은 것이요 여호와의 입에서 나온 것이 아니니라 [17]항상 그들이 나를 멸시하는 자에게 이르기를 너희가 평안하리라 여호와의 말씀이니라 하며 또 자기 마음이 완악한 대로 행하는 모든 사람에게 이르기를 재앙이 너희에게 임하지 아니하리라 하였느니라 [18]누가 여호와의 회의에 참여하여 그 말을 알아들었으며 누가 귀를 기울여 그 말을 들었느냐……. [21]이 선지자들은 내가 보내지 아니하였어도 달음질하며 내가 그들에게 이르지 아니하였어도 예언하였은즉 [22]그들이 만일 나의 회의에 참여하였더라면 내 백성에게 내 말을 들려서 그들을 악한 길과 악한 행위에서 돌이키게 하였으리라"(렘 23:16-18, 21-22).

설교는 하나님의 말씀을 전하는 것입니다.

예레미야 23:22에서 하나님께서 "내 백성에게 내 말을 들려서"라고 말씀하신 것처럼, 설교는 하나님의 말씀을 전하는 것입니다. 다시 말해서 그 시점에서 그 청중들을 향한 하나님의 말씀, 즉 하나님의 뜻을 전하는 것입니다. 그것을 다른 말로 하나님의 입에서 나오는 하나님의 말씀을 전하는 것이라고 표현할 수 있을 것입니다. 설교는 하나님의 말씀을 전하는 것으로써, 하나님의 길과 뜻과 마음과 의중을 전하는 것입니다. 이것은 구약의 모세오경이나 선지서를 보든지, 신약의 복음서나 서신서를 보든지 분명합니다.

설교는 하나님의 말씀을 전하는 것이지 청중들이 원하는 것을 전하는 것이 아닙니다. 이것은 너무나 당연한 말입니다. 그러나 오늘의 현실은 심각하게도 이 사실을 망각한 것 같습니다. 그래서 "내가 하나님을 기쁘게 할 것인가, 사람을 기쁘게 할 것인가?"라는 것이 항상 설교자들의 딜레마입니다. 어떤 사람들을 말합니다. "나는 하나님도 기쁘게 하고, 사람도 기쁘게 하기 원한다." 그러나 그것은 사람들이 전적으로 하나님이 기뻐하시는 것을 기뻐하고 원하는 때에나 가능한 일로써, 성경적으로나 현실적으로나 불가능한 일입니다. 그리고 그것은 실제로는 사람을 기쁘게 하는 행위입니다. 성경에 나오는 하나님의 사람들은 그러한 상황에서 기꺼이 하나님을 기쁘게 하기를 선택했습니다. 그래서 사도 바울도 복음을 전하는 것에 대해 말하면서 이렇게 말했습니다. "이제 내가 사람들에게 좋게 하랴 하나님께 좋게 하랴 사람들에게 기쁨을 구하랴 내가 지금까지 사람들의 기쁨을 구하였다면 그리스도의 종이 아니니라"(갈 1:10).

이러한 설교자들의 딜레마는 항상 하나님의 백성들의 신앙이 타락할수록 더욱 심해집니다. 하나님의 백성들의 신앙이 타락할수록 항상 그들을 향한 하나님의 메시지는 강해집니다. 하나님은 그들을 돌이키기 원하시기 때문입니다. 그래서 하나님은 예레미야 시대 당시 하나님의 백성들에게 주어진 하나님의 말씀을 이렇게 표현하셨습니다. "여호와의 말씀이니라 내 말이 불 같지 아니하냐 바위를 쳐서 부스러뜨리는 방망이 같지 아니하냐"(렘 23:29). 그리고 호세아서에도 이렇게 말씀하셨습니다. "⁴에브라임아 내가 네게 어떻게 하랴 유다야 내가 네게 어떻게 하랴 너희의 인애가 아침 구름이나 쉬 없어지는 이슬 같도다 ⁵그러므로 내가 선지자들로 그들을 치고 내 입의 말로 그들을 죽였노니 내 심판은 빛처럼 나오느니라"(호 6:4-5).

반면에 하나님의 백성들은 신앙이 타락할수록 하나님 중심적인 메시지를 부담스러워하고 싫어합니다. 그들은 자기들이 원하는 부드러운 메시지를 원합니다. 이러한 상황에서 성경에 나오는 하나님의 사람들은 하나님의 말씀을 전했기 때문에 청중들로부터 무시를 당하기도 하고, 핍박을 당하기도 하고, 배척을 당하기도 했습니다. 그런데 이러한 관점에서 볼 때, 오늘날은 참으로 심각합니다. 오늘날은 설교자들에게 있어 그 딜레마가 사라진 지 오래 된 것 같습니다. 그리고 많은 경우에 설교가 청중들을 즐겁게 하기 위한 엔터테인먼트로 전락해 버렸습니다.

성경을 인용한다고 그것이 반드시 하나님의 말씀이 되는 것은 아닙니다.

설교는 하나님의 말씀을 전하는 것입니다. 그리고 성경은 하나님의 말씀입니다. 그러나 문제는 성경을 인용한다고 해서 그것이 반드시 하나님의 말씀이 되는 것은 아니라는 사실입니다. 이 점이 참으로 심각한 부분입니다.

우리는 이에 대한 좋은 예도 예레미야서 23장에서 잘 볼 수 있습니다. "만군의 여호와께서 이와 같이 말씀하시되 너희에게 예언하는 선지자들의 말을 듣지 말라 그들은 너희에게 헛된 것을 가르치나니 그들이 말한 묵시는 자기 마음으로 말미암은 것이요 여호와의 입에서 나온 것이 아니니라"(16절).

그 당시 선지자들은 줄기차게 평강을 전했습니다. 그들은 성경에 기초해서 그렇게 전했습니다. 특히 그들이 기초한 성경은 하나님께서 다윗 왕조에게 주신 하나님의 언약의 근간이라고 할 수 있는 말씀이었습니다. 우리가 앞 장에서 살펴본 것처럼, 사무엘하 7:8-17에 나오는, 하나님께서 다윗에게 주신 언약은 다윗 왕조에 관한 신학적 헌장과도 같은 것이었습니다. 그 언약의 주된 내용은 하나님께서 다윗의 가문과 나라와 왕위를 굳게 세우고, 그것들을 영원히 보존하고 견고하게 하실 것이고, 그곳에 영원한 평강을 주시겠다는 것이었습니다. 그리고 그 언약은 나중에 솔로몬을 통해서 세워질 예루살렘 성전과도 밀접한 관련이 있었습니다. 예레미야 시대 그 나라는 다윗의 나라였습니다. 그 왕위는 다윗의 왕위였습니다. 다윗의 자손이 그 왕위에 앉아 있었습니다. 그리고 그 당시 하나님께서 친히 자기 이름을 그곳에 두시겠다고 맹세하신 예루살렘 성전에서 성대한 제사가 하나님께 드려지고 있었습니다. 그래서 선지자, 제사장, 율법사, 서기관 할 것 없이, 그 당시 모든 종교지도자들은 하나님의 약속, 즉 하나님의 말씀에 기초해서 평강을 전했습니다. 그리고 하나님께서 그 나라를 지키실 것이라고 외쳤습니다. 그런데 하나님은 그것을 하나님의 입에서 나온 하나님의 말씀이 아니라고 하시면서, 거짓, 헛된 것이라고 하셨습니다.

그렇다면 어떻게 하나님의 말씀인 성경에 기초한 설교가 하나님의 입에서 나온 말씀이 아닌, 거짓과 헛된 것이 될 수 있습니까? 문제는 그 당시 하나님의 백성들의 영적인 상태에 있었습니다. 성경에 의하면 하나님의 모든 약속은 하나님의 백성들이 신앙의 본질 가운데 거할 때 그들 안에서 성취됩니다. 아무리 그들 가운데 종교적인 의식이 가득해도, 하나님의 백성들이 신앙의 본질에서 떠나면, 하나님의 관점에서는 그들이 하나님을 버린 것입니다. 그리고 하나님의 백성들이 하나님을 버리면, 하나님도 그들을 버려 하나님의 약속이 그들에게서 거두어집니다. 성전에 관한 약속만 하더라도 하나님은 그들이 하나님을 버리면 그 성전을 다 멸하실 것이라고 분명하게 말씀하셨습니다(대하 7:19-22). 그 당시 하나님의 백성들은 하나님을 버린 상태에 있었습니다(렘 2:13). 물론 그들은 하나님께 많은 의식들을 행하고 있었습니다. 그래서 하나님의 심판이 그들에게 다가오고 있었습니다. 그런데 그 당시 종교지도자들은 하나님의 백성들의 영적인 상태를 무시하고, 혹은 전혀 깨닫지 못하고, 그러한 그들에게 그저 자기 임의대로 성경에 나오는 좋은 약속들만 골라서 그것들을 그들에게 전하기에 바빴습니다. 그것을 두고 하나님은 거짓이라고 말씀하셨습니다. 실로 그것들은 하나님의 말씀이 아니라, 거짓이었습니다. "항상 그들이 나를 멸시하는 자에게 이르기를 너희가 평안하리라 여호와의 말씀이니라 하며 또 자기 마음이 완악한 대로 행하는 모든 사람에게 이르기를 재앙이 너희에게 임하지 아니하리라 하였느니라"(렘 23:17).

이러한 관점에서 볼 때, 오늘날 우리의 상황은 참으로 심각합니다. 성경적인 관점에서 볼 때 오늘날 하나님의 백성들의 상태는 영적으로 참으로 심각합니다. 몇 가지 종교적인 의식들과 헌신들이 그들에게 있을지 모르지만, 적지 않은 하나님의 백성들이 하나님을 버렸습니다. 하나님과의 친밀한 교제에서 떠났습니다. 그들의 삶은 하나님의 길을 버렸습니다. 그런데 오늘날 수많은 영적 지도자들이 그러한 그들에게, 그들의 영적 상태를 무시하거나 전혀 깨닫지 못한 채, 성경에 나오는 좋은 약속들만 골라서 축복을 외치기 바쁩니다. 그 설교들은 아무리 성경을 인용하고 성경에 기초하고 있다고 할지라도 하나님의 말씀이 아닙니다. 그것들은 아무런 유익이 없는 거짓입니다.[1]

하나님의 말씀을 전하기 위해서는 하나님과의 친밀함이 필수입니다.

설교는 그 시점에서 그 청중들을 향한 하나님의 말씀을 전하는 것이기 때문에, 올바른 하나님의 말씀을 전하기 위해서 하나님과의 친밀함이 필수입니다. 예레미야 23장에서도 하나님은 그 당시 종교지도자들이 하나님의 입에서 나오는 말씀을 전하지 못한 이유로 그들이 '여호와의 회의'에 참여하지 못했기 때문이라고 말씀하셨습니다(18, 22절). 여기서 말하는 '여호와의 회의'는 아모스 3:7이 말하는 것과 같은 하나님과의 친밀한 교제를 말합니다. 뉴만 박사와 스타인 박사는 미국 성서공회에서 성경 번역자들을 위해 출판한 핸드북 시리즈 예레미야 편에서 이 구절에 대해 이렇게 말했습니다. *"고대 이스라엘 사람들은 여호와가 주재하시는 하늘나라의 회의를 믿었습니다. 예레미야는 참된 선지자는 실제로 이 모임에 참여해서, 거기에서 여호와의 메시지를 받는다고 느*

겼습니다. '그들 중 아무도 하늘나라에서 주님과 함께 하는 회의에 참여한 적이 없다.', 혹은 심지어 '이 선지자들 중 아무도 그분의 생각을 알기 위해 하나님을 만나본 적이 없다.'라고 말할 수 있을 것입니다. 그러나 (TEV) '……여호와의 은밀한 생각들을 한 번도 알지 못했다.'가 그 메시지를 명확하게 전달하고 있습니다."[2]

오늘날 우리는 그 당시 선지자들이 참여했던 것과 같은 그러한 의미의 하나님의 회의에 참여하지 못할지는 모릅니다. 그러나 오늘날 우리도 하나님과의 친밀한 교제 가운데 거할 때 하나님의 마음과 생각과 의도와 의중을 알 수 있습니다. 페트라 주석의 학자는 아모스 3:7에 나오는 '비밀'에 대해서 이렇게 말합니다. "한편 '비밀'에 해당하는 히브리어 '소드'는 '은밀한 협의'(SECRET COUNSEL)란 의미를 가지고 있어서 밀접한 관계에 기초한 적극적인 의논(잠 15:22)을 의미한다. 뿐만 아니라, 하나님이 사랑하는 사람에게 깊은 관계성을 통해 미리 알려주는 계획(plan)을 가리키기도 한다. 하나님과 이런 관계에 있으므로 선지자는 하나님의 말씀을 백성들에게 전달할 수 있다(렘 23:18,22)."[3]

친밀한 교제 가운데서 하나님의 백성을 향한 하나님의 음성을 들어야 합니다.

예레미야 23:18은 말합니다. "누가 여호와의 회의에 참여하여 그 말을 알아들었으며 누가 귀를 기울여 그 말을 들었느냐." 이 구절을 보면 하나님의 말씀을 전하는 사람들은 먼저 하나님과의 친밀한 교제 가운데서 하나님의 백성을 향한 하나님의 말씀을 들어야 할 것을 알 수 있습니다. 다시 말해서, 하나님의 뜻과 의중과 마음과 길과 계획을 알아야 합니다. 그리고 그것을 하나님의 백성들에게 전하는 것이 설교입니다.

그러므로 우리 신앙의 다른 모든 면에서 그렇듯이, 설교에 있어서도 성령의 인도를 따르는 것이 가장 핵심입니다. 요한복음은 예수님이 바로 말씀이라고 말하고 있습니다. "태초에 말씀이 계시니라 이 말씀이 하나님과 함께 계셨으니 이 말씀은 곧 하나님이시니라"(요 1:1). 그런데 요한복음은 하나님의 말씀의 본체이신 예수님께서 하나님의 말씀을 전함에 있어서 철저하게 하나님의 인도, 즉 성령의 인도를 따르셨다고 말하고 있습니다. 요한복음에서 예수님은 우선 하나님의 말씀을 전함에 있어서 자신은 아무 것도 스스로 하지 않고, 철저하게 하나님의 인도를 따라 하셨다고 말씀하셨습니다. "이에 예수께서 이르시되 너희가 인자를 든 후에 내가 그인 줄을 알고 또 내가 스스로 아무 것도 하지 아니하고 오직 아버지께서 가르치신 대로 이런 것을 말하는 줄도 알리라"(요 8:28). 더 나아가 예수님은 심지어 무엇을 전할지를 위해서 뿐 아니라, 그것을 어떻게 전할지에 대해서 하나님의 인도를 따랐다고 말씀하셨습니다. "⁴⁹내가 내 자의로 말한 것이 아니요 나를 보내신 아버지께서 내가 말할 것과 이를 것을 친히 명령하여 주셨으니 ⁵⁰나는 그의 명령이 영생인 줄 아노라 그러므로 내가 이르는 것은 내 아버지께서 내게 말씀하신 그대로니라 하시니라"(요 12:49-50). 49절의 '말할 것'과 '이를 것'을 영어 NIV 성경은 "what to say and how to say it"(무엇을 말할 것과 그것을 어떻게 말할 것)이라고 번역하고 있습니다. 랑게 박사도 요한복음에 대한 그의 주석에서 이 구절에 대해 이렇게 말합니다. "........(예수님은) 아버지께서 그에게 말씀하신 대로 모든 것들을 말씀하셨다, 심지어 표현에 있

어서까지, 그래서 그분의 말씀은 철저하게 하나님에 의한 것이었다." [4]
여기서도 오늘날 우리가 예수님처럼 그렇게 동일한 성격과 수준에서 하나님의 인도를 받을 수 없겠지만, 이 구절들은 우리가 하나님의 말씀을 전함에 있어서 얼마나 철저하게 하나님의 인도, 즉 성령의 인도를 받아야 할 것인가를 우리에게 보여줍니다.

저는 개인적으로 우리가 하나님의 인도를 잘 받는 만큼 그것이 하나님의 입에서 나오는 말씀이고, 또 거기에 하나님의 뒷받침이 함께 한다고 믿습니다.

2. 성령의 인도와 설교

설교에 있어서도 성령의 인도를 따르는 것이 핵심인데, 저는 개인적으로 세 가지 단계에서 성령의 인도를 받습니다.
1) 무슨 말씀을 전하기 원하시는지를 발견하기 위해
2) 구체적인 준비 단계에서
3) 설교를 하면서

1) 하나님께서 무슨 말씀을 전하기 원하시는지를 발견하기 위해 성령의 인도를 받습니다.

사실 설교자에게 가장 중요할 뿐 아니라, 가장 어려운 부분이 바로 이 부분이라고 저는 생각합니다. "하나님께서 이 청중 혹은 청중들에게 무슨 말씀을 전하기 원하시는가?" 과거에 저도 이 부분이 보여지지 않을 때는 머리를 벽에다 찧어 보기도 하고, 책상 밑에 쭈그리고 앉아 있기도 하고, 혹시 자다가 일어나면 보여질까 싶어서 낮잠을 자기도 했던 기억이 납니다.

이 부분에 있어서도 가장 핵심은 결국 하나님과의 친밀한 교제입니다. 우리가 하나님과의 친밀한 교제 가운데 머물러 있을수록 하나님의 뜻과 의중이 선명히 보이기 때문입니다. 그리고 무슨 말씀을 전하기 원하시는지를 발견하기 위해 하나님 앞에 기도로 나갈 때에도 하나님의 얼굴을 구하여 나가는 것이 중요합니다. 하나님은 설교자가 구하기 전에 하나님의 말씀이 전파되어야 할 것을 아십니다. 사실 하나님의 말씀이 전파되는 것은 설교자의 일이라기보다 하나님의 일입니다. 그것이 하나님의 열망이고 하나님의 바람입니다. 그런데도 설교자가 하나님 자신을 구하며, 하나님께 더 가까이 가기를 구하기보다 그저 설교 제목이나 설교 주제를 구하여 나갈 때 하나님은 덜 기뻐하십니다. 그리고 설교자는 오히려 강박관념에만 휩싸이고 하나님의 의중을 더 알지 못하게 됩니다.

개인적으로 저는 이 부분을 위해 하나님 앞에 나갈 때, 그저 설교 제목이나 주제를 구하여 나가지 않습니다. 당연히 그것을 마음에 품고 나갑니다. 저는 하나님 자신을 구해서 나갑니다. 그분께 더 가까이 가기 위해, 그분의 마음을 더 알기 위해, 그분의 영광을 더 보기 위해 나갑니다. 그리고 무엇보다 그분을 예배함으로 나갑니다. 그분의 행하신 그 모든 아름다운 일들을 인하여 그분에게 찬사를 드리고, 그분으로 인하여 기뻐함으로 나갑니다. 오직 그분만을 구하고 그분만을 마음껏 높이고 예배할 때, 하나님의 때에 하나님께서 하나님의 의중과 마음을 알리십니다. 하나님의 말씀이 전파되기 원하시는 분은 그 누구보다 하나님 자신입니다.

저는 개인적으로 주제별로 시리즈 설교를 주로 많이 합니다. 제가 그렇게 하는 이유는 어느 한 부분이라도 그것이 교회와 성도들의 삶 속에서 실제적으로 세워지기 위해서는 그 분야를 집중적으로 살펴보는 것이 필수적이라고 생각하기 때문입니다. 한 예를 들어, 몇 년 전 포도나무교회에서 일 년여에 걸쳐서 예배의 전반에 대해서 살펴보았습니다. 그 이후로 포도나무교회의 예배가 한 단계 업그레이드되었습니다. 그러니까 이 말은 시리즈 설교가 가장 좋은 형태의 설교이고, 다른 설교는 소위 이 등급의 설교라는 말은 전혀 아닙니다.

저는 이러한 맥락에서 설교자가 반드시 기억해야 할 한 가지가 있다고 생각합니다. 그것은 다름이 아니라, 설교는 하나님의 백성들이 살아야 할 하나님의 길을 제시하는 것이라는 사실입니다. 다시 말해서, 설교는 청중들에게 새로운 정보를 제공하거나 감동을 주기 위한 것이 아니라, 그들의 삶을 위한 하나님의 길을 제시하는 것입니다. 예를 들어, 교회에서 예배에 대해 일 년 남짓 시리즈로 살펴보았다고 가정해 봅시다. 그런데 일 년이 지난 후에도 교회와 지체들의 예배가 조금도 변하지 않았다면 일 년 동안의 그 모든 설교는 어떤 의미에서는 헛수고한 것입니다. 만약 그렇다면 설교자는 그대로 넘어가서는 안 됩니다. 그 부분을 다시 살펴보는 한이 있더라도 하나님께 드리는 예배가 반드시 하나님께서 기뻐하시는 예배가 되도록 힘써야 합니다. 반드시 그 자리로 청중들을 이끌어야 합니다. 이것이 영적 리더인 설교자가 반드시 가져야 할 자세입니다. 물론 그렇게 하려면 설교자가 먼저 그 자리에 서야 합니다. 영적인 면에 있어서는 리더가 가보지 못한 자리로 다른 사람들을 인도할 수 없습니다. 그리고 때로는 어떤 부분을 반복적으로 살펴보는 것도 필요합니다. 기억하십시오. 설교는 청중들에게 새로운 정보를 주기 위한 것이 아닙니다. 그것은 그들에게 감동을 주기 위한 것도 아닙니다. 그것은 그들의 삶을 위한 지침을 전하는 것입니다.

어떤 사람들은 시리즈 설교는 성령의 인도를 따르지 않는 설교라고 생각합니다. 그러나 시리즈 설교도 다른 어떤 종류의 설교 못지않게 성령의 인도를 따르는 설교가 될 수 있습니다. 왜냐하면 지금 현 시점에 어떤 주제에 대해서 설교해야 할 것인지에 대해서 뿐 아니라, 시리즈 내에서도 그날 어떤 부분에 대해서 설교해야 할 것인지에 대해서 성령의 인도를 받아야 하기 때문입니다. 뿐만 아니라, 시리즈 설교를 하는 중에도 성령의 인도를 따라 얼마든지 그때그때 하나님께서 원하시는 다른 부분을 설교할 수 있습니다.

시리즈 설교가 아니라도, 무슨 말씀을 전할지에 대해서 저는 성령의 인도를 받습니다. 예를 들어서, 제가 어느 집에 심방을 간다면, 저는 하나님께서 그 가정에 무슨 말씀을 전하기 원하시는지 하나님의 인도를 받습니다. 하나님을 찾으면서 하나님 앞에 나가면, 하나님은 어떤 부분을 나누기 원하시는 마음을 주시면서, 제가 아는 성경적인 지식에 기초해서, 어떤 성경 구절을 생각나게 하십니다. 그러면 저는 우리가 앞에서 살펴본 대로, 반드시 그 부분을 적어야 합니다. 그래서 저의 경우에는 어떤 때는 설교 준비가 5분 내에 끝날 때도 있습니다. 어떤 때는 하나님께서 저에게 어떤 부분을 어떻게 전할 것인지를 순식간에 선명히 보이시기 때문입니다.

성경의 책을 차례로 설교하는 것도 마찬가지입니다. 전에 제가 저녁 설교를 할 때에, 저는 주로 성경의 책을 죽 살펴보면서 설교했습니다. 저는 그러한 설교도 매우 귀한 설교라고 생각합니다. 특히 저녁 예배 시간 같은 경우에 그렇게 하면 매우 좋을 것입니다. 당연히 주일 낮 예배 시간에도 그렇게 할 수 있습니다. 모든 면에서 성령의 인도를 따르는 것이 핵심입니다. 성경의 책을 차례로 설교하면서, 그것이 저 개인에게도 큰 유익이 되었습니다. 그 과정을 통해서 하나님께서 하나님의 많은 놀라운 뜻을 저에게 보이셨기 때문입니다.

성경의 책을 가지고 차례대로 설교하면서도 저는 그저 본문을 열심히 연구하고, 주석들을 찾아서 정리하고, 다른 설교집을 참조하면서 중요 요점들을 참고해서, 그것들을 모아 가지고 정리해서 설교하지 않습니다. 저는 무엇보다 하나님께서 그날 그 청중들에게 주시는 말씀이 무엇인지를 알기 위해 하나님의 인도를 구합니다. 저는 설교는 그 시점에서 그 청중들을 향한 하나님의 말씀을 전하는 것이라고 믿기 때문입니다. 예를 들어서, 현재 사도행전을 죽 살펴보면서 설교하고 있는데,

오늘 사도행전 9:32부터 살펴볼 차례라고 가정해 봅시다. 그러면 저는 그 구절을 반복적으로 읽고 묵상하면서, 그리고 모르는 내용이나 역사적인 배경은 주석들이나 참고 도서들을 찾아보면서, 하나님께서 그 구절에서 무슨 말씀을 전하기 원하시는지 하나님의 인도를 구합니다. 그렇게 기도하면서 묵상하면서 하나님을 찾다보면, 하나님께서 어떤 부분을 전하기 원하시는지가 선명히 보입니다. 우리가 앞에서 살펴본 성경을 통해서 하나님의 음성을 듣는 것과 정확하게 같은 과정입니다. 그러나 어떤 때는 그것이 잘 보이지 않습니다. 그러면 저는 계속해서 하나님 앞에서 기도하면서 그 구절을 묵상하면서 하나님을 찾습니다.

어떤 때는 계속해서 하나님 앞에서 그 구절을 묵상하면서 하나님을 찾는데도 그 구절에서 무엇을 전하기 원하시는지가 보여지지 않을 때가 있습니다. 수년 전에 저녁 예배 시간을 통해서 사도행전을 시리즈로 살펴보면서 사도행전 9:32 이하를 살펴볼 때가 되었을 때 그런 일이 있었습니다. 해당 구절을 반복적으로 읽고 묵상하면서 하나님을 찾았지만 하나님께서 무엇을 전하기 원하시는지가 보이지 않았습니다. 제가 성경의 내용을 모른다는 말이 아닙니다. 하나님께서 원하시는 바가 보여지지 않았다는 말입니다. 계속해서 찾고 하나님을 구하는데도 보여지지 않으면, 저는 하나님께 그 시간에 다른 부분을 전하기 원하시는지를 묻습니다. 그렇게 묻고 하나님의 인도를 받는 과정을 통해서 시리즈 설교 중에도 얼마든지 하나님께서 그 시점에 원하시는 다른 부분을 전하게 하실 수 있습니다. 그날 그랬습니다. 그래서 저는 제가 다른 부분을 전하기 원하시는지 하나님께 물었고, 하나님은 그날 다른 부분을 인도하셨습니다. 그 다음 주에도 같은 일이 일어났습니다. 아무리 하나님 앞에서 그 구절을 반복적으로 읽고 묵상해도 하나님께서 원하시는 바가 보여지지 않았습니다. 그래서 그 주간에도 저는 하나님의 인도를 따라 다른 부분을 전했습니다. 무려 4주 동안 그렇게 했습니다.

4주 후 다시 그 구절을 가지고 하나님 앞에 섰습니다. 지난 4주 동안 그렇게 읽고 묵상하고 기도했는데도 아무것도 보여지지 않았습니다. 그런데 그날 그 구절을 보자마자 성령께서 그 위를 보기를 원하는 감동을 주셨습니다. 저는 그 전에 설교를 마쳤던 바로 그 위 구절을 보았고, 사도행전 9:31을 읽자마자 하나님께서 말씀하시는 바가 순식간에 제 눈앞에 선명하게 펼쳐졌습니다. "그리하여 온 유대와 갈릴리와 사마리아 교회가 평안하여 든든히 서가고 주를 경외함과 성령의 위로로 진행하여 수가 더 많아지니라"(행 9:31). 저의 경우에는 하나님께서 말씀하시면 어떤 때는 마치 스크린에 비쳐진 것처럼 그것이 선명하게 보입니다. 환상이 보인다는 것이 아니라, 그것이 그렇게 선명하게 깨달아진다는 말입니다. 일반적으로 학자들은 사도행전 1:8이 사도행전의 주제와 같은 중심 구절이라고 말합니다. "오직 성령이 너희에게 임하시면 너희가 권능을 받고 예루살렘과 온 유대와 사마리아와 땅 끝까지 이르러 내 증인이 되리라 하시니라." 그런데 사도행전 9:31은 이제 예루살렘과 온 유대와 사마리아까지는 복음이 잘 전파되고, 교회들이 든든히 세워지고, 하나님의 은혜가 그곳에 넘치게 되었다고 말함으로써 한 장을 마무리하고 있는 것이 보였습니다. 그리고 이제 하나님께서 새 장을 열어 가시는데 그 장의 주제는 열방인 것이 보였습니다. 그래서 하나님은 바로 위 9장앞부분에서 사울을 구원하셨고, 다음 장에서 베드로를 이방인인 고넬료의 집에 보내시고, 곧 안디옥에 교회가 세워지게 하시는 것이 보여졌습니다. 그리고 이 모든 일들이 하나님께서 하나님의 계획을 실현하기 위해서 열심히 이루신 일들인 것이 또렷하게 보였습니다. 그러면서 하나님은 그것들을 포도나무교회와 연결시키셨습니다. 하나님의 구체적인 인도 가운데 포도나무교회가 개척되었습니다. 그리고 그동안 여러 가지 어려움과 우여곡절도 많았지만, 그 당시까지 하나님께서 교회를 든든히 세우시고, 사도행전 9:31이 말하는 수준만큼은 아닐지 모르지만, 그 구절이 말하는 것과 같은 하나님의 은혜가 교회 가운데 함께 하고 계셨습니다. 하나님은 이제 포도나무교회의 한 장이 닫히고, 새 장이 열리는데 그 장의 주제는 열방이 될 것을 말씀하셨습니다. 그때부터 포도나무교회의 2기 사역이 시작된 것입니다.

2) 구체적인 설교 준비 단계에서 성령의 인도를 받습니다.

위의 과정을 통해 무슨 말씀을 전할 것인지에 대해서 전반적인 윤곽이 잡혔으면, 이제 그것을 가지고 보다 구체적인 준비를 위해 하나님 앞에 섭니다. 그리고 구체적인 준비 과정에서 하나님의 인도, 즉 성령의 인도를 받습니다.

무슨 말씀을 전할 것인지에 대해 하나님의 인도를 받는 것과 그것을 가지고 구체적인 설교 준비를 하는 것이 같은 시점에 이루어지기도 하지만, 저의 경우에는 대부분 그 사이에 시간의 간격이 있습니다.

하나님께서 무슨 말씀을 전하기 원하시는지를 말씀하셨을 때, 저는 그것을 반드시 기록해야 합니다. 거기에는 전체적으로 어떤 부분을, 어떤 맥락에서, 그리고 어떤 부분에 강조점을 두어서 전할 것인지가 포함되어 있습니다. 나중에 구체적인 설교 준비를 위해 하나님 앞에 설 때, 그것을 가지고 서야 하나님의 인도를 같은 맥락에서 지속적으로 받을 수 있습니다. 저의 경우에는, 그 내용을 어느 정도 머릿속으로 알고 있다 할지라도, 그것을 가지고 하나님 앞에 서지 않으면, 하나님의 마음과 의중이 보여지지 않아서 지속적으로 하나님의 인도를 받는데 어려움을 겪습니다. 비록 거기에 적힌 내용이 많지 않다 할지라도 그것을 보면서 하나님 앞에 설 때, 하나님의 마음도, 하나님의 의도도 더 선명하게 보여지면서, 지속적으로 하나님의 인도를 받는 것이 용이합니다.

무엇을 전할 것인지에 대해 하나님의 인도를 받는 것에는 설교의 전체적인 윤곽과 하나님의 의도와 마음 등이 포함되어 있습니다. 이제 그것을 가지고 세부적으로 그 한 부분 한 부분에 대해서 무엇을 전할 것인지를 준비하는 것이 구체적인 준비의 단계입니다. 저는 이때에도 기도하면서 하나님의 인도를 받습니다. 그리고 이 단계에서도 필요에 따라 해당 성경 구절의 역사적인 배경이나 언어적인 배경, 관련 구절, 혹은 다른 학자들의 의견 등을 참고하기 위해 주석들이나 참고 도서들을 참조하는 것도 합니다. 참고 도서들은 그것들을 정리해서 설교하기 위해서 보는 것이 아니라, 하나님께서 말씀하시고자 하는 것들을 보다 명확하게 그리고 올바로 이해하기 위해서 보는 것입니다. 이렇게 설교를 구체적으로 준비하면서 저는 성령의 인도를 많이 경험합니다. 하나님의 임재가 함께 하시는 것을 많이 느낍니다. 하나님께서 많은 것들을 깨닫게 하시고, 많은 것들을 보이십니다. 그리고 이 모든 것들이 우리가 앞에서 살펴본 성경을 통해서 하나님의 음성을 듣는 과정을 통해서 이루어집니다.

3) 설교하면서 성령의 인도를 받습니다.

설교가 그렇게 하나님의 인도를 따라 준비되었다고 해서 모든 것이 끝난 것이 아닙니다. 설교는 준비한 것을 그냥 전달하는 것이 아닙니다. 저는 세계적으로 귀한 설교자였던 로이드 존스 목사의 말을 어느 책에서 읽은 것이 기억이 납니다. 그는 설교자들에게 설교를 철저히 준비해서 원고를 작성하고, 그것을 철저히 숙지하되, 강단에 설 때는 그것을 버리고 서라고 권면합니다.

설교는 하나님께서 주신 말씀을 청중들에게 전하는 것입니다. 그리고 하나님의 임재가 가장 강력하게 함께 하시는 시간 중 하나는 하나님의 말씀이 선포되는 설교 시간입니다. 그러므로 저는 설교를 하면서도 성령께 민감하기를 추구합니다. 그래서 한편으로 내 시선은 청중들을 향하고 그들에게 준비한 대로 하나님의 말씀을 전하되, 또 다른 한편으로 제 영은 하나님을 향하여 열려져 있으면서 성령의 인도하심에 민감하기를 추구합니다.

설교를 하면서 그렇게 제 영이 하나님을 향하여 열려져 있으면, 하나님께서 많은 경우에 많은 것들을 보이십니다. 설교하는 도중에 하나님의 마음을 부어주시기도 하고, 하나님의 의중과 의도를 알리시기도 하고, 하나님의 말씀 앞에 비쳐진 우리의 현실을 선명하게 비쳐주시기도 하고, 관련된 다른 성경 구절을 생각나게 하시면서 그 연관성을 보여주시기도 하고, 이전에 알았던 성경 구절에서 하나님의 새로운 관점을 깨닫게 해주시는 등 여러 가지 것들을 보이십니다. 그렇게 하시면서 하나님께서 설교 가운데 압도하시고, 주도권을 잡으시고 인도해 가십니다. 그리고 그 과정을 통해 청중들에게 말씀하시고, 청중들을 만지십니다.

때로는 전혀 예상치 않았던 방향으로 설교를 인도하시기도 합니다. 물론 그런 경우는 예외적인 경우이며, 앞의 두 단계에서 하나님의 인도를 잘 받지 못했을 때 일어나는 경우가 많습니다. 2013년 상반기에 1부 예배 시간에는 설교를 잘 했는데, 그리고 하나님께서 함께 하셨는데, 2부 예배 시간에는 설교를 할 수 없었던 적이 두 번 있었습니다. 그리고 두 번째 설교를 하지 못하고 이런 저런 부분을 나누고 난 다음 기도하면서, 그 두 차례 모두 주제가 성령에 관한 것이었던 것이 저에게 보여지면서, 2부 예배에 참석한 성도들 중 적지 않은 성도들이 성령에 대해 영적으로 닫혀 있는 것이 보여졌습니다. 다시 말해서, 성령을 근심시키고, 소멸하고 있는 것이 보여졌습니다. 우리는 회개하면서 돌이켰습니다. 제가 알기로 정해진 설교는 못했지만, 하나님의 말씀은 어느 때보다 더욱 또렷했습니다. 그리고 적지 않은 성도들이 돌이키며 결단하는 것이 보였습니다. 개인적으로 저에게는 그 과정을 통해 머지않은 장래에 성령에 대한 주제를 가지고 포도나무교회 지체들에게 집중적으로 설교해야 할 필요성이 선명히 보여졌고, 그것은 그 전날부터 성경을 통해서 하나님께서 저에게 강하게 말씀하신 부분과 정확하게 일치되었습니다.

하나님께서 설교 시간에 이렇게 많은 것들을 보이시기 때문에, 저의 경우에는 설교하기 전의 내용을 가지고 쓴 책과 설교한 후의 내용을 가지고 쓴 책의 내용이 확연하게 다를 정도입니다. 만약 제가 설교하기 전의 내용만 가지고 책을 쓴다면, 물론 저는 절대로 그렇게 하지 않겠지만, 그것은 정말 조잡한 책이 될 것입니다. 설교 준비 과정에서 두 단계에 걸쳐 성령의 인도를 받았음에도 불구하고, 그만큼 하나님은 설교 시간을 통해서 저에게 많은 것들을 보이시고, 깨닫게 하십니다. 그러므로 저는 설교를 하면서도 성령께 민감하기를 추구합니다.

이렇게 세 단계에서 하나님의 인도를 잘 따를수록 그 설교는 하나님께서 그 시점에 그 청중들에게 주시는 하나님의 말씀이 될 것입니다. 과거 부흥회 시대의 일부 목회자들은 하나님께서 주신 말씀을 전하려면 준비 없이 그냥 강단에 서서 그때그때 성령께서 주시는 말씀을 전해야 한다고 생각했습니다. 그러나 저는 그것이 그렇게 바람직한 생각이 아니라고 생각합니다. 만약 설교자가 아무런 준비 없이 그때그때 성령의 감동을 따라 즉흥적으로 설교한다면, 그리고 매주 그렇게 한다면, 청중들은 말씀의 영양실조에 걸릴 것입니다. 그리고 그들은 그리스도 안에서 하나님의 말씀으로 잘 무장되지 못해서 영적으로 자라나지 못할 것입니다. 성령의 인도를 따른다고 해서, 반드시 준비를 하지 말아야 한다는 말이 아닙니다. 이렇게 세 단계에서 성령의 인도를 따르면, 설교를 철저하게 준비하되, 그 설교가 철저하게 성령의 인도를 따른 설교가 될 것입니다.

또 이렇게 세 단계에서 하나님의 인도를 잘 따를수록, 하나님께서 강력하게 그 설교를 뒷받침하실 것입니다. 그것이 하나님께서 원하시는 말씀이고, 하나님의 마음과 열망이 그 설교 가운데 있을 것이기 때문입니다. 저는 과거에 교회의 회복에 대해서 설교할 때마다 마치 하나님께서 제 뒤에 서 계시면서, "그래 그렇게 전해, 나머지는 내가 알아서 할게."라고 말씀하시면서 저를 격려하시는 것처럼 느껴졌습니다.

저는 이렇게 설교를 준비하고, 설교를 합니다. 그렇게 보면, 성경을 통해서 하나님의 음성을 듣는 것과 설교를 준비하는 것이 정확하게 같은 맥락에서 이루어지는 것을 알 수 있습니다. 어쩌면 그것은 당연한 일입니다. 간단히 말해서, 설교는 설교자가 성경을 통해서 청중들을 향한 하나님의 음성을 듣고, 그것을 전하는 것이기 때문입니다.

---

1) 이 부분에 대해서 좀 더 자세히 알기 원하시면, 저의 책 『예배 회복 I, II』를 참조하십시오.
2) Newman, B. M., Jr., & Stine, P. C. (2003). A handbook on Jeremiah. UBS Handbook Series (p. 506). New York: United Bible Societies.
3) 페트라 주석, 아모스서 강해.
4) Lange, J. P., & Schaff, P. (2008). A commentary on the Holy Scriptures: John (p. 398). Bellingham, WA: Logos Bible Software.